Ruth und
Hans-Friedrich Baessler

Gotland

Ruth und
Hans-Friedrich Baessler

GOTLAND

*Sonneninsel
der
Ostsee*

Prestel-Verlag

Frontispiz:
Raukfeld im Süden der Insel

CIP-Titelaufnahme der Deutschen Bibliothek

Baessler, Ruth:
Gotland : Sonneninsel der Ostsee
Ruth u. Hans-Friedrich
Baessler. – München : Prestel, 1990
NE: Baessler, Hans-Friedrich:

Lithographie:
Wartelsteiner GmbH, Garching bei München
Satz, Druck und Bindung:
Passavia Druckerei GmbH Passau

ISBN 3-7913-1044-5

Inhalt

ANHANG 325

Vorwort

Gotland – Land inmitten der Ostsee, im tropischen Urmeer gewachsen, gebildet aus unzähligen versteinerten Pflanzen und Tieren des Erdaltertums; Land, auf dem das Werden und Vergehen von der Vorgeschichte bis heute gegenwärtig ist.

Wie sich der Kalksockel der Insel von dem Urgestein des schwedischen Festlands unterscheidet, so hat auch die Vegetation ihr eigenes Gesicht. Zwar gibt es hier wie dort Wälder, reich an Bodenbewuchs, Beeren und Kräutern, doch die lichten Farne, Wacholder in bizarren Formen oder als Säulen unter den Kronen der Föhren und Fichten prägen die Wälder Gotlands.

Weite Sandstrände, Steilküsten und klippenreiche Uferpartien; karge Steppenlandschaften, tiefe Wälder, Binnenseen und Moore; Blumen und Gräser auf Wiesen und an Wegrändern, deren Farbenpracht der Sommer erblühen läßt zu einer berauschenden Sinfonie; Orchideen und wilde Pferde, fruchtbare Äcker und Einzelhöfe – das alles ist Gotland.

Es ist aber auch die Insel der hundert Kirchen, die wie ein großes Kunstwerk vom einstigen Reichtum der Bevölkerung, der bildhaften Vorstellungskraft und dem bodenständigen Ideenüberschwang der Menschen des 12., 13. und 14. Jahrhunderts berichten. Auch Visby ist Gotland, die Stadt der Rosen und Ruinen – *staden inom murarna* – die Stadt innerhalb der Mauern, wie sie auch genannt wird; die Stadt, die als Stolz der Hanse Aufschwung und Blüte erlebte.

Ein melancholischer Ton klingt über der Insel; man kann ihn hören, wenn man die Landkirchen oder die monumentale Mauer von Visby betrachtet. Er schwingt aus dem Jahr 1361 bis in unsere Zeit. In diesem Jahr wurde das Schicksal der Inselrepublik besiegelt. Der Dänenkönig Waldemar Atterdag landete an der Westküste, verbrannte das Land und vernichtete ein schlechtgerüstetes Bauernheer vor den Toren von Visby. Mit diesem Schlag zerbarst die Glocke Gotlands, die von der unabhängigen Bauern- und Seefahrerrepublik in den drei damals bekannten Erdteilen kündete. Gotland wurde wehrloser unglücklicher Spielball der Ostseemächte, mußte Invasionen und Besatzungen über sich ergehen lassen, war Räubernest und Militärstützpunkt. Neuen Aufschwung bringt erst heute der Fremdenverkehr. Menschen aus ganz Europa suchen Ruhe und Entspannung und genießen das milde Klima auf der Sonneninsel – auch das ist Gotland.

Mit 125 Kilometern Länge und bis zu 50 Kilometern Breite ist Gotland die größte Insel der Ostsee. Sie gehört zu Schweden, liegt zwischen dem 57. und 58. nördlichen Breitengrad und knapp 100 Kilometer vor der Ostküste des schwedischen Festlandes. Gotland hat die meisten Sonnentage Skandinaviens, das Klima ist milder als auf dem Festland, es fällt weniger Regen. Auch wenn hier die Winter eisig sein und die Stürme den Küstengebieten arg zusetzen können, die Sonne vergißt die Insel nicht.

Die Verwaltung von Gotlands Kommun arbeitet in Visby, der einzigen Stadt. 1971 wurden die zwölf Landgemeinden und Visby-Stadt zusammengelegt, wie es vor 700 Jahren war, bevor sich die Hansestadt von der Bauernrepublik abgesondert hatte. Die Insel ist Gemeinde *(kommun)* und Regierungsbezirk *(län)* zugleich.

Im Norden trennt ein Sund die Insel – *storlandet* – von der Fårö, der kleinen Nachbarinsel mit eigenen Lebensgewohnheiten. Wasserstraße und nördlichster Ort haben den gleichen Namen: Fårösund. Es gibt Werften hier und Holzindustrie. Der Schlot eines alten Kalkofens liegt auf einer Anhöhe nahe dem Hafen. Überlegungen zum Bau einer Brücke haben bisher noch keine Gestalt angenommen, Fährschiffe und kleinere Boote bleiben die Zubringer. Hier ist anzumerken, daß das nördliche Gotland und die Fårö militärisches Schutzgebiet und für Ausländer ohne Genehmigung gesperrt sind. Ausgenommen ist die Straße 148 nach Bunge (Museum) und Fårösund – dort darf sich der Ausländer bis zu 72 Stunden aufhalten –, oder eine organisierte Busfahrt, die auf die Fårö übersetzt. Durch unübersehbare gelbe Schilder wird der Reisende mehrsprachig informiert.

Die großen Straßen sind numeriert; kleinere, oft nicht staubfreie, führen mitunter eher zum Ziel. Man kann den Wagen immer irgendwo abstellen. Wanderwege – manchmal sind es nur Andeutungen – und markierte Radwege leiten über Küstenstrecken, durch Waldgebiete, Moor- und Steppenlandschaften.

Der zunehmende Fremdenverkehr hat die gotländische Wirtschaft in den letzten Jahren stark beeinflußt. Fährschiffe legen im modernen Hafen von Visby an; sie kommen von Oskarshamn an der Ostküste Schwedens und von Nynäshamn südlich von Stockholm. Im Sommer sind Hotels, Pensionen, Sommerhäuschen und Campingplätze von Feriengästen besetzt, die an hellsandigen Badestränden und auf Wander- und Radtouren durch Wald- und Küstenregionen Erholung suchen. Keramiker – Krugmacher – und kleine Webereien haben vielerorts ihre Werkstätten, handgemalte Schilder an den Straßenrändern weisen darauf hin. Oft ist es nur ein Raum, in dem modelliert, gewebt und verkauft wird. Steinmetze arbeiten aus dem gotländischen Kalkstein Gefäße in schlichten Formen, deren Oberfläche unzählige Versteinerungen beleben. Die heimatliche Volkskunst – *hemslöjd* – bietet vor allem Gebrauchsgegenstände aus Holz an; Schafwolle wird verstrickt und verwebt, Felle kann man vielerorts ab Hof kaufen; Leuchter und Schmuck aus Zinn sind typisch für die Insel.

Einkaufsmöglichkeiten sind leicht zu finden; es gibt große zentrale und kleine örtliche Supermärkte, in Ortschaften auch Apotheken und Banken. In den letzten

Jahren haben Restaurants und Selbstbedienungsgaststätten an Zahl zugenommen; sie erleichtern das Überlandfahren, wenn man sich nicht selbst versorgen will. Häufig trifft man auf Kaffeestuben, die mit selbstgebackenen Waffeln oder *bullar* aufwarten und fast immer originelle Treffpunkte sind: Sei es, das Ambiente ist so intim, daß der Besucher sich wie bei Freunden eingeladen fühlt, sei es, daß Tisch und Stühle zwischen den Säulen und Pfeilern einer Kirchenruine stehen, wie in Visby bei St. Peter und St. Hans, wo die Spatzen im Efeu tschilpen und im Herbst die reifen Birnen in den Zweigen hängen, oder, daß auf diese Weise ein historisches Gebäude zu neuem Leben erweckt wurde.

Die Vielfalt, die Buntheit, das Nebeneinander so vieler Lebensbereiche aus der Vergangenheit bis zur Gegenwart haben uns fasziniert und für Gotland eingenommen. Dieses Buch möchte Begleiter sein auf Wanderungen über Küstengebiete, durch Wälder und Steppen; Wanderungen, die auf Gotland, gleich in welche Himmelsrichtung sie unternommen werden, vorbeiführen an mittelalterlichen Kunstwerken, an frühgeschichtlichen und vorgeschichtlichen Zeugen der Entwicklung dieser Insel. Es soll einführen in die Geschichte und die Kunst und zum Schauen und Beobachten, zum Hören und Selberentdekken anregen.

Im Park von Almedalen hat uns irgendwann einmal ein älteres Ehepaar aus Stockholm angesprochen, das zum erstenmal auf der Insel war, um uns immer wieder zu versichern: Gotland ist so schön – und wir haben das nicht gewußt. Dieses freudige Erlebnis wünschen wir unseren Lesern.

Die Vergangenheit ist niemals tot,
sie ist nicht einmal vergangen.

W. FAULKNER

Vorgeschichtliche Zeit

Gotland vor allen vorstellbaren Zeiten

Hütern der Küsten gleich, stehen Gotlands Rauks bis weit hinauf ins Land. Ihre bizarren Kalksteinformationen zeugen von den Kräften, die unsere Erde ›gebaut‹ haben. Hebungen und Senkungen im Ostseeraum sind über sie hinweggegangen, Wasser und Wind haben sie ausgespült und ausgeblasen.

Vor rund 400 Millionen Jahren, unvorstellbar fernen Zeiten, wogte in diesem Teil der Erde ein tropisches Urmeer mit einem Leben, das uns durch die Versteinerungen im gotländischen Kalkstein überliefert ist. Über Jahrmillionen sanken Skelette und Gehäuse von Trilobiten und Nesseltierchen, Armfüßlern und Seelilien nach dem Absterben auf den Grund des Meeres und formten den Muschelkalk, der den Kern der Insel bildet. Neue Tierfamilien entstanden – und vergingen wieder. Silur oder Gotlandium heißt die älteste Periode der Erdgeschichte, für die schon eine reiche Fauna nachgewiesen wurde. Korallentiere bauten Riffe, wie sie heute nur noch in südlichen Meeren vorkommen, deren Temperaturen nicht unter 20 °C absinken.

Klimaveränderungen brachten eine fortschreitende Abkühlung. Die Gletscher der Eiszeiten wuchsen von Norden über Wasser und Land, schmolzen ab und schoben sich erneut weit nach Süden. Sie schliffen den Kalksteinblock und führten riesige Geröllmassen mit: Granite, die, rundgewetzt oder nur an den Kanten gerundet, heute die Ufer der Insel säumen, einzeln in Wäldern und auf Weiden liegen oder, zu Mauern geschichtet, Felder begrenzen. Grauer Silursandstein wurde abgelagert; Flechten in Schwarz oder Ocker beleben die Oberfläche.

Als die Gletscher abzunehmen begannen, stauten sich die Wassermengen zu einem riesigen Eissee im Becken der späteren Ostsee, der sich schließlich mit dem Weltmeer im Westen vereinigte. Der *Yoldiameer* genannte Meeresarm im Osten bedeckte Mittel- und Ostschweden, Süd- und Westfinnland.

Im Südwesten der heutigen Ostsee hob sich das vom Eis befreite Land und riegelte die Verbindung mit dem Weltmeer ab. Änderungen der Nährstoffe und des Salzgehaltes im Wasser bewirkten eine Umformung und Anpassung des Lebens an Süßwasser. Gotland lag damals zum größten Teil unter dem Wasserspiegel; in den Geröllablagerungen der Küsten fand man eine fossile Süßwassermoluske: Ancylus fluviatilis, die der Zeit und dem *Ancylusmeer* den Namen gab (ca. 6500–5000 v. Chr.).

Eine erneute Verschiebung des festen Landes bewirkte das Einfließen der Salzwogen des Weltmeeres über Mittelschweden. Das in breiten Schichten gefundene Leitfossil, die Litorinaschnecke, bestimmt diese Periode (*Litorinazeit:* 5500-2000 v. Chr.).

Ancylus- und Litorinameer formten Klippen und Hügel, Strände und Buchten Gotlands. Die letzte heute noch nicht abgeschlossene Hebung der Insel läßt sich an ihren Küsten ablesen. Durch die Brandung aufgeworfene Steinwälle aus Strandgeröll, auf denen nur karge Vegetation gedeiht, sind an manchen Stellen noch weit landeinwärts zu erkennen. Kalksteinwände alter Uferzonen wurden ausgewaschen und ausgehöhlt, nur die härtesten Teile konnten widerstehen. So bildeten sich die *Rauks,* deren phantastische Formen nicht nur auf die heutigen Küstengebiete beschränkt sind. Sieht man sie von weitem, muten sie wie bewegte Gestalten an – manche von ihnen tragen Namen. Unterschiedlich sind Größe und Umfang. Kleine breite Riffe wechseln ab mit hohen schmalen ›Figuren‹. HOBURGEN im Süden der Insel ist eines der großen zusammenhängenden Raukmassive, die ›Jungfrau‹ *(jungfru)* im Norden bei IREVIKEN erreicht die stattliche Höhe von 15 Metern.

Der Kalkstein der Rauks ist sehr hart, oft weiß gebleicht, in Sonne und Wind verwittert und ausgeblasen; die rauhe, unregelmäßige Oberfläche spielt mit Schatten, verjüngt sich, weicht aus, hält in der Bewegung inne – so scheint es. Werden sie vom Meer bespült, verstärkt sich der Eindruck durch Spiegelung und Widerschein. Strömung und Brandung gaben den Rauks ihre bizarren Umrisse. Auch die auf den Hügeln stehenden tauchten zu irgendeiner Zeit aus dem Meer, wurden mit der Insel emporgehoben.

Früher, als es noch keine warnenden Seezeichen gab, waren die Kalksteinriffe rund um die Insel gefürchtet; denn wie die scharfkantigen Klippen das Ufer säumen und Rauks auf höher gelegenen Wiesen und Weiden stehen, so ist auch der Grund unter dem Meeresspiegel geformt: rauh und klippenreich oder sandig flach, übersät mit buntschillernden geschliffenen Graniten.

Mürb schiefert an manchen Stellen gotländischer Silurkalk. An jüngeren Bruchstellen oder an überspülten Felsen kann das grünlich schimmernde Gestein durchsetzt sein mit versteinerten Lebewesen, Jahrmillionen alt, deren Lachsfarbe an frische Krebse erinnert. Aus dem von Gletschern abgelagerten grünlichen Mergel lassen sich mühelos einzelne versteinerte Korallen, Seelilien, mit bloßen Händen herauslösen. Und schon gelöst durch die Kraft der Wellen, finden sich

Korallen und viele andere Formen der gewesenen Tiere und Pflanzen im Strandkies; manche sind so rundgeschliffen von der ewigen Dünung, daß die Form des Lebewesens nur schwer erkennbar ist. Andere dagegen sind noch scharfkantig und lassen jede einzelne Maserung, jeden Ring, jede Faltung erkennen. Einige Felsen bestehen nur aus diesen versteinerten und mit Kalkschlamm zusammengebackenen Fossilien. Keine Form ist der anderen gleich, und noch immer steigt das Land.

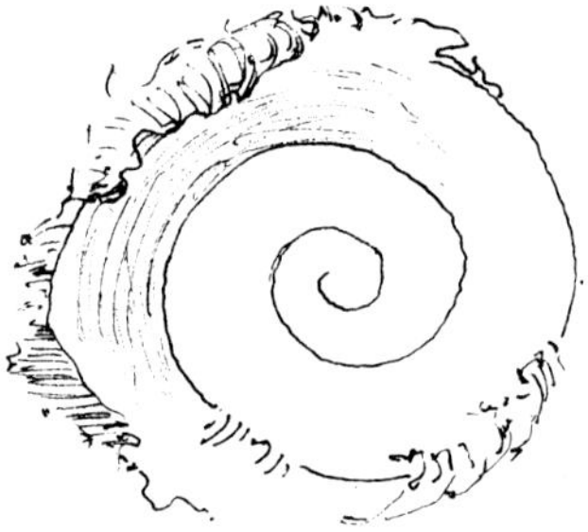

Dichtung und Sage woben einen bunten Schleier über die Insel. Überlieferte Geschichten, eigene Beobachtungen und die Kenntnis der Gotlandsage (Gutasaga) ließen P. S. Säve, den gotländischen Heimatforscher, im 19. Jahrhundert zurückschauen:

»Gotland, Tochter der Ostsee, ist nach der Sage aufgestiegen aus der Tiefe der Wogen:

›Urzeit war es,
Aare schrien,
von Himmelsbergen
sank heiliges Naß‹.

Und ehe die Insel sich über das Wasser erhob, war sie nur ein großer Meeresgrund, zwischen dessen Riffen pfeilschnelle Fischschwärme zogen. Aber in endlosen Weltzeiten hoben sich aus der Tiefe die hohen Kalkrücken, die aus zu Stein gewordenen Wassertieren und Seepflanzen bestanden.

Am höchsten die steil aufragenden Karlsinseln im Westen, Torsburgen im Osten und Hoburgen im Süden. Zwischen diesen stiegen in langen Zeiten Hügel und Holme mitsamt dem Umland aus den Fluten, schließlich das Inselland, über das die Wogen lange frei hinweggegangen waren.

Langsam wuchsen immer weitläufigere Strände mit ihren breiten weißen Steinwällen.

So entstand schließlich das ganze Gotland, ein weitgestreckter Skärgård, welcher von seiner äußersten Küste im Norden bis Hoburgen im Süden nun etwa 30 Meilen (140 km) lang ist.

Als nach unmeßbaren Zeiträumen das Meer still war, ruhten Seehunde auf dem Strand, und draußen in den Buchten zwischen den Inseln fanden die müden Fischer (Wasservögel) Ruhe und standen zu ungezählten Tausenden ›Schnabel an Schnabel‹ teils auf einem Grundriff, teils versteckt im Schilf am Strand, denn während der langen Erschaffungszeit zog das reiche Tierleben im Wasser viele Arten von See- und Stelzvögeln an, selbst den weitfliegenden Adler.

Als dann die Insel höher und fester wurde. Feld und Wald wuchsen, waren es wieder die Seevögel und Adler, die den ersten Menschen dorthin leiteten ...«

Sehe aufsteigen
zum andern Male
Land aus Fluten.
frisch ergrünend:
Fälle schäumen:
es schwebt der Aar,
der auf dem Felsen
Fische weidet.

Edda, Voluspa

1 *Raukfeld*
2 *Uggarde rojr, Grabhügel der Bronzezeit*
3 *Gannarve, Schiffssetzung der Bronzezeit*
4 *Grötlingbo, Laubwiese mit Hausgründen*
5 *Schiffsländen bei Djupkrok*
6 *Goldschmuck aus verschiedenen Funden mit dem Halsring von Havor. Gotlands Fornsal*

»Gotland fand zuerst ein Mann, der Tjelvar hieß. Da war Gotland so verzaubert, daß es tagsüber sank und nachts oben war. Aber dieser Mann brachte als erster Feuer an Land und seitdem sank es nie wieder.«

Mit diesen Worten beginnt die Gutasaga, die Geschichte eines kleinen Volkes. Niedergeschrieben Anfang des 13. Jahrhunderts, notiert sie Gedankengut aus einer wesentlich früheren Zeit, das über Jahrhunderte durch mündliche Überlieferung erhalten geblieben war. Wohl alle Völker tragen die Ahnung ihrer Entwicklung in sich. Oftmals gleichen sich die Mythen, und in die Erschaffungsberichte sind spätere Ereignisse und Beobachtungen verwoben. So wurde Rhodos Land und Insel der Sonne auf Wunsch des Gottes Apollo. Inwieweit die griechische Sage um Rhodos eine Entsprechung in der Erschaffungsgeschichte Gotlands fand, wird man wohl nie mit Sicherheit sagen können. Immerhin hatten gotländische Seefahrer-Händler schon in der Bronzezeit Kontakte mit Südosteuropa. Der mythologische Tjelvar, der das Feuer nach Gotland brachte, könnte eine Parallele sein zu Apollo, dem Gott des Lichtes.

Bis 7000 v. Chr. reichen die ersten Zeugnisse menschlicher Besiedlung zurück. Kulturschichten, gefunden unter dem heutigen Visby, in den Kalksteinhöhlen bei Hoburgen im Süden, im Norden bei Irevi-ken oder Stora Förvar auf der Großen Karlsinsel, geben Aufschluß über die Lebensweise der ersten Menschen auf Gotland. Sammler und Jäger lebten an den Küsten und den Mündungen der Süßwasserflüsse. Das Meer war feindliche Naturgewalt und Lebensgrundlage zugleich. Und weil der Mensch weder so leichtfüßig noch so wendig und schnell wie Fisch und Vogel oder das zu erlegende Wild war, mußte er Hilfsmittel für die Jagd ersinnen. Wurfstein und Schlinge waren wohl die ersten. Gefunden hat man Äxte, geschärfte Steinspitzen für Speere und Harpunen, beinerne Fischhaken und Pfrieme; Gegenstände des täglichen Gebrauchs wie Keramiken mit rundem Boden, um die Gefäße zwischen den Steinen über dem Feuer zu halten, und Pfeifchen und Schmuck aus Wildschweinzähnen. Eines der wichtigsten Beutetiere war der Seehund. Seine Zähne wurden zu verschiedenen Gegenständen verarbeitet; so hat man beispielsweise in Visby einen Lendenschurz gefunden, der aus 169 Zähnen von 42 Tieren besteht (Museum Gotlands Fornsal).

Viele steinzeitliche Wohnplätze sind an den damals ausgedehnten Binnenseen und reichlich Wasser führenden Flußläufen nachgewiesen worden. Zahlreiche Kulturschichten gibt es zwischen Gothem und Vallstena und am Tingstädeträsk (*träsk* ist die Bezeichnung für einen Binnensee). Das LINAMYR (*myr* = Moor) war ein umfangreiches Seen- und Moorgebiet, das auch einer größeren Gemeinschaft ausreichende Lebensgrundlagen bot. Wahrscheinlich wurden je nach Jahreszeit und Jagdmöglichkeiten die Wohnplätze häufig gewechselt. Heute gibt es kein Großwild mehr auf der Insel, aber in der Steinzeit lebten dort Reh, Hirsch, Elch und Wildschwein.

Von steinzeitlichen Hausbauten ist nichts überliefert; man hat jedoch Kistengräber und Großsteingräber nachgewiesen, in denen die Toten mit einfachen Beigaben bestattet waren. Zuwanderer von anderen Küsten der Ostsee, aus der Megalithkultur Südskandinaviens, brachten neue Lebensgewohnheiten und Bestattungsarten auf die Insel. Schon in der jüngeren Steinzeit trat zum Sammler und Jäger der Ackerbauer; Weidewirtschaft und der Anbau von Getreide machten ihn unabhängiger von Witterungseinflüssen und dem launischen Jagdglück. Geräte aus Feuerstein, auf Gotland bis dahin unbekannt, wurden eingeführt und bald in heimischem Kalkstein nachgearbeitet.

Die Gutasaga berichtet bereits unmittelbar nach dem Erschaffungsmythos von der Landnahme durch die Erben Tjelvars:

»Dieser Tjelvar hatte einen Sohn, der hieß Havde. Und Havdes Frau hieß Vitstjärna: Die beiden wohnten als erste auf Gotland ...

Bebautes Land wird das alles werden und drei Söhne werden wir haben. Denen gab er Namen, allen noch ungeboren. Gute soll Gotland eignen, ein anderer soll Graipr heißen und Gunfjaun der dritte.

Diese drei teilten später Gotland in drei Dreithinge so, daß Graipr, der älteste, das nördliche Dreithing bekam und Gute das mittlere Dreithing. Aber Gunfjaun, der jüngste, erhielt das südliche.«

Man weiß nicht, woher Tjelvar, der Stammvater göttlicher Abkunft, kam. Der Name der Frau seines Sohnes gibt einen Hinweis auf die Abstammung von dem Weisesten, dem höchsten nordischen Gott Odin. Vielleicht war Götaland auf dem schwedischen Festland die Urheimat Tjelvars, denn alle anderen Namen (und auch die Deutung seines Namens – abstammend von Thors schnellfüßigem Diener Tjalvi) sind nordischer Herkunft.

Götaland – Gotenland – Gotland, »... und Gute bekam das mittlere Dreithing« – das Herz der Insel. So übergreift der mythologische Ursprung der Sage unmittelbar geschichtliche Zusammenhänge.

Frühgeschichte

Anfänge der Inselrepublik: Großgrabhügel, Schiffssetzungen, Labyrinthe

Etwa um 1500 v. Chr. erreicht die Kenntnis der Legierung von Kupfer und Zinn die Insel. Vom Vorderen Orient, vor allem Cypern, bis in den Norden Europas war ein langer Weg, den zu überwinden es etwa eineinhalbtausend Jahre bedurfte; denn schon um 3000 war im Süden die Bronze bekannt.

Der Schritt vom Stein zur Verarbeitung des Metalls war gewaltig. Seit Urzeiten wurden Waffen und Arbeitshilfen aus gewachsenen Rohstoffen hergestellt. Stein, Holz, Bein wurden behauen, gespitzt, geschärft, aber die Form war vom Material abhängig. Metall eröffnete neue Möglichkeiten: Jetzt konnte der Werkstoff geformt werden, wie es der Gebrauch erforderte. Messer, Sichel und Harpunenspitze aus Bronze lösten Waffen und Handgeräte aus behauenem Stein ab.

Die Bronzezeit (bis etwa 500 v. Chr.) bescherte der Insel Gotland eine erste Blüte. Das Klima scheint, soweit wir Kenntnis davon haben, trocken und mild gewesen zu sein. Die Höfe der Bauern brachten Ertrag und Wohlstand. Im Mittelpunkt ihrer Welt stand die Sonne. Als Lebensspenderin und Quell des Lichts wurde sie angerufen, um die Erträge auf Weiden und Äckern zu mehren. Sie war die große Kraft, die alles erhielt. Sie überwand den sagenhaften Fimbulwinter, die gefürchtete Kälte, die den Sommer ein oder zweimal überspringt. Vielleicht war die große Kälte der letzten Eiszeit im Unterbewußtsein der Menschen noch wach.

In symbolischen Zeichnungen und Zeichen kommt die Urangst vor den unbegreifbaren Mächten zum Ausdruck. Heilige Pferde und Schiffe, Sonnenräder und Spiralen, Fischnetze, gepflügte Äcker und das jagdbare Wild sind in unzähligen *Felszeichnungen*, vor allem auf dem schwedischen Festland, festgehalten worden. Auf der Insel kennt man nur einen Platz in HÄGVIDE BEI LÄRBRO: Hier ist eine etwa 50 Quadratmeter große Kalkplatte auf einem Feld mit zahlreichen Ritzzeichnungen versehen, die als Schiffe, Äxte und Fußsohlen gedeutet und in die Bronzezeit datiert werden.

Zeugnisse einer frühen, schon relativ hochstehenden Kultur sind die sogenannten *Riesengrabhügel*. Etwa vierhundert gibt es auf Gotland. Es handelt sich um monumentale Grabbauten, die vorwiegend in Küstengebieten und an größeren Wegen errichtet wurden. Aus Kalksteinen und Graniten geschichtet, überdauerten sie die Zeiten. Sie sind heute in Wäldern, auf Weiden und strandnahen Wacholderheiden zu finden. Das größte Hügelgrab Gotlands, UGGARDE ROJR an der Ostküste, hat einen Durchmesser von 45 Metern und erhebt sich 7 Meter über die Strandheide südlich von Ronehamn (Farbt. 2). Bedenkt man, daß Gotlands Küsten sich seit Urzeiten heben und der Fuß des Hügels heute etwa 7 Meter über dem Meer liegt, so muß das Großmannsgrab von Uggarde vor über 3000 Jahren nahe dem Strand errichtet worden sein. Noch heute wirkt es urweltlich in seiner distanzierenden Monumentalität.

Einige dieser Großgrabhügel sind untersucht und in die Zeit zwischen 1500 und 1000 v. Chr. datiert worden. Man hat unter dem aufgehäuften Gestein wohlgeschichtete Steinkreise und Mauern gefunden, die ein

Steinkistengrab schützten. Es ist anzunehmen, daß solche Hügelgräber über lange Zeiträume hinweg benutzt wurden; vielleicht setzten Generationen einer Großfamilie ihre Angehörigen in demselben Grab bei. Ob man daraus schließen kann, daß diese Familien die übrige Bevölkerung der Insel ›regierten‹ oder das in der repräsentativen Grabstätte beigesetzte Familienoberhaupt als erster unter gleichen freien Bauern geehrt wurde, läßt sich nicht mehr sagen.

Die Riesengrabhügel gaben zahlreiche Gegenstände aus verschiedenen Anwendungsbereichen frei: ornamental verzierte Keramiken, Schmuckstücke aus Gold und Bronze, Bronzescheiden zum Verstärken der Holzäxte und brillenförmige Bronzespangen. Eine bei Eskelhem gefundene Strahlenkranz-Sonnenscheibe gehörte vielleicht zu einem Sonnenwagen. Alle diese Dinge weisen auf Verbindungen mit fernen Ländern hin.

Schon in der Bronzezeit segelten gotländische Bauern mit ihren wendigen leichten Schiffen weite Strekken. Sie trieben Handel im Ostseeraum, mit Rußland, mit England und an den Küsten des östlichen Mittelmeeres. Das Schiff war nicht nur Mittelpunkt im Leben des Inselvolkes, es hatte auch kultische Bedeutung. Monumentale *Schiffssetzungen* als neue Begräbnisform machen dies besonders anschaulich: Der Tote wurde verbrannt und die Asche in einer kleinen, mit behauenen Kalksteinplatten ausgelegten viereckigen Grube in der Mitte des Schiffes verwahrt. Unverbrannt lagen auf der Asche Schmuckgegenstände, Pinzetten, Rasiermesser, Doppelknöpfe, verziert mit linearen Son-

Schiffssetzung in Gnisvärd

nensymbolen. In manchen dieser Steingruben hat man zusätzlich eine Hausurne aus Ton gefunden.

Die schwere Arbeit, die bei der Errichtung der monumentalen bronzezeitlichen Gräber geleistet wurde, muß vielleicht als kultische Handlung verstanden werden. Die Errichtung von Schiffssetzungen und Riesenhügeln, das Schichten und Aufstellen der Steine kann Zeremonie gewesen sein zum Gedenken an den Verstorbenen.

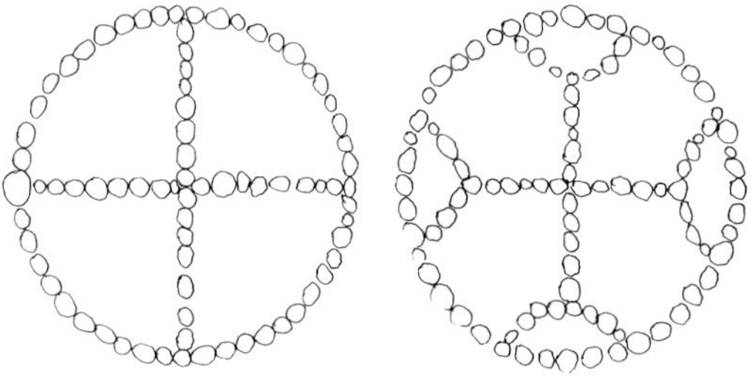

Steinsetzungen der römischen Eisenzeit

Die Steinschiffe – etwa 350 sind auf der Insel nachgewiesen – wurden für einen Großen seiner Zeit aus Granitblöcken aufgerichtet, die an den beiden Steven bis zu 1,50 Meter überhöht sind. Die größten Schiffe erreichen 40-50 Meter Länge, die Breite beträgt 4-7 Meter. Der Bug ist nach Süd-Südwesten gewandt, das entspricht der durch große Steine markierten Achsrichtung der Hügelgräber. Neben diesen Schiffssetzungen kann man mit flachen Steinen ausgelegte *Sonnenräder* finden: speichen- oder rautenförmig geteilte oder nur einfache Radkreuze, vergleichbar dem späteren christlichen Symbol des keltischen Kreuzes oder des mittelalterlichen Ringkreuzes, die jedoch schon der Eisenzeit zuzurechnen sind.

Ausgewogen in der Form, schlank und seetüchtig scheinen viele der steinernen Totenschiffe dahinzugleiten, den Ort zu verändern, auf dem Weg ins Jenseits. Das Schiff von GANNARVE, überaus harmonisch in Maß und Form, liegt frei auf einem sanft ansteigenden Grashang an der westlichen Küste (Farbt. 3). Weit geht der Blick über das Meer bis zu den Karlsinseln. Gibt man sich nicht nur der vordergründigen Betrachtung hin, sondern überläßt sich der Symbolik des Schiffes, der Weite des Raumes, scheint die Gegenwart im Sog der Vergangenheit zu verblassen.

Die Schiffe von GÅLRUM sind relativ klein, doch geben ihnen besonders große Granite an Steven und Langseiten ein archaisches Aussehen. Sieben Boote ›segeln‹ seit Jahrtausenden einem von Sonne und Mond bestimmten fernen Ziel entgegen. In nächster Nachbarschaft erhebt sich ein Riesengrabhügel aus der älteren Bronzezeit mit noch erhaltenem Mauerkranz. Steinsetzungen und kleinere Ringhügel aus der sogenannten römischen Eisenzeit (um Christi Geburt bis 500 n. Chr.) sind bis in den Wald hinein zu erkennen. Verwittert, zerstört das Relief der Vorderseite, steht ein Bildstein, von anderer Stelle hier aufgerichtet, dicht

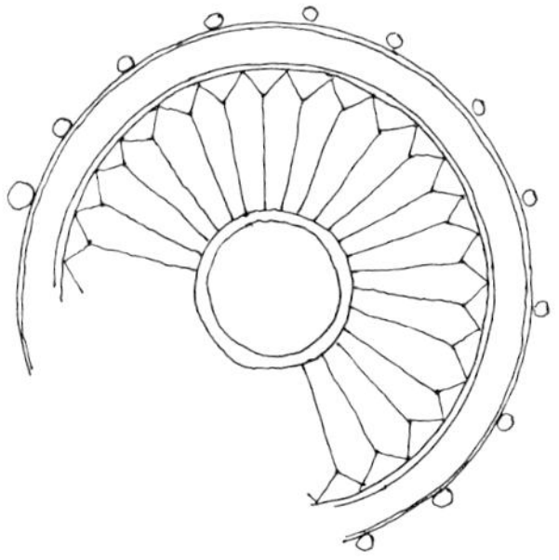

dabei; schwarzgesichtige Gotlandschafe wetzen daran ihr Fell. Auf einer Weide zwischen Wacholdern und Föhren gelegen, vermittelt dieses ausgedehnte Gräberfeld heute noch einen starken Eindruck. Es ist still dort und ohne Zeit. Bedenkt man, daß das Großsteingrab lange vor den Schiffssetzungen existierte und der Bildstein erst einige Jahrhunderte nach der Zeitenwende geschaffen worden sein kann, so müssen mehr als tausend Jahre menschlichen Gedenkens über das Feld gewachsen sein.

Vier Schiffe, zusammengefügt an den Steven, jedes etwa 9 Meter lang, gleiten im Wald von RANNARVE nahe Klinte über eine von Föhren und Fichten, Eichen und Eschen umstandene Lichtung. Eine Hausurne mit verbranntem Gebein, kleinen Gegenständen aus Bronze, Pinzette und Rasiermesser hat man in einem der Grabschiffe gefunden. Runde Grabhügel – *rösen* – liegen auf derselben Lichtung und in nächster Nähe im Wald. Im Sommer sind die Schiffe beladen mit rosa Weidenröschen und gelbem Leinkraut, den wilden Blumen Gotlands.

Labyrinthe, Steinsetzungen anderer Art, wie sie auch auf dem Festland vorkommen, sind an etwa vierzig Stellen auf Gotland zu finden. Ihr Ursprung liegt im Dunkel. Wahrscheinlich haben kultische Gebräuche, Sonnen- und Fruchtbarkeitsriten eine Rolle gespielt, aber sie geben keinen sicheren Hinweis auf das Alter dieser Trojeburgen. Eine der bekanntesten dieser Labyrinth-Steinsetzungen liegt nördlich von VISBY unterhalb des Galgenberges. Nach Westen zu geöffnet, der

Labyrinth neben der Kirche von Fröjel

sinkenden Sonne zu, bilden die Steine konzentrische Dreiviertelkreise um ein Kreuz von Anfang und Ende. Fast gleicht es einer Muschel, deren Leben mit der Schale an diesem Punkt verwachsen ist. Labyrinth – wieder wenden sich die Gedanken dem Mittelmeerraum zu, und es wäre denkbar, den Impuls zu diesen nordischen Formen weit im Süden und in der antiken Mythologie zu suchen. Gotländische Handelswege führten dorthin, und nicht nur materielle Güter fanden den Weg zurück.

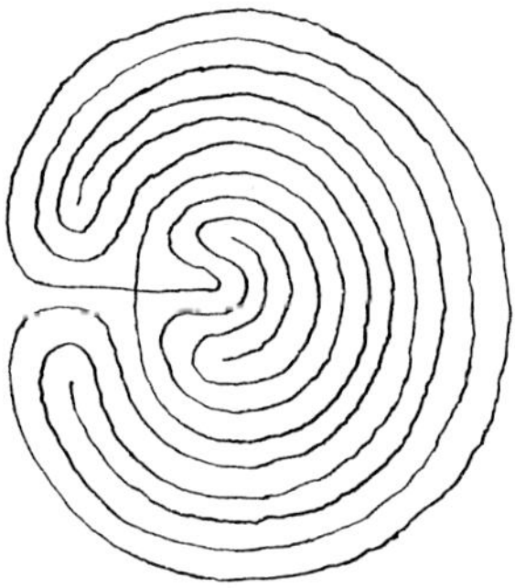

Neuere Forschungen datieren – mit aller Vorsicht – die nordischen Trojeburgen, die sich besonders auf die Ostseeküsten Schwedens und Finnlands konzentrieren, aber auch in Rußland und an der Eismeerküste zu finden sind, in die Bronzezeit, vielleicht zurück bis zum jüngeren Neolithikum; allerdings sind auch eindeutig jüngere Anlagen nachweisbar. Sie werden heute fast einhellig mit kultischen Schreit-Tänzen oder Reigen in Zusammenhang gebracht, wie sie in der Literatur mehrfach beschrieben wurden (Ilias, 18. Gesang mit Hinweis auf Knossos, Plutarch, der von dem Labyrinth-Tanz des Theseus berichtet, oder Vergils

Reiterspiele der ›Troiae Lusus‹). Der Ursprung ist in heidnischen Gebräuchen zu suchen, wenn auch die christliche Tradition Symbol und Form mit veränderter Bedeutung übernommen hat. Seit dem 10. Jahrhundert wird das Labyrinth in den verschiedensten Varianten im kirchlichen Bereich dargestellt, vielfach mit einem direkten Hinweis auf den sagenhaften Erbauer Daedalus, der im Norden mitunter durch Wieland den Schmied ersetzt wird – manchmal auch als Symbol für die sündhafte Welt.

Die Völkerwanderungszeit: Grabfelder und Hausgründe

Fast scheint es, als hätten sich die Ereignisse in den Jahrhunderten vor und nach der Zeitenwende vervielfacht. Natürlich wissen wir mehr, je näher wir unserer Gegenwart kommen. Fand kein Detail Platz in den Jahrmillionen der Landwerdung, so zerlegen sich die Jahrhunderte bald in Jahre und Monate bis in unsere Tage.

Es war immer der Handel, dem Gotland Bedeutung und Geltung verdankte. Niemals gingen von der Insel Aggressionen, Landnahmen und Staatengründungen aus, wie wir sie von den Wikingern kennen. Gewiß werden sich auch Gotländer an Seeräubereien und Überfällen beteiligt haben – das lag wohl im ›Stil der Zeit‹.

Als im 6. Jahrhundert neben anderen auch die Svear versuchten, Gotland in ihren Machtbereich einzugliedern, und auf der Insel Fuß faßten, legte wiederum der Handel den Grundstock für einen neuen Aufstieg nach den Nöten der Völkerwanderung.

Funde vergrabener Schätze an zahlreichen Stellen der Insel, auf Äckern, in Wäldern und in noch erhalten gebliebenen Gräbern deuten auf lebhafte Kontakte gotländischer Händler zu Ländern an den Ufern des Mittelmeeres. Münzen aus Gold lassen auf eine enge Verbindung mit Rom schließen, denn Gold war innerhalb des römisch-byzantinischen Reiches Münzmetall. Auch ungemünztes Gold, Schmuckgegenstände, wie der prachtvolle Halsring aus dem Schatz von Havor, kamen in den ersten 250 Jahren unserer Zeitrechnung nach Gotland. Fünf Siebtel des in Skandinavien gefundenen Goldes wurden aus der Erde Gotlands gegraben.

In der römischen Eisenzeit und der Vendelzeit gewannen die Großfamilien der Fernhandelsbauern zunehmend an Bedeutung gegenüber dem Teil der Bevölkerung, der ausschließlich von Ackerbau, Viehzucht oder Fischfang lebte. Auch die Ruhestätten für die Toten wandelten sich. Es wurden keine monumentalen Einzelgräber mehr errichtet, sondern weitläufige Grabfelder, die Jahrhunderte hindurch ihre Bedeutung behielten.

Etwa um 400 n. Chr. drückt der Grabstil auch eine Erinnerung an den Sonnenkult vergangener Zeiten aus. Wieder wurden größere Hügelgräber errichtet. Manche sind ohne Merkmale wie wahllos aufeinandergetürmt; bei anderen hat sich der Steinkranz erhalten, dessen Nord-Süd-Achse durch größere Steine markiert ist; wieder andere sind eingefaßt von behauenen und mit Linienornamenten versehenen Kantensteinen. Auf Gräbern der gleichen Zeit lag im Scheitelpunkt der *solklot,* ein flachkugelförmiger sogenannter Sonnenstein, mancher glattgeschliffenes Geröll, mancher linear geritzt, mit einem Kreuz auf der Oberseite. Diese Steine könnten die Sonne symbolisieren, die dem Toten auf dem Weg ins Jenseits Licht spenden sollte. Auch die großen Sonnenräder, aus unzähligen Steinen konzentrisch um Kistengräber gelegt, gehören in die ersten Jahrhunderte nach Christi Geburt und reichen bis in die *Vendelzeit* (550-800). Diese Epoche hat ihren Namen von Ausgrabungen im Kirchspiel Vendel in Uppland.

Umgeben von hochgewachsenen Nadelbäumen liegt unter Birken das Grabfeld von TRULLHALSAR. Ein eigenartiger Zauber überweht die einsam im Wald dämmernden Steinsetzungen: Da finden sich in lockerem Kreis oder in einer Reihe angeordnet sogenannte *domarringar* (Richterringe) neben Grabhügeln unterschiedlicher Art; einige dieser für die Vendelzeit typischen Steinhügel werden von einem Kranz sorgfältig verlegter Kalksteinplatten eingefaßt, andere sind von einem *solklot* bekrönt. Gräber und Steine vergangener Zeiten liegen zwischen Bäumen, Farnen und Beerenkraut, werden überwachsen und sind unendlich lange schon an diesem Ort. Heute rauscht der Wald darüber; zur Entstehungszeit des Feldes war das Meer nicht weit.

Wald hat auch das Grabfeld von LILLE BJÄRS, in der Nähe von Stenkyrka überwuchert, auf dem über tausend Gräber gefunden wurden. Sie liegen zu beiden Seiten eines Weges, der in jener längst vergangenen Zeit schon Eingang und Durchgang gewesen sein mag, denn er führt über keines der Gräber hinweg. Das Alter des Feldes kann man an den unterschiedlichen Grabformen ablesen: Bronzezeit, Eisenzeit – tausend Jahre sind wie ein Tag für uns, die wir zurückschauen.

Regelmäßig strenger werdende Wintereinbrüche begleiteten die Klimaverschlechterung, die um Christi Geburt den skandinavischen Norden heimsuchte. Die

Bauern wurden gezwungen, Menschen und Tiere vor Kälte zu schützen. Sie schlossen sich zu Hofgemeinschaften zusammen und umgaben die Gebäude mit einer Steinmauer.

Etwa 1800 Grundmauern solcher Höfe wurden auf Gotland registriert. Es waren Herrenhöfe von beachtlicher Größe. Sie werden nach und nach systematisch ausgegraben und untersucht. In VALLHAGAR im Kirchspiel Fröjel wurde ein ganzes Dorf von darüberliegenden Schichten befreit. Es gibt Kenntnis von einer Bebauungs- und Siedlungsform, die in darauffolgenden Zeiten auf Gotland nicht mehr gebräuchlich war.

Unter der Bezeichnung *kämpgrav* ist das eisenzeitliche Haus in die Geschichte Gotlands eingegangen, heute wird dieser Begriff nicht mehr gebraucht. In LOJSTA hat man die Rekonstruktion versucht: Lojstahallen ist 25 Meter lang und 6-8 Meter breit. Die Außernmauern bestehen aus mit Erde gedichteten Steinmauern, etwa 1-1,50 Meter hoch. Darauf ruht der steil aufragende hohe Dachstuhl aus eng nebeneinandergesetzten Baumstämmen (Sparren), unterstützt von zwei Längshölzern (Pfetten), die von Rundholz-

Lojstahallen, Rekonstruktion

pfosten getragen werden. Dichtes *ag,* ein Schilfgras, das an den Rändern gotländischer Seen und Sümpfe wächst und auf der Insel wegen seiner guten Eigenschaften als Dachdeckung von jeher sehr geschätzt wird, hielt Feuchtigkeit und Kälte ab. Noch heute werden Scheunen und Schafunterstellen *(lambgifte)* mit *ag* gedeckt. Durch je zwei am First miteinander verbundene und in Abständen von etwa 150 Zentimeter als Reiter aufgesetzte Hölzer fand die Deckung Halt.

Aus der Fundstelle von Lotsteinen, die die Kettfäden der Webstühle hielten, konnte man herauslesen, daß es nur unmittelbar hinter dem Eingang an der Giebelseite des Hauses für diese Arbeit hell genug war. Sonst hatte das Haus keine Fensteröffnung, nur oben im Dach gab es über der Feuerstelle in der Mitte eine Luke, durch die der Rauch abziehen konnte.

Der angesammelte Hausschutt, Knochen, Scherben und Dinge, die nicht mehr gebraucht wurden, bildete im Laufe der Jahrhunderte ein Kulturlager, das heute Rückschlüsse zuläßt auf Lebens- und Eßgewohnheiten, die Haustiere (Kühe, Ziegen, Schafe, zahme Schweine und Hühner) und die Art des Kornes, das gesät wurde (Gerste, Weizen, Roggen).

Die Metallverarbeitung war weiter vervollkomnet worden; neben Bronze gab es nun Gebrauchsgegenstände aus Eisen. Gold wurde zu Schmuckstücken von eigenwilliger Schönheit verarbeitet. Die Ornamente der Fibeln und Schnallen hatten meist Tierformen zum Vorbild, sie wuchsen mit Pflanzenmotiven zusammen, verflochten und lösten sich in fließenden Linien.

Auch flache Wurfsteine aus Sandstein – etwa 20 Zentimeter im Durchmesser – fand man im Schutt der Hausgründe. In Frühzeiten hat man sie zur Jagd verwendet; später entwickelte sich der Umgang mit ihnen zu einem echt gotländischen Sport, *varpkastning*.

Etwa fünf Häuser gehörten zu einem Hof, dazu gab es Gemeinschaftsgebäude, die allen zugänglich waren, wie das Haus zum Trocknen des Erntegutes. Wahrscheinlich wurden auch Fleisch und Fisch geräuchert und getrocknet; der Backofen stand im gemeinschaftlichen Backhaus.

Zu dieser Zeit entstanden auch die *Laubwiesen,* die vor wenigen Generationen noch in ganz Skandinavien zu finden waren. Nur auf Gotland werden sie manchmal noch in herkömmlicher Weise gepflegt. Sie waren notwendige Bedingung für die Versorgung der Haustiere im Winter. Die Siedlungen lagen entweder an den Ufern oder in der Nähe jetzt ausgetrockneter Seen und Moore oder inmitten jener Laubwälder. Wenn es gelang, den Nadelwald zurückzudrängen, war es licht und luftig für Hasel und Linde, Eiche und Esche und Ulme. Laub, Gras und Kräuter wuchsen für das Vieh, wilde Birnen- und Apfelbäume und Beerensträucher trugen Früchte. Heute beschenken diese *lövängen* den Wanderer über Gotlands Fluren mit Stille und Geborgenheit, in der im Frühsommer die wilden Orchideen zu Hunderten ihre Blüten öffnen (Farbt. 4).

Bis etwa 600 n. Chr. waren die eisenzeitlichen Häuser bewohnt. Sie wurden aus Gründen, die wir nicht kennen, plötzlich verlassen und verbrannt und niemals wieder aufgerichtet. Die Äcker verkamen, die Wildnis wuchs über die Mauern und Wege, über Mahlsteine und Wasserstellen. Der Aufbruch und die Verödung der Wohnstätten wird u. a. mit einer gewaltsamen Ausweisung in Zusammenhang gebracht, von der die Gutasaga berichtet. Vielleicht auch brachen Invasionen der Völkerwanderungszeit, der Svear, Dänen oder

Friesen den Frieden. Zahlreiche Hortfunde, die vergrabene Schätze der reichen Bauern zutage förderten, lassen diese Rückschlüsse zu. Münzen, Gold und Schmuck mußten der Erde überlassen bleiben, wenn die Besitzer in den Zeitwirren umgekommen oder verjagt worden waren.

Untersuchungen in VALLHAGAR gaben Spuren von Kämpfen und Bränden, Spuren der überstürzten Flucht der Einwohner preis. So fand man Pfeilspitzen, gegen Hausgiebel gerichtet, Keramiken noch um eine Feuerstelle gruppiert und zurückgelassen, Menschen, verbrannt oder auf der Flucht erschlagen, Münzschätze, sorglos in der Ecke eines Hauses aufbewahrt, vom Schutt des zerstörten Gebäudes begraben.

Ende des 5., Anfang des 6. Jahrhunderts ist ein auffallender Schwund an Gräbern festzustellen. Waren die Eindringlinge, die über das Meer kamen, die soziale Ordnung störten und vielleicht auch die Siedlungen zerstörten, die Ursache für die Dezimierung der Inselbevölkerung, oder kann die in der Gutasaga erwähnte Ausweisung eines Drittels der Menschen als historische Tatsache angesehen werden? Dieses Ereignis gehört zu der Umschichtung, zu der Unruhe des Nordens während der Völkerwanderungszeit.

Schon zweihundert Jahre nach Christus begannen die Wanderungen der Goten nach dem Süden. Ebenso machten sich auch andernorts ganze Stämme auf den Weg, füllten dünn besiedelte Landschaften, vertrieben und brandschatzten andere Volksgruppen und vermischten sich mit ihnen. Paulus Diaconus, ein Gelehrter langobardischer Herkunft, schrieb im 8. Jahrhundert: »Germanien zeugt soviele Menschen, daß es sie mit knapper Not ernähren kann.« Die Gutasaga berichtet:

»Von diesen drei (gemeint ist die Dreithingteilung) vermehrte sich das Volk auf Gotland während einer langen Zeit so sehr, daß das Land sie nicht mehr alle ernähren konnte. Da losten sie fort vom Land jedes dritte Haupt, so daß sie alles behalten und mit sich nehmen durften, was sie über der Erde besaßen. Sie wollten ungern fortziehen, sondern fuhren zur Torsburg und ließen sich dort nieder. Danach wollte sie das Land dort nicht dulden, sondern trieb sie weg von dort.

So fuhren sie fort zur Fårö und ließen sich dort nieder. Auch dort konnten sie sich nicht aufhalten, sondern fuhren zu einer Insel bei Estland, die Dagö heißt, und ließen sich dort nieder und bauten eine Burg, die noch zu sehen ist.«

Ob die Gutasaga – erst im 13. Jahrhundert niedergeschrieben – mündliche Überlieferungen von Erlebnissen der eigenen Vorfahren wiedergibt oder die gotländische Fassung eines Berichtes über die Auswanderung eines anderen Volkes ist, mag offen bleiben. Wie die Erschaffungsmythen gleichen sich auch die Berichte über Teilungen und Ausweisungen der Völker. Den seßhaften Stämmen wurde das Land zu klein, »daß es sie nur noch mit knapper Not ernähren konnte«. So war es die Not, die sie hinaustrieb, neues Land zu suchen.

Es gibt Funde und Kenntnisse, die der Sage recht zu geben scheinen. Die Ausgelosten wandten ihre Schiffe nach Osten über die See »... nach einer Insel gegenüber Estland, die Dagö heißt, ... und weiter durch Rußland. So fern fuhren sie, daß sie nach Griechenland kamen ...« Die Küste im Osten war ihr Ziel. Im Baltikum hat man Gegenstände aus der Zeit um 500 gefunden, deren typische Form nach Gotland weist. Die Düna und der Weg durch Rußland waren Handelsstraßen an das Schwarze und das Mittelländische Meer. Und schließlich bestätigen Goldmünzen, geprägt für den oströmischen Kaiser Anastasius, der von

491 bis 518 regierte, den Kontakt mit Byzanz. Man hat Hunderte dieser Geldstücke aus den Äckern Gotlands gegraben. Auch die Torsburg, die größte der zahlreichen Fluchtburgen auf der Insel, wird in der Sage erwähnt.

Die Fluchtburgen

Die Küsten Gotlands waren unbefestigt, ohne Schutz gegen Eindringlinge. Die Kunde vom Reichtum der Gotländer verbreitete sich im Ostseeraum, so daß die Insel Ziel zahlreicher Raubzüge wurde. Gegen diese Bedrohung errichtete die Inselbevölkerung Fluchtburgen, in die sie sich mit Hab und Gut zurückziehen konnte. Etwa hundert solcher ›Burgen‹ sind bisher bekannt. Es handelt sich hier nicht um gemauerte Burganlagen, sondern um einen befestigten Platz aus vor- oder frühgeschichtlicher Zeit. Eine solche *fornborg* kann auf einem Felsplateau ohne nachgewiesene Bebauung liegen (Torsburgen), am Rande von unwegsamem moorigem Gelände (Havor) oder gar in einem See (Tingstädeträsk), auch über Steilküsten und Klippen; man mußte sie verteidigen, für Ausfälle verlassen und das dem Platz anvertraute Gut schützen können. Die Flachlandburg besteht meist aus einem oder mehreren Ringwällen mit einem Durchmesser von 50 bis 100 Metern; auf einem Felsplateau bestimmte die Topographie die Anlage. Die Weiträumigkeit von Torsburgen mit einem Durchmesser von 1200 x 1300 Metern war die Ausnahme.

Man darf annehmen, daß die sogenannten Fluchtburgen zur Verteidigung errichtet wurden, aber man weiß nicht sicher, gegen welche Feinde. Vielleicht ist sogar die eine oder andere von Eindringlingen zum Schutz vor der einheimischen Bevölkerung angelegt worden. Wenige Areale dieser Art wurden bisher untersucht, eine genaue Datierung ist deshalb immer noch schwierig. Solche Verteidigungsanlagen waren wohl im Gebrauch von der vorrömischen Eisenzeit (ca. 500 v. Chr.) bis zur Wikingerzeit (ca. 900 n. Chr.). Wahrscheinlich dienten diese Plätze auch als Kult- und Thingstätten.

Die Flachlandburg HAVOR im Gebiet von Hablingbo ist systematisch ausgegraben worden. Man hat Graben und Mauer mit einem inneren Durchmesser von 50 Metern von späteren Schichten befreit; vermutlich trugen die Wälle Palisaden. Ein Holzkohlenlager an der Innenseite der Steinmauer deutet auf eine niedergebrannte Wehranlage, ein fester Steinbelag im östlichen Eingang läßt auf weichen Moorboden ringsum schließen. Am inneren Wall wurde 1961 bei Grabungsarbeiten der sogenannte Havorschatz gefunden: Ein prachtvoller goldener Halsring, der um die Zeitenwende möglicherweise in Südrußland gearbeitet worden ist, lag in einem Bronzegefäß neben römischen Bronzen. In Gotlands Fornsal in Visby kann man ihn bewundern (Farbt. 6). Einst lag Havor am flachen Strand des heute entwässerten Mästermyr. In der Nähe des Wallgrabens hat man Reste von Wohnplätzen aus der gleichen Zeit – das heißt aus den Jahrhunderten vor Christi Geburt bis in die Wikingerzeit – entdeckt. ›Burg‹ und Ansiedlung waren geschützt durch Sümpfe und hohe Schilffelder, die einen natürlichen Verteidigungsring bildeten.

Mehr als tausend Jahre war dieses Gebiet bewohnt. Vielleicht bestand schon vor der Ringwallanlage ein Landeplatz für die seefahrenden Handelsbauern, die ihre Boote durch das sumpfige Gelände in das sichere Landesinnere trailten. Was alles kann an diesem Platz

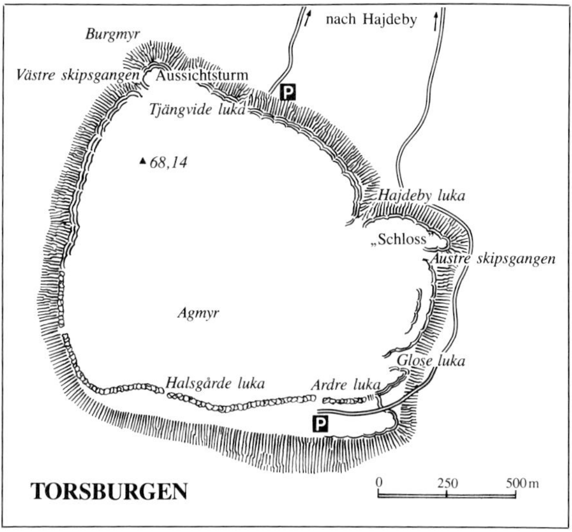

geschehen sein, der über so lange Zeiträume von Menschen bewohnt, verteidigt, erlebt wurde!

TORSBURGEN, die meistbesuchte und weitläufigste *fornborg* Gotlands, liegt im Osten der Insel, dort wo sie am breitesten ist. Bis zu 70 Meter erhebt sich das Kalksteinplateau über den Meeresspiegel, geschützt im Westen, Osten und Norden von fast senkrechten Felswänden. Inmitten von dichtem Wald scheinen die grauen Wände jeden Näherkommenden abzuweisen. Ein Steinwall schloß die flache Südflanke; 2 Kilometer lang, an der Basis bis zu 20 Meter tief, steigt er an einigen Stellen 7 Meter hoch über den Waldboden. Torsburgen – Thor, der mächtige Gott, lieh dem Platz seinen Namen und hatte der Sage nach dort seinen Wohnsitz – umfaßt eine Fläche, die doppelt so groß ist wie die Stadt Visby innerhalb der Mauern: Es ist die größte derartige Anlage in Skandinavien. Der Übergang von den aufgeschichteten Kalksteinplatten und Quadern zum Fels ist oft schwer zu erkennen. Auf Waldwegen gelangt man zu einem der Eingänge, der sogenannten Ardrelucka im Süden, heute offen und weit. Wie mag sie ehemals geschützt gewesen sein?

Das Gebiet ist 1977 untersucht worden. Für den Baubeginn der Wallmauer wird das dritte nachchristliche Jahrhundert angenommen. Sie wurde repariert und weitergebaut bis zur Zeit der Wikinger. Man hat einen Kern aus versintertem Kalkstein entdeckt, der die Stabilität der Anlage wesentlich erhöht. Außen besteht der Wall aus einer trocken geschichteten Kalksteinmauer, innen aus breit angeschüttetem Schotter.

Es gibt keine Hinweise auf eine Bebauung des Plateaus; Torsburgen ist also wahrscheinlich nie über längere Zeiträume bewohnt gewesen. 1978 hat man mit Ornamenten versehene Fragmente eines Bronzegefäßes aus der Wikingerzeit (10. Jh.) gefunden und eine halbierte arabische Münze, geschlagen um 815 für den Kalifen al-Mamoun.

Es hat viele Versuche gegeben, die Torsburg in die geschichtlichen Zusammenhänge der Völkerwanderungszeit einzubinden. Durch ihre Lage in der Nähe von Östergarnland, der weit nach Osten vorgeschobenen Küste, kann man annehmen, daß ihr einst eine wichtige Rolle zum Schutz und zur Verteidigung der Insel Gotland zugefallen ist. Immerhin liegen noch drei vorgeschichtliche Anlagen in Reichweite und vor der Küste die Insel Östergarnsholm mit einer weiteren Fornborg. Von den Landeplätzen in Östergarnland nahm einst die Seefahrt in die baltischen Länder ihren

Ausgang. Bedenkt man, daß vom heutigen eisernen Aussichtsturm auf Torsburgen der Blick bis zur Westküste Gotlands reicht und im Osten die Insel Östergarnsholm zum Greifen nahe liegt, so gewinnen die alten Warnsysteme mit Feuerzeichen, die sich auch andernorts bewährt hatten, eine Bedeutung, die Rückschlüsse auf das Verteidigungssystem der Insel ziehen läßt.

Zyklamenrot und blau leuchten um Mittsommer Kerzenehrenpreis und Waldstorchschnabel, hellen Spierstauden und Farne die Schattengründe auf. Wacholder wächst bis über die steilen Wände in aufgebrochene Risse und Schründe.

Im Osten von Torsburgen liegt über Klippen am Meer die Fornborg GRUGARNSHUVUD, deren Felsen seit alters als Seezeichen gedient haben. Die Sicht geht weit über Land und Meer, zur Insel Östergarnsholm und die Küste entlang nach Norden und Süden. Ein Wall aus Erde und Kalkstein von etwa 450 Metern Länge schützte auch hier den offenen Zugang von der Landseite, man datiert ihn in die Jahrhunderte der Vendel- und Wikingerzeit (7.-11. Jh.).

Aus dem frühen Mittelalter (ca. 1035) stammt eine andere Verteidigungsanlage: BULVERKET heißt dieser auf über zehntausend Pfählen im Tingstädeträsk im Norden der Insel errichtete quadratische Pfahlbau. Er hat eine Seitenlänge von 170 Metern; das Modell kann man heute in Gotlands Fornsal in Visby betrachten. Die Plattform, von in den Grund des Sees gerammten Palisaden und den moorigen schilfreichen Ufern des Sees umgeben, trug einst Holzhütten, um Schutzsuchende, deren Vieh und Vorräte aufzunehmen. Reste eines Wikingerschiffs hat man auf dem Seegrund gefunden. Erst im Mittelalter wurde dieses Pfahldorf durch Brand zerstört. Lange danach, nur noch in fahler Erinnerung an Vergangenes, hielt sich ein Sprichwort bei den Leuten am See, wenn eine Feuersbrunst wütete: »Ein Feuer wie damals, als das Seedorf brannte.« Und doch hat zu dieser Zeit schon keiner mehr gewußt, daß Pfähle im See stecken, die dieses Dorf einst wirklich getragen hatten, vor fünfhundert Jahren vielleicht … Am See von Tingstäde ist heute nichts mehr zu sehen; nur im Winter, wenn er mit durchsichtigem Eis überzogen ist, soll man hinunterschauen können in die Vergangenheit.

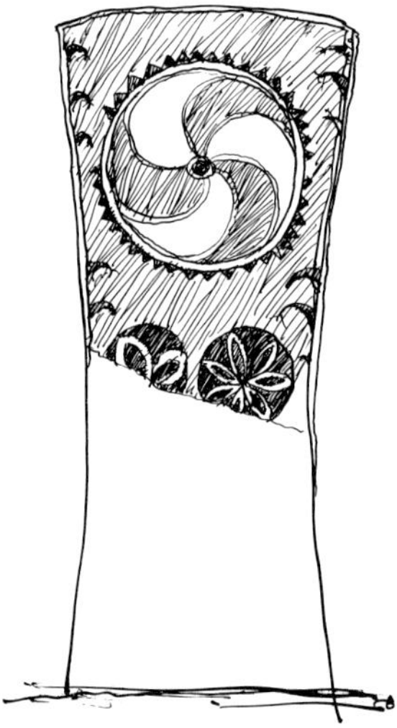

Bildstein von Hellvi,
Ire 1, 400-600,
Gotlands Fornsal

Bezeichnend für die Haltung und auch das Verhandlungsgeschick der Gotländer sind die Abmachungen mit dem König der Svear zu einer Zeit, als die Insel von Invasionen und Raubzügen geplagt wurde. Eine politische Verbindung versprach Erleichterung.

Adils, Ottar Vendelkråkas Sohn, war nach der Chronik des Saxo Grammaticus im 6. Jahrhundert ein mächtiger Herrscher und hatte mehrere siegreiche Kämpfe gegen Rivalen und den dänischen König Ralf Krake geführt. Historische Beweise, daß es gerade dieser König war, mit dem sich die Gotländer arrangierten, gibt es nicht, doch der Zeitraum, in dem Not auf der Insel herrschte und Adils Macht auf dem schwedischen Festland hatte, entsprechen einander und lassen diesen Schluß zu. Es lag nahe, daß es Vorteile bringen würde, sich mit diesem Mächtigen zu verbünden. Frühere Versuche der Gotländer, mit dem Schwedenkönig einen Friedensvertrag zu schließen, waren wohl fehlgeschlagen, denn erst Awir Strabain

»... brachte Recht mit dem Schwedenkönig zustande: sechzig Mark Silber für jedes Jahr, das ist die Steuer der Gotländer ... So gingen die Gotländer selbstwillig unter den Schwedenkönig, damit sie frei und geachtet ins Schwedenreich kommen konnten, in jede Stadt, ohne Zoll und andere Abgaben. So sollten auch Schweden fortan nach Gotland kommen ohne Getreidesperre oder andere Verbote. Schutz und Hilfe sollte der König den Gotländern erweisen, wenn sie das (dessen) bedürften und darum anhielten ...«

Zweifellos war Awir Strabain mutig, doch die Verhältnisse auf der Insel müssen auch alle Kräfte gefordert haben. In der Gutasaga kommt die ganze Strenge und Unsicherheit, die in diesem Unternehmen gelegen haben mag, zum Ausdruck:

»Als aber die Gotländer ihn (Strabain) baten, zu segeln, antwortete er: ›Mir weist ihr jetzt das Unheimlichste und Gefährlichste zu. Gebt mir dann, wenn ihr wollt, daß ich segle in solche Gefahr hinein, drei Wehrgelder – eines mir selbst, das andere meinem geborenen Sohn und das dritte meiner Frau.‹ Denn dieser war ein gewandter und grausamer König, so wie die Sage um ihn ging.«

Der Bund mit dem König der Svear brachte der Insel die erhoffte Beruhigung. Funde im Baltikum bestätigen, daß die Gotländer nun ihren Handel gemeinsam mit den Schweden betrieben. Ein weiterer Beweis ist ein großes gotländisches Grabfeld neben zwei schwedischen bei dem Handelsplatz Grobin in Lettland. Sie datieren in die Zeit von etwa 650 bis zum Ende des 9. Jahrhunderts.

In erster Linie waren die Gotländer Kaufleute. Der Schutz, den sie durch die Svear weit über ihr Inselgebiet hinaus genossen, war den Preis – die ausgehandelte Steuer, die sich die Svear auch noch selber holen mußten – schon wert, wenngleich es sich zu Beginn der Übereinkunft nicht um 60 Mark Silber handeln konnte, denn in der Mitte des 6. Jahrhunderts waren die arabischen Silberminen noch nicht entdeckt. Doch der Vertrag galt bis in das Mittelalter und wurde wahrscheinlich bei jeder ersten Steuereinnahme eines neuen Königs vom Allthing bestätigt und in die geltende Währung umgerechnet.

»Viele Könige stritten um Gotland solange es heidnisch war, doch behielten die Gotländer immer den Sieg und ihr eigenes Recht.«

So steht es in der Gutasaga als Einleitung zur Absprache mit dem König der Svear.

Die Bildsteine

Gotland erlebte nach den Stürmen der Völkerwanderungszeit ein neues Aufblühen des Handels und des Handwerks. Sicher waren es nicht nur die ›glücklichen ökonomischen Verhältnisse‹, die die Menschen befähigten, Neues hervorzubringen. Von den steinernen Riesengrabhügeln der ersten Gräber, den monumentalen Schiffssetzungen bis hin zu den Bauernkirchen Gotlands war ein langer Weg. Doch hat es dieses Volk stets verstanden, Anregungen, die durch den Handel mit Völkern anderer Lebensräume auf die Insel kamen, aufzunehmen und umzudenken in eigenes Formen- und Gedankengut.

In der monumentalen Kunst haben gotländische Steinmetzen Hervorragendes geleistet. Zu allen Zeiten, von der Vorgeschichte bis in das hohe Mittelalter ›redeten‹ die Steine auf Gotland: Zuerst Gewachsenes und Versteinertes, dann bearbeitetes und kunstvoll gestaltetes Material. Einfallsreichtum in Form, Bewegung und Ausdruckskraft haben die gotländischen Meister der Bildsteinkunst ebenso wie die Meister der Taufbecken, der Kapitelle oder der Kirchenportale schon zu ihrer Zeit berühmt gemacht.

Die ersten Bildsteine entstanden im fünften nachchristlichen Jahrhundert. Sie haben ›Vorfahren‹ im Mittelmeerraum: In Ägypten, Griechenland und im römischen Reich waren lange vorher flach reliefierte Grabstelen mit einem gebogenen oder giebelförmigen oberen Abschluß bekannt.

Auch die gotländischen Bildsteine fanden als Grab- und Gedenksteine Aufstellung bei Grabanlagen und an Fahrwegen. Mehrfach haben sich über die Jahrhunderte hinweg Form und Dekor verändert. Die verwendeten Kalksteinplatten sind gut bearbeitet, die Vorderseite mit Steinzeichnungen oder Flachreliefs versehen, deren Grund zur plastischen Hervorhebung eingefärbt wurde. Die frühesten Steine sind schlank im Umriß, schwingen oben leicht geschweift nach außen und schließen flachbogig ab. Oft wurde die mit der Schneide nach oben aufgestellte Axt als Grundfigur angesehen. (Alle erwähnten Beispiele stehen in Gotlands Fornsal, wenn nichts anderes vermerkt ist.)

Es lassen sich drei Haupt-Stilepochen unterscheiden: die rein ornamentale, geometrische Zeichnung kennzeichnet die älteste Gruppe (400-600), erzählende Darstellungen die folgende (700-900) und Runenbänder und die ersten christlichen Symbole die dritte (900-1100). Die verwendeten Spiral- und Schlangenornamente wie auch die Form der ältesten Steine zeigen noch Verwandtschaft mit dem östlichen Mittelmeerraum; Bilddarstellungen der späteren Steine sind dagegen schon ganz in die Erlebniswelt des Nordens einbezogen.

Sicher haben die in den Süden reisenden Gotländer, die auch mit dem Glauben dort ansässiger Völker in Berührung kamen, sich nicht nur fremdes Brauchtum angeeignet, sondern auch neue Ausdrucksformen mit auf die heimatliche Insel genommen. Spirale und Sonne, Schlange und nordischer Drache: Symbol, Erinnerung oder Beschwörung – wer kann die Gedankengänge wieder lebendig machen?

Die Bildsteine reichen noch in die unruhige Zeit der nordischen Völkerwanderung zurück; sie haben

Bildstein von Väskinde, 400-600, Gotlands Fornsal

wahrscheinlich an besonderen Opferplätzen Aufstellung gefunden. Kampf ist das Thema, das immer wiederkehrt; es ist der Grundton dieser Zeit, der in unendlichen Variationen dargestellt wird: als Kampf zwischen der Midgardschlange und der Sonne, Kampf der heiligen Hengste unter wirbelndem Sonnenrad, Kampf mit erhobenem Schild und Speer, Kampf gegen Dämonen und Urmächte, aber auch gegen den Feind, der den eigenen Lebensraum bedroht.

Vielleicht macht die ornamentale und doch fast naturalistische Darstellung auf dem STEIN VON HAVOR – gischtende Wellen, Sonne und Unendlichkeitssymbol – die ewige Angst vor der Not sichtbar, die die Menschen hinaustrieb zum Kampf gegen äußere Feinde, gegen Naturgewalten, das heißt gegen die Macht der Götter.

Menschen – Schlangen – Dämonen: Besonders lebendig wirkt die Darstellung auf dem BILDSTEIN VON SMISS bei När, dem Stein mit dem ›Schlangenbeschwörer‹. Oder ist es ein Schlangenanbeter, der an Zusammenhänge mit Kreta denken läßt?

Die Steinmetzen jener Zeit haben ›aufgeschrieben‹, was sie und ihre Umwelt bewegte; sie hatten ein sicheres Auge für ornamentale Wirkungen. Manches Mal mag auch das dekorative Moment wichtiger gewesen sein als eine Aussage.

Der monumentale STEIN VON SANDA, schlank und hoch (3,30 Meter), kann auf den unbefangenen Betrachter wirken wie die Symbolik eines ganzen Zeitalters: Das von der Midgardschlange umfangene Reich der Menschen in der Mitte zwischen Himmel und Unterwelt wird von der Sonne überstrahlt, die in einer reich ornamentierten großen Spirale dargestellt ist. Ein mit Ruderern besetztes Boot, in Form und

Bildstein von Sanda, 400-500,
mittlere und untere Zone,
Gotlands Fornsal

Bewegung einer ägyptischen Zeichnung ähnlich, leitet in das Reich der Toten.

Die gleiche Symbolik erscheint auf dem leider nur in Bruchstücken gefundenen und ergänzten STEIN VON HANGVAR AUSTERS. Ein riesiger Drache – die Midgardschlange? – windet sich um die Sonnenscheibe und bedroht mit weitgeöffnetem Rachen den zierlich und – zumindest körperlich – unterlegen anmutenden Menschen.

Götterdämmerung – Untergang der Asengötter und der Welt der Menschen. Der Isländer Snorre Storlusson hat in der Edda im 13. Jahrhundert niedergeschrieben, was drei Jahrhunderte vorher schon Gedankengut war und auch auf gotländischen Bildsteinen berichtet wurde:

Yggdrasils Stamm
Steht erzitternd.
Es rauscht der Baumgreis;
Der Riese kommt los.
Alles erbebt
In der Unterwelt.
Die Menschen müssen
Midgard räumen ...

Die Sonne verlischt.
Das Licht sinkt ins Meer
Vom Himmel stürzen
Die heitern Sterne.
Rauch und Feuer
Rasen umher:
Hohe Hitze
Steigt himmelan.

Gellend heult Garm
Vor Gnipahellir:
Es reißt die Fessel,
Es rennt der Wolf.
Vieles weiß ich.
Fernes sah ich:
Der Rater Schicksal,
Der Schlachtgötter Sturz.

Bildstein Änge III *in Buttle, 7. Jahrhundert, Gotlands Fornsal*

Den Übergang zu den frei gestalteten und erzählenden Bildsteinen des beginnenden 8. Jahrhunderts bilden die vergleichsweise kleinen Steine, die einfache flächige Darstellungen zeigen: Helden mit Pferd und Schwert, Schiffe mit Segel, Mann und Schild. Manche dienten als Seitenteile von Kistengräbern. Von einem außergewöhnlichen Empfinden für Form und ornamentale Wirkung zeugen die Pferde auf dem STEIN VON ÄNGE IN BUTTLE. Andere zeigen stark stilisierte Schiffe in linearer Ritzzeichnung, einige klar und deutlich eine Gans.

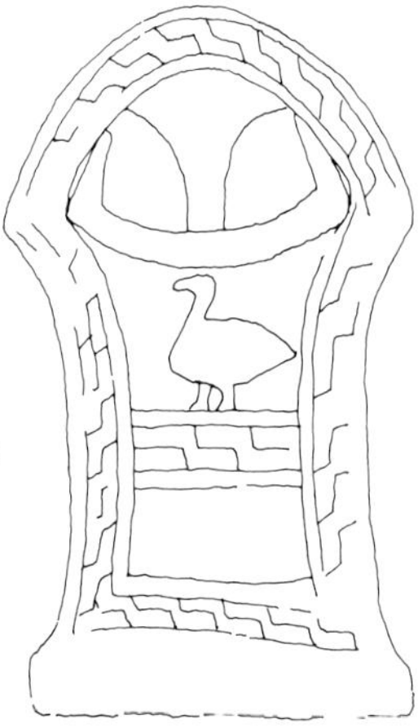

Bildstein Smiss I *in Garda* *500-700 Gotlands Fornsal*

In der zweiten großen Periode änderte sich die Form im äußeren Umriß wesentlich. Der untere Teil, nach oben sich verjüngend, schwingt im oberen Drittel nach außen und wird von einem Halbkreisbogen bekrönt. Ein Fruchtbarkeitssymbol mag hier Vorbild gewesen sein. Oft wird der obere Halbkreis durch ein ornamentiertes Band vom unteren Teil getrennt. Manchmal trennt dieses Ornament die Darstellung des kämpferischen Erdendaseins von dem anderen, dem Leben nach dem Tode. Fast immer schmückt ein Bandornament den Rand der Steine und betont damit die Umrißform aufs neue. Die erzählende Vorderseite ist in der Höhe in einzelne Bildabschnitte unterteilt.

Die ganze Welt nordischen Erlebens und Glaubens eröffnet sich in den Flachreliefs dieser Steine. Sie sind figurenreich, lebendig und erzählen ganze Geschehensabläufe aus dem Leben der Menschen zu Hause und auf der Jagd: Verteidigung der Höfe, Auszug zum Kampf mit dem besegelten Schiff über aufschäumenden Wellen, gerüstet mit Schild und Helm, das Schwert an der Seite oder in der erhobenen Faust, Zweikampf und Schlacht, Tod und Opfer. Mit einem Schiff ziehen die Krieger aus, ein anderes nimmt sie auf zur Fahrt in das Reich der Toten. Befreit von der Erdenlast, entschwebt der Held nach Walhall. Labung wird ihm zuteil, und Odin, Gott der Krieger und Helden, empfängt den Neuangekommenen. Sleipnir, das schlangenzertretende achtfüßige Götterpferd, kommt der Seele entgegen, durcheilt mit ihr Raum und Zeit.

Germanische Lebensinhalte, die rauhe Welt der Krieger und auch das kämpferische Dasein der Frauen, die während der Abwesenheit ihrer Männer Haus und Hof bestellen und verteidigen mußten, werden in im-

Bildstein Tjängvide 1 in Alskog, 700-800, Historisches Museum Stockholm

mer wiederkehrenden Motiven auf den Steinen der Wikingerzeit geschildert. Man sieht die Kleidung der Menschen, ihre Wagen und Schlitten. Bis ins Detail ist die Takelage von Wikingerschiffen festgehalten, werden die komplizierte Segelführung, der Steuermann und das Ruder, Drachenkopf und Schnecke am hochgezogenen Vordersteven gezeigt. Nur auf gotländischen Bildsteinen und dem berühmten Teppich von Bayeux, der die Eroberung Englands im Jahre 1066 erzählt, finden wir die Langboote der Wikinger dargestellt. Odins Attribute füllen die freien Flächen. Der Rabe, Symbol der Weisheit, ist oft in Übergröße stilisiert. Zwischen Sleipnirs Hufen liegt der germanische Lebensraum. Als Todespferd überschreitet er die Grenze zwischen Leben und Tod, die manchmal als typisch gotländischer Stangenzaun – *gärdesgård* – dargestellt ist.

Die Hoffnung der Menschen auf die Erhaltung ihres Weltbildes und Lebensraumes spiegelt sich in dem Dasein ihrer Götter. Nicht alle nordischen Stämme opferten den gleichen Gottheiten. Nur der Göttervater Odin – Wotan – genoß überall Verehrung. Auf den Bildsteinen erscheint er nur in der Verkörperung des

Sleipnir oder des Walvogels. Vielleicht ist das auf vielen Steinen wiederkehrende dreikantige Unendlichkeitszeichen ein Symbol für die Gestalt Odins. Er ist allwissend und allgegenwärtig, unendlich in der Vorstellung der germanischen Menschen.

Die dramatische Darstellung eines Hängeopfers, kultische Handlung im germanischen Brauchtum, zeigt ein bei LÄRBRO im nördlichen Teil der Insel gefundener Bildstein (Abb. Seite 317):. Ein großer Vogel überschwebt das Geschehen, er trägt im Schnabel das dreifach ineinandergeschlungene Zeichen. Eine kleine menschliche Gestalt ist unter dem niedergebogenen Baum zu erkennen, bereit, mit dem zurückschnellenden Geäst als Opfergabe für Odin zu enden. Männer mit erhobenen Schwertern und Schilden zur Seite halten die andere Gabe, einen gebundenen Vogel.

Wie die Edda berichtet, hatte selbst der weise Odin an der Weltenesche Yggdrasil gehangen und gelitten. Er hatte die schaudernden Tiefen seiner Existenz durchmessen, um die Höhen der Weisheit zu erlangen:

Ich weiß, daß ich hing
am windigen Baum
neun Nächte lang,
mit dem Ger verwundet,
geweiht dem Odin,
ich selbst mir selbst,
an jenem Baum,
da jedem fremd,
aus welcher Wurzel er wächst.
Sie spendeten mir
nicht Speise noch Trank:
nieder neigt ich mich,
nahm auf die Stäbe,
nahm sie stöhnend auf,
dann stürzte ich herab.

Odin wurde ein Zaubertrank gespendet, er erstarkte wieder und brachte den Menschen die Runen:

Zu wachsen begann ich
und wohl zu gedeih'n,
weise ward ich da;

Wort mich von Wort
zu Wort führte,
Werk mich von Werk
zu Werk führte.
Runen sollst du lernen
und rätliche Stäbe,
Stäbe gar stark,
Zeichen zauberkräftig.

Thor, Gott des Donners, der Erde, der er Fruchtbarkeit im Regen schickte, war der Gott, der den Alltäglichkeiten des Lebens, mit dem das Bauernvolk zu kämpfen hatte, am nächsten stand. Ihm wurde geopfert gleich Odin. Er war der Gott der Schmiede, Thors Hammer bot Schutz. Noch in christlicher Zeit wurde von tüchtigen Händlern neben dem Christenkreuz Thors Hammer als Amulett verkauft – in der gleichen Gußform gegossen!

In der Nähe von Trullhalsar, bei Anga, gibt es noch eine Opferquelle, die seinen Namen trägt: Thors Brunnen. Wie schon erwähnt, war Torsburgen der Sage nach sein Heim, das so hoch lag, daß er die Sonne hinter der Insel Östergarnsholm aus dem Meer aufsteigen und wieder niedersinken sah hinter den Höhen von Gotlands Westufer.

Das Schmiedehandwerk, ein göttliches Handwerk, war das angesehenste auf der Insel, wie zu dieser Zeit wohl überall. Auf dem BILDSTEIN VON ARDRE ist die Sage von Wieland – oder Völund – dem Meisterschmied dargestellt. Vielleicht war er ursprünglich Gedenkstein für einen berühmten Handwerksmeister – wer weiß. Abstrahiert und auf kleinstem Raum sind in der grasüberwachsenen Werkstatt Hämmer und

Bildstein Ardre VIII, 700-800, Ausschnitt, Historisches Museum Stockholm

Zangen und der Blasebalg vor der offenen Feuerstelle zu erkennen. König Niduds Söhne rudern im Boot auf dem Weg zu Wielands Schätzen, ihre enthaupteten Körper liegen vor der Werkstatt. Selbst Niduds Tochter Bödwild mit dem zersprungenen Ring, dem Trinkhorn, das ihr Wieland bot, und ihre entsetzte Flucht sind zu erkennen. Die ganze schaurige Geschichte der Rache des Schmiedes an König Nidud, der Wieland aus Gewinnsucht beide Kniesehnen durchschneiden ließ, ersteht auf dem Stein.

Im 10. und 11. Jahrhundert tritt die bildhafte Darstellung mehr und mehr zurück, das flächenhaft Figürliche wird vom linear Ornamentalen abgelöst. Der erzählende Bildstein wandelt sich zum literarischen Runenstein. Er redet von Einzelschicksalen, hält Namen fest von Angehörigen, zu deren Ehre die Familie den Stein aufgerichtet hat:

»Rodvil und Rodälv ließen die Steine aufrichten nach drei Söhnen. Diesen nach Rodfos. Ihn verrieten die Walachen auf der Ausfahrt. Gott helfe Rodfos' Seele. Gott strafe den, der ihn verriet.« (Aufschrift auf einem Stein von Sjonhem)

Die BILDSTEINE VON SJONHEM sind besonders ausdrucksvoll. Sie zeigen ein Runenband, das in üppiger Verflechtung von Ranken und Gezweig sich auflöst und wiederfindet, trennt und verbindet; darüber steht das Kreuzsymbol.

Mit der Christianisierung Gotlands im 11. Jahrhundert werden auch christliche Symbole in die Ornamentik einbezogen. Der Runenstein in der Kirche von GAMMELGARN trägt neben dem Runenschriftband, das den Stein umläuft, ein Ringkreuz.

Mehr als 375 Steine wurden bis heute auf der Insel registriert. Sie sind beredte Zeugen der Kultur, des

Glaubens und des Alltags der Inselbewohner in einem Zeitraum von etwa 700 Jahren. Nicht immer wurden sie auf ihrem ursprünglichen Platz, auf Grabfeldern und an Wegrändern, gefunden. Oft waren sie willkommenes Baumaterial, verschwanden in Wegen und Brücken oder wurden beim Bau der Steinkirchen verwendet. Vor Wind und Wetter geschützt, blieben einige auf diese Weise erhalten.

In der Kirche von BRO ist ein Bildstein aus dem 5. Jahrhundert in die Wand des Inclusoriums neben dem Haupteingang eingemauert, andere fand man in derselben Kirche während Restaurierungsarbeiten. Bro war schon in frühester heidnischer Zeit Opferplatz – unweit der Kirche führt die uralte heilige Quelle noch heute Wasser. Auch eine vorchristliche Begräbnisstätte lag in unmittelbarer Nähe.

Die gotländischen Bildsteine überdauerten die nordische Völkerwanderung, die Vendel- und die Wikingerzeit und reichen bis in die frühchristliche Vorstellungswelt. Jeder Abschnitt hat seine Spuren hinterlassen. Besonders wertvoll sind für uns die ausdrucksstarken Abbildungen zur Edda, die das literarische Zeitdokument illustrieren und einen tiefen Einblick in das Gedankengut der nordischen Göttersagen gewähren.

Die Wikingerzeit: Fernhandel und Silberschätze

Lange vor den großen Wikingerzügen des 9. bis 11. Jahrhunderts hatten gotländische Fernfahrer die Märkte im Süden und Osten Europas zum Ziel. Die Wege sind dieselben geblieben. Sie befuhren die Flüsse Düna und Dnjepr zur Krim, dann das Schwarze Meer an der bulgarischen Küste entlang bis nach Byzanz. Über Ladoga- und Onegasee dem Strom der Wolga folgend, erreichten sie das Kaspische Meer; oft trugen sie Boot und Last über Wasserscheiden und überwanden die Gefahren der Stromschnellen. Mit der Nachbildung eines Wikingerschiffes hat man 1985 eine Expedition von der Mündung der Weichsel, auf dem San, über die Karpaten, die Theiss und Donau abwärts durch das Eiserne Tor ins Schwarze Meer und nach Istanbul durchgeführt. Die Besegelung entsprach der Art und Weise, wie sie auf gotländischen Bildsteinen zu sehen ist. Über die Höhen der Karpaten und der Thrakischen Hochebene mußte das 8 Meter lange und 2 Meter breite Boot gezogen werden, wie tausend Jahre zuvor auf dem Weg nach Byzanz.

Obwohl die Jahrhunderte, in denen die Wikinger aus ihrer Heimat in Norwegen, Dänemark und Schweden auszogen, um neues Land zu erobern, die Lebensgewohnheiten auf der Insel wenig veränderten, spricht man auch hier von der ›Wikingerzeit‹. Gotland war damals schon auf dem Weg zu einer selbständigen Bauernrepublik mit zentraler Regierung, dem Allthing. Die Unterteilung in Dreithinge bildete die Grundlage der Verwaltung; es gab das nördliche, das mittlere und das südliche Dreithing. Die Handels-Großbauern – *farmannar* – spielten auch im Thing

Spitze des Metallwimpels eines Wikingerschiffes, Anfang 11. Jahrhundert, bis 1930 Wetterfahne der Kirche von Källunge, Gotlands Fornsal

eine herausragende Rolle und vertraten das Land nach außen.

Die Insel ist arm an schriftlichen Überlieferungen aus der Geschichte. Nur archäologische Funde können einen Einblick in vergangene Jahrhunderte geben, sind Quellen unseres Wissens. Der Fernhandel hatte die Bauern reich und unabhängig gemacht. Mehr als die Hälfte aller Silberhorte Skandinaviens barg und birgt die Erde Gotlands. Das Silber ist gewöhnlich in den Wohnhäusern aufbewahrt worden und gibt Hinweise auf die Lage der Höfe dieser Zeit; etwa 375 sind bis heute auf der Insel nachgewiesen.

Die Handelsgemeinschaften konnten ein bekanntes Wegenetz in Anspruch nehmen, das Nordafrika, das ganze Mittelmeergebiet, Mitteleuropa, West- und Osteuropa durchzog. Nowgorod, Kiew und Smolensk spielten eine besondere Rolle als Handelsstationen der Gotländer. Noch Jahrhunderte später hatte die Hanse für die Benutzung des Gotenhofes in Nowgorod an die gotländische Bauernrepublik Pachtzins zu zahlen. In einem Vertrag mit dem Fürsten von Smolensk steht zu lesen, daß der gotländische Handelspartner verpflichtet war, der Fürstin jedes Jahr ein Paar Fehhandschuhe zu überbringen.

Die Entdeckung der arabischen Silberminen in Taschkent, Samarkand und Buchara im siebten nachchristlichen Jahrhundert bewirkte die Prägung von Silbermünzen im großen Stil. Der Ertrag dieser Minen muß, vor allem in der ersten Zeit, beträchtlich gewesen sein. Auf Gotland sind bis heute über 700 Schatzfunde registriert worden, die mehr als 130 000 importierte Münzen enthielten neben Unmengen anderer Silbergegenstände: Schmuckstücke und Hacksilber. Auch der Schmuck, oft reich verziert, schön gearbeitet und keiner dem anderen gleich, war gängiges Zahlungsmittel im Norden. Er wurde zerschnitten und auseinandergezwickt wie Hacksilber und der Wert, wie bei den Münzen, nach dem Gewicht bestimmt.

In Mitteleuropa, vor allem in West- und Ostfranken, wurden alle importierten Zahlungsmittel in die Landeswährung umgeprägt und erhielten so erst volle Gültigkeit. Auf Gotland nahm die erste Münze ihre Tätigkeit etwa um 1130/1140 auf, wahrscheinlich in Visby. Zur gleichen Zeit eröffneten ausländische Handelsgemeinschaften Kontore und Niederlassungen in der Stadt.

Die kaiserliche Leibwache in Byzanz rekrutierte sich aus Skandinaviern, zeitweise wohl nur aus Gotländern. Eine vollständige byzantinische Münzprägung, die ausschließlich auf Gotland gefunden wurde, läßt den Schluß zu, daß diese Geldstücke zur Bezahlung der Söldner gedient haben. Russisches Silber, schwere Silberbarren aus Nowgorod, Münzen aus Franken und Sachsen, England, Arabien, Byzanz, Hacksilber und dazugehörige Waagen bewahrte Gotlands Erde bis in unsere Tage vor Raub und Plünderung. Beim Pflügen und Roden, auf Feldern und im Wald, beim Bau neuer Häuser und Straßen treten die Schätze zutage. Im nördlichen Teil der Insel bei Burge/Lummelunda hat man Reste eines wikingerzeitlichen Hofes entdeckt und etwa 10 Kilogramm gemünztes und ungemünztes Silber, Gewandnadeln, Armreife, geschliffene Bergkristalle und Silberbarren gefunden. In demselben Hofkomplex stieß man auf weitere Münzen und einige Stück Hacksilber.

Sattelbeschlag aus vergoldeter Bronze, 7. Jahrhundert, Historisches Museum Stockholm

Alle diese Reichtümer zeigen den Umfang der Geschäftsbeziehungen gotländischer Fernfahrer. Es wurde mit Pelzen aus dem Norden ebenso gehandelt wie mit feinem Tuch, mit Salz aus Mitteleuropa, Gefäßen und Schmuck aus dem Süden, auch Geschäfte mit Sklaven müssen lohnend gewesen sein. Über den Handel und die Verarbeitung von Eisen gehen die Meinungen noch auseinander; als Importgut zur Weiterverarbeitung wurde es in Påviken nachgewiesen, einem vendel- und wikingerzeitlichen Handels- und Handwerksplatz an der Westküste.

Eisen hat es auf der Insel nur in bescheidenen Mengen als Sumpferz gegeben. Das Rohmaterial für einen eventuellen Export mußte also vom schwedischen Festland aus den großen Erzgruben gekommen sein. Um 1700 gab es auf Gotland noch etwa 80 Hofnamen, die zum Handwerk der Schmiede Bezug hatten. Man fand Reste von Holzkohle, Gegenstände aus Eisen und Bronze, und manches Mal lagen die überwachsenen Grundmauern eines längst vergessenen Schmiedehofes dicht dabei.

Über die Einordnung der sogenannten Schleifsteine mit Rinnen sind sich selbst Experten nicht einig. Bisher hat man etwa 3700 solcher Rinnen gezählt. Welche Zeit, welcher Gebrauch ließ sie entstehen? Immer sind sie in heimische Gesteinsarten geschliffen, in Granit, Kalkstein oder Quarzit, im Süden der Insel auch in Sandstein, und immer lagen sie ursprünglich in der Nähe von Wasser. Jahrhunderte hindurch könnten sie dazu gedient haben, zu glätten, was aus der Schmiedewerkstatt kam, bis die Rinne zu tief wurde und die nächste angelegt werden mußte. Andere Gedankengänge gehen weiter; sie legen einen Schleifkult mit Mehrjahresintervallen zugrunde, bezogen auf Sonne und Mond. Nach dieser Theorie sollen die ersten Schleifrinnen vor etwa fünftausend Jahren an vorgeschichtlichen Binnenseen angelegt worden sein. Allerdings tragen auch einige Bildsteine Schleifrinnen, die

Bildstein von Hunninge I in Klinte, 700-800, Ausschnitt, Gotlands Fornsal

erst entstanden sein können, als diese ihre kultische Bedeutung verloren hatten.

Die berühmten Langboote jener Zeit sind untrennbar mit dem Schicksal der seefahrenden Wikinger verknüpft. Sie erst machten für die Gotländer das Meer zum Handelsweg. Leben und Erfolg hingen von den Schiffen ab; deshalb wurden sie gehütet und gepflegt, verbessert und lebendigen Wesen gleich mit Namen belegt.

Jahrhunderte später aufgeschriebene Gesetze geben uns einen Einblick in die damaligen Wertvorstellungen. So konnte auf Gotland die Entwendung der zum Boot gehörenden Schöpfkelle damit geahndet werden, daß der Bestohlene sich eine neue Kelle aus dem Boot des Diebes herausarbeiten durfte. Oder hatte jemand ein Boot vom Landungsplatz genommen und war mit ihm gefahren, so mußte er büßen gleich einem Pferdedieb, der das Pferd des anderen geritten hatte.

Die Schiffe trugen Lasten über Meere und Flüsse: Krieger, Vieh, Hausrat und Handelswaren. Sie verbanden die Insel in der Ostsee mit den Märkten des Kontinents. Einige Ortsnamen erinnern an die Vergangenheit der sonnigen Insel. So hat Snäckgärds an der

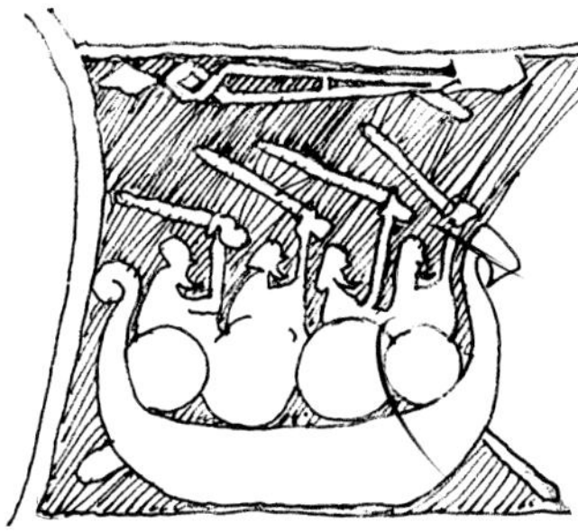

Detail aus dem Bildstein Hammars I in Lärbro (vgl. Seite 317)

Westküste Gotlands seinen Namen aus Zeiten, in denen dort die Boote geschützt lagen: Der schwedische Name für Wikingerschiffe ist *snäcken* oder *snicken* (*snäcka* = Schnecke, Verzierung am hohen Bug).

Jeder größere Hof besaß einen Landeplatz für seetüchtige Boote. Sechs oder sieben Familien von Fernhandelsbauern waren zu sogenannten Hundertschaften zusammengeschlossen, um gemeinsame Hafenanlagen zu benutzen und Handelsunternehmungen besser organisieren zu können. Das Wort *garn* (= Netz) in Verbindung mit einer Ortsbezeichnung (Västergarn, Östergarn, Akergarn) weist noch auf diese uralten Anlegeplätze hin; es gab zahlreiche gute Schiffsländen an flachen Ufern und sandigen Stränden; man hat bis heute etwa fünfzig rund um die Insel nachgewiesen.

Im 9./10. Jahrhundert verunsicherten Wikinger- und Seeräuberflotten die Ostsee. Deshalb wurden Gehöfte und Wohnsiedlungen abseits der Küsten angelegt. Es hatte sich ein System für die Verteidigung der Höfe entwickelt, das, solange die Boote flach waren und weit in Flußmündungen und Moorgebiete gezogen werden konnten, gut funktionierte. Bei einem Angriff verließen Frauen und Kinder mit dem Vieh den Hof landeinwärts, während die bewaffneten Verteidiger im Bogen zur Flußmündung vorstießen, um die eingedrungenen Angreifer von ihrer Landestelle am Meeresufer abzuschneiden.

Es ist anzunehmen, daß für die Händlerbauern Frühjahr und Sommer der Arbeit auf Höfen und Äckern vorbehalten waren und erst nach der Ernte die Schiffe für die große Reise gerüstet wurden. Noch vor den Herbststürmen fuhren sie über die Ostsee und entgingen so auch der Kälte des russischen Winters, hatten vorher den Süden der Ukraine erreicht. Im zeitigen Frühjahr segelten sie zurück in ihre nordische Heimat. Sicher wurden nicht jedes Jahr so große Fahrten unternommen, vielleicht auch fuhr man in ›Fahrgemeinschaft‹ innerhalb der Sippen. Die Zuhausegebliebenen werden inzwischen bei der Bewirtschaftung der Höfe geholfen und die reisenden Händler in fernen Ländern manchen Auftrag erledigt haben. Man kann sich denken, daß gotländische Frauen Mitverantwortung für Hof und Gut tragen mußten; sie hatten die Heimat in Abwesenheit der Männer zu hüten und für die Kinder, den größten Schatz der Familien, zu sorgen. Hilfskräfte, vielleicht auch Sklaven, standen ihnen zur Seite. Im gotländischen Gesetzbuch, dem Gutalag, gibt es einen eigenen Abschnitt, der die Rechte der Frauen behandelt. Fremde Frauen, Unfreie und Sklavinnen waren den einheimischen nicht gleichgestellt, und die Bestrafung der Männer für Belästigungen war geringer. So heißt es im Gesetz der Frauen, *kvinnofriden:*

»Faßt du eine Frau am Handgelenk, zahle eine halbe Mark Strafe, wenn sie scherzen will. Nimmst du sie am Ellenbogen, zahle acht Öre. Nimmst du sie um die Achsel, zahle fünf Öre. Berührst du sie am Knöchel, zahle eine halbe Mark. Berührst du sie zwischen Knie und Wade, zahle acht

Öre. Greifst du oberhalb des Knies, zahle fünf Öre. Greifst du eine Handbreit mehr, so ist das der schändliche Griff und heißt eines Toren Griff; dafür muß nicht bezahlt werden; die meisten (Frauen) mögen es, wenn es dazu kommt. Wenn eine nichtgotländische Frau so beleidigt wird, zahlst du ihr um die Hälfte weniger (für) alle Griffe als einer gotländischen Frau, wenn sie eine freie Frau ist.«

Vom Fleiß der Handwerker und ihren Werkstätten erzählen viele Gegenstände noch heute. Ringfibeln, die zur Raffung und Festigung der losen Kleidung notwendig waren, trugen oft Köpfe von Fabelwesen an ihren Enden – Knöpfe zur Schließung der Gewänder waren unüblich. Ähnlich kostbar wie die für Gotland typischen und nur hier entstandenen Dosenfibeln, die die Frauen vorne auf der Brust trugen, waren auch andere Schmuckstücke aus verschiedenen Metallen gearbeitet. Die Tauschiertechnik erlaubte die Verzierung von Grundformen aus Bronze oder Eisen mit reichen Ornamenten aus Edelmetallen. Geschmeide aus Gold und Silber, Ketten und in Silber gefaßte Bergkristalle gehörten zum Schmuck reicher gotländischer Frauen. Aber auch Schwertgriffe, Schilde und Beschläge für Zaumzeug und Sättel zeigen hohe Kunstfertigkeit. Die Umwelt schenkte Anregungen: Spiralen und Kreisel, Wellenbewegungen des Wassers, Wolken, Blätter, Ranken und Tierformen sind abstrahiert und umgeformt worden in unendlichen Verflechtungen.

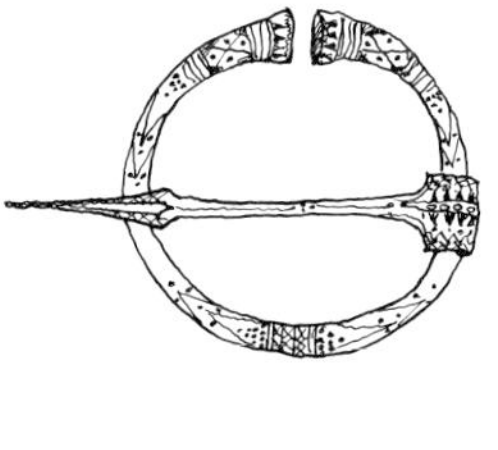

Christianisierung

Die Kunde von einer fremden Religion, dem christlichen Glauben, brachten einzelne Heimkehrer aus dem Süden schon bald nach der Zeitenwende auf ihre Heimatinsel im Norden. Doch die Zeit war noch nicht reif für das Christentum. Die Heidengötter waren noch lebendig, maßen den Menschen Glück und Unglück zu. Die Gutasaga berichtet in einem kurzen Abschnitt über das Heidentum und die beginnende Christianisierung:

»... vor dieser Zeit und lange nachher glaubten die Menschen an hohe (heilige) Opferplätze und Stabhöfe, dem Heidengott blutopferten sie ihre Söhne und Töchter und Vieh sowie Speisen und Getränke. Das taten sie nach ihrem Irrglauben.

Das ganze Land hatte sein höchstes Blutopfer mit Menschen, sonst hatte jedes Dreithing seines. Ein kleineres Thing hatte geringere Opfer mit Vieh, Speisen und Getränken. Sie wurden Opferbrüder genannt, denn sie opferten alle zusammen.

Als die Gotländer Heiden waren, da segelten sie mit Kaufmannswaren nach allen Ländern, sowohl christlichen als heidnischen. Da sahen die Kaufleute christliche Sitten in christlichen Ländern. Da ließen manche sich dort taufen und brachten nach Gotland christliche Priester.«

Die reichen Seefahrer-Bauern hatten ein Mitspracherecht bei allen Entscheidungen, die das Leben auf der Insel betrafen. Sie waren wahrscheinlich auch die ersten Christen.

Führende Mitglieder des Allthings übernahmen die neue Religion schon im 8./9. Jahrhundert; aber noch konnte sie sich nicht durchsetzen, und so wurde Gotland im 10. Jahrhundert weitgehend wieder heidnisch. Erst Anfang des 11. Jahrhunderts scheint die ganze Insel christianisiert zu sein.

Woher das Christentum nach Gotland kam, ist schwer zu sagen. Neben iro-schottischen und englischen werden der engen Handelsbeziehungen mit Byzanz wegen vor allem oströmische Auffassungen bekannt gewesen sein. Einflüsse aus diesen Bereichen lassen sich in der späteren christlichen Architektur, vor allem aber in der Malerei, in der Plastik und im Kunsthandwerk nachweisen.

Ornamentales Steinrelief an der Südseite der Kirche von Vamlingbo aus dem 12. Jahrhundert

Nach der Gutasaga war die Mission friedlich; Gotland nahm das Christentum freiwillig und ohne Einsatz des Schwertes an:

»Seitdem die Gotländer christlicher Männer Sitten sahen, da gehorchten sie Gottes Geboten und gelehrter Männer Unterweisung, nahmen allgemein das Christentum an mit ihrem eigenen Willen, ohne Zwang, so daß niemand sie zwang zum Christentum.«

Weiterhin wird vom Bau der ersten Kirche berichtet:

»Botair von Akebeck heißt der, der die erste Kirche baute auf der Stelle, die jetzt Kohlenstätte heißt. Aber das Land (Thing) wollte sie nicht dulden, sondern brannte sie nieder. Deshalb wird der Platz Kohlenstätte genannt.

Nach einiger Zeit war Blutopfer am heiligen Wi (Opferplatz). Da baute er die zweite Kirche, und die gleiche Kirche wollte das Land auch niederbrennen. Da stieg er selbst auf die Kirche und sagte: ›Wollt ihr brennen, so sollt ihr mich verbrennen mit dieser Kirche.‹ Er war selbst reich und hatte des reichsten Mannes Tochter (zur Frau). Der hieß Lickair der Kluge, wohnhaft dort, was jetzt Stenkyrka genannt wird. Er galt am meisten zu dieser Zeit. Er half Botair, seinem Schwiegersohn, und sagte so: Beharrt nicht darauf, den Mann zu verbrennen und seine Kirche, denn sie steht auf heiligem Opferplatz, unten vor Klinten (Steilufer). Damit durfte die Kirche unverbrannt stehen bleiben.«

Der Platz zur Errichtung einer ersten Kirche war klug gewählt: Die Heiligkeit des Ortes zwang die verschieden gearteten Glaubensvorstellungen zusammen.

Olaf II. der Heilige, König der Norweger, soll Gotlands Bekehrung vollendet haben. Ihm werden in der Gutasaga nur wenige Zeilen gewidmet. Nach alten Überlieferungen ist Olaf nicht nur als Heiliger, als Christ auf die Insel gekommen. In seiner Jugend soll er an einem Wikinger-Raubzug an den Küsten der Ostsee teilgenommen haben und um das Jahr 1007 auch auf der reichen Insel Gotland gelandet sein. Die Nordguten stellten sich zum Kampf; sie unterlagen in der Schlacht auf der Laikarheide bei Lärbro. Die anderen Gotländer nahmen Verhandlungen auf und bezahlten eine Steuer in Gold und Silber. Olaf soll den Winter über auf der Insel geblieben sein.

Im Jahre 1029 flüchtete Olaf vor Knut dem Großen von Norwegen nach Holmgard (Nowgorod) zu Jaroslav, seinem Schwager; in dieses Jahr verlegt die Gutasaga seinen Aufenthalt auf Gotland. Er fuhr über die Ostsee »... fliehend von Norwegen mit Schiffen und legte in dem Hafen an, der Akergarn heißt ...«. Die Gutasaga weiß nichts von einer kämpferischen Begegnung. Sie berichtet von Gaben, die getauscht wurden. Olaf bekam (von Ormika) Fleisch und Brot für die Weiterfahrt: »Da gab der heilige Olaf, der König, ihm dafür zwei Becher und eine Breitaxt.«

Für die Heimreise nach Norwegen soll Jaroslav dem König ein kleines gut gerüstetes Heer zur Verfügung gestellt haben – so berichten die isländischen Königssagas:

»Als es Frühling wurde und das Eis aufging, rüsteten sie ihre Schiffe. Als sie fertig waren und der Wind günstig blies, segelten sie und die Fahrt war glücklich. König Olaf kam mit seinen Schiffen nach Gotland. Dort wurde er sowohl über die Svear als auch über die Ereignisse in Norwegen unterrichtet. Es wurde auch das Gerücht bekräftigt, daß Håkan tot und Norwegen ohne Herrscher sei. Der König und seine Männer meinten, daß das gute Hoffnungen für ihre Fahrt gab. Sie segelten, sobald Wind aufkam.«

Von Unruhen und Kampf ist auch hier nichts zu lesen; vielleicht war Gotland um diese Zeit schon christlich.

König Olaf II., der Heilige des Nordens, wurde in Gotland besonders verehrt. Er fiel im Jahre 1030 in der Schlacht bei Stiklestad in Norwegen, bei dem Versuch, sein Königreich zurückzuerobern. Ihm zu Ehren sind Kirchen errichtet worden; die bedeutendste stand im Gotenhof in Nowgorod als Kirche der gotländischen Kauffahrer.

Im Anschluß an diese endgültige Christianisierung nach römisch-katholischem Ritus übernahmen die Gotländer – frei und unabhängig – auch Verpflichtungen gegenüber dem christlichen Festland. Mit sieben Schiffen versprachen sie dem schwedischen König auf Kriegszügen in heidnisches Land zu folgen:

»... Und zwar so, daß der König die Gotländer aufbieten mag zu Schiffskriegszügen nach dem Winter und mit einer Monatsfrist vor dem Tag der Flottensammlung, und da soll der Tag der Flottensammlung vor Mittsommer liegen und nicht nachher. Dann ist rechtmäßig entboten und anders nicht. Dann haben die Gotländer das Recht, zu segeln wann sie wollen mit ihren Snicken und acht Wochen Verpflegung, aber nicht mehr.

Wenn aber die Gotländer nicht zu folgen vermögen, dann erlegen sie vierzig Mark Münzen für jede Snicke, und das im nächsten Jahr und nicht im gleichen Jahr des Aufgebots. Das heißt Ledungs-Lame (d. h. für ausgebliebene Teilnahme an einem Seekriegszug).

Wenn sie sich einig geworden sind zu folgen, so sollen sie sich einen halben Monat zur Fahrt rüsten und danach sieben Tage und Nächte vor der Flottensammlung fertig sein und auf Wind warten. Wenn es so ist, daß in dieser Woche kein guter Wind kommt, so sollen sie noch sieben Nächte nach dem Tag der Flottensammlung warten. Aber wenn auch während dieser Zeit kein guter Wind kommt, dann können sie ohne Lösegeld heimfahren, denn sie fahren nicht rudernd über das Meer, sondern segelnd.«

7 *Kirche von Öja*
8 *Kirche und kastal von Gammelgarn*
9 *Kirche von Fröjel*

Die Landkirchen

Die gotländische Kultur wurzelt auf dem Lande, in dem Bauerntum mit seiner hier ganz eigenen Komponente von Handel und Weltoffenheit und einem damit verbundenen überdurchschnittlichen Reichtum. Das Christentum hat dieser Geisteshaltung neue Impulse gegeben.

Auf einer Fläche von 3000 Quadratkilometern findet man noch heute auf der Insel über neunzig mittelalterliche Landkirchen von frischer Ursprünglichkeit. Spätromanik und Frühgotik lassen sich vielerorts studieren, aber nirgends in dieser Konzentration und Vielfalt. Das Schicksal der Insel brachte es mit sich, daß in späterer Zeit kaum bauliche Veränderungen vorgenommen wurden. An diesen unverfälschten Zeugen aus drei Jahrhunderten kann man die eigenwillige Phantasie und Kreativität eines ganzen Volkes ablesen.

»Lickair der Weise ließ sich taufen, seine Frau, seine Kinder und das gesamte Gesinde. Er baute eine Kirche auf seinem Hǫf an dem Platz, den man heute Stenkyrka nennt. Es war die erste Kirche im nördlichen Dreithing.

... Nachdem die meisten Leute den christlichen Glauben angenommen hatten, baute man eine weitere Kirche in Atlingbo. Etwas später wurde die dritte Kirche in Fardhem errichtet, im südlichen Dreithing. Danach breiteten sich Kirchenbauten über ganz Gotland aus, denn jedermann baute sich Kirchen zur größeren Bequemlichkeit.« (Gutasaga)

Das Landschaftsbild Gotlands wird noch heute von den zahlreichen Kirchenbauwerken geprägt. In ihrer manchmal nur schwer verständlichen Isoliertheit spiegeln sie recht gut die frühere Siedlungsstruktur wider, die von Einzelhöfen, nicht von Dörfern bestimmt wurde. Immer sind sie von einem Friedhof umgeben, von einer fast mannshohen, meist mörtellos geschichteten Mauer eingefaßt. An vier Stellen unterbricht ein kleiner überdachter Torbau diese Einfriedung – die sogenannte *stiglucka* –, in dem häufig noch eine kleine Bank zum Verweilen einlädt. Früher war dies der Platz für Bettler, die hier ihre Almosen empfingen.

»Jedermann baute sich Kirchen zur größeren Bequemlichkeit.« Es handelt sich also nicht um Dorfkirchen oder Gemeindekirchen im heutigen Sinn, sondern um private Einrichtungen – genaugenommen nicht einmal um Stiftungen, sondern um Eigenkirchen. Man muß sich vorstellen, daß ein Hofherr oder auch mehrere Familien gemeinsam auf eigenem Grund und auf eigene Kosten für sich und das Hofgesinde eine Kirche errichten ließen. An der Nordwand der Kirche von ANGA erzählt eine Runeninschrift, wer an dem Tagewerk für dieses Bauwerk teilgenommen hat und welche Leistungen erbracht wurden. »Für ewige Zeit« soll die Inschrift von den Mühen um das bleibende Werk künden.

Ein privater Pfarrer wurde angestellt, vielleicht war es sogar ein Unfreier, denn der Sklavenhandel spielte auch in christlicher Zeit noch eine erhebliche Rolle. Grabbeigaben – Fisch und Trinkgefäß –, auf einigen Friedhöfen nördlich der Kirche gefunden, lassen vermuten, daß in der Frühzeit auch Heiden und Sklaven in geweihter Erde bestattet wurden. Lediglich zur

Kirche von Fleringe mit Eingang zum Friedhof – stiglucka

Weihe mußte die Institution Kirche bemüht werden, wie wir aus der Gutasaga wissen:

»... Der Bischof von Linköping möge jedes dritte Jahr nach Gotland kommen mit zwölf seiner Männer, die ihm schuldig waren zu folgen durch das ganze Land auf Pferden der Bauern, so viele und nicht mehr. So hat der Bischof auf Gotland zu reisen, um Kirchen zu weihen und seine Gegengaben zu nehmen: drei Mahlzeiten und nicht mehr für jede Kirchenweihe, dazu drei Mark, für eine Altarweihe eine Mahlzeit und zwölf Öre, wenn ein Altar allein geweiht wird. Wenn beide noch ungeweiht sind, Altar und Kirche zusammen, dann sollen beide geweiht werden für drei Mahlzeiten und drei Mark Münzen.«

Für die drei Provinzen, das nördliche, mittlere und südliche Dreithing, entstanden also um die Mitte des 11. Jahrhunderts Kirchen in STENKYRKA, ATLINGBO und FARDHEM – wahrscheinlich aus Holz. Der Name Stenkyrka weist allerdings auf ein außergewöhnlich frühes Bauwerk in Stein; vielleicht hat hier die erste Steinkirche gestanden.

Das Bauwerk

Es mag fünfzehn bis zwanzig Holzkirchen auf der Insel gegeben haben, nach Art der nordischen Stabkirchen mit tragenden Wandelementen aus stehenden Hölzern. Einige sind durch Funde belegt (HEMSE, GULDRUPE), andere nur durch Überlieferung oder Ortsnamen nachweisbar (TRÄKUMLA). Der Grundriß der Stabkirchen bestand aus zwei Rechtecken: einem größeren, auch breiteren für das Langhaus und einem kleineren für den Chorraum. Vielleicht hatten einige von ihnen einen freistehenden Glockenturm.

Sehr früh hat sich im gotländischen Kirchenbau bereits der heimische Stein als Baumaterial durchgesetzt. Die ersten Steinkirchen werden noch in das dritte Viertel des 11. Jahrhunderts datiert, und um 1200 hat es wohl kaum noch eine Holzkirche gegeben. Der frühe gemauerte Kirchenbau war ähnlich organisiert wie die Stabkirche; lediglich der Chor zeigt nun eine halbkreisförmige Apsis. Die ersten massiven Türme entstanden sicher erst um 1200; es kann aber nicht ausgeschlossen werden, daß die älteren Steinkirchen noch freistehende Holzgerüste zur Aufnahme von Glocken besaßen, deren Reste nicht mehr nachzuweisen sind. Nach allen vorhandenen Beispielen, Fundamenten und Rekonstruktionen ist diese Verallgemeinerung zulässig. Es ist sogar möglich, die Baugeschichte zu systematisieren und eine Entwicklungsreihe aufzustellen, aus der hervorgeht, daß alle Landkirchen von ihrer Gründung bis zum Niedergang des Reichtums Ende des 14. Jahrhunderts mehrmals umgebaut und erweitert wurden (siehe auch die Tabelle Seite 326 ff. mit einer Bestandsaufnahme der gotländischen Landkirchen).

Der Grund für diese baulichen Veränderungen darf nicht in einem ›gestiegenen Bedarf‹, in einem zahlenmäßigen Anwachsen der Gemeinden gesucht werden. Im Mittelalter war eine solche utilitaristische Denkweise unüblich. Nicht die Anzahl der Gläubigen bestimmte die Größe der Kirche; das Verlangen nach einem größeren, weiteren, höheren und besser belichteten Andachtsraum hat vielmehr seinen Grund in veränderten Glaubensformen. Die christliche Mystik verbreitete sich über Europa und beeinflußte die Sakralarchitektur außerordentlich.

Man baute Kirchen ›ad maiorem Dei gloriam‹; das Gotteshaus sollte den Glaubensvorstellungen der Zeit entsprechen – wir bezeichnen diesen Stil heute als

Schematische Entwicklungsreihe
gotländischer Landkirchen
Grundriß, Westansicht, Südansicht

A Stabkirche; XI./XII. Jahrhundert

B Stabkirche mit Apsidialchor in Stein; XII. Jahrhundert

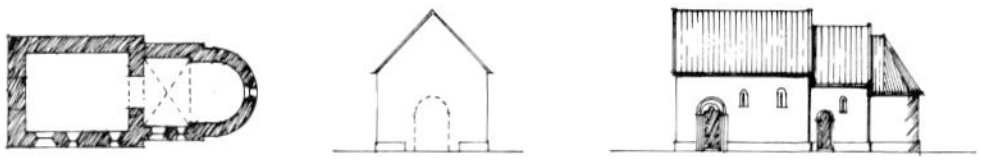

C Romanische Apsidenkriche; Ende XII./Anf. XIII. Jahrhundert

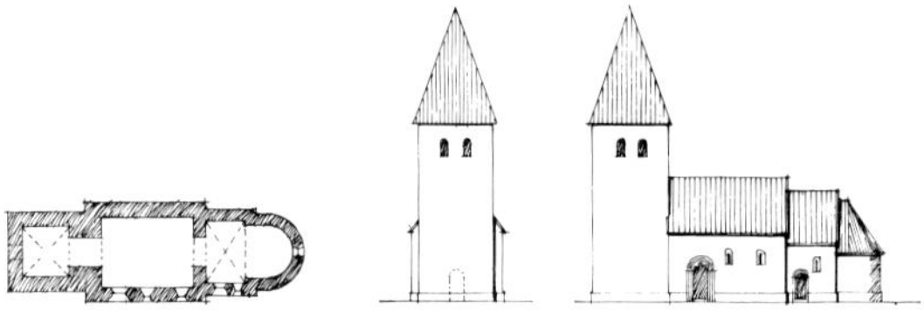

D Romanische Turmergänzung; Ende XII./Anf. XIII. Jahrhundert

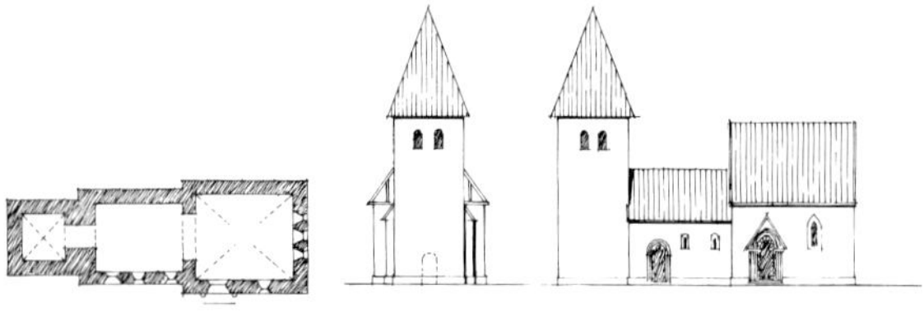

E1 Gotischer Chorneubau; Ende XIII./Anf. XIV. Jahrhundert

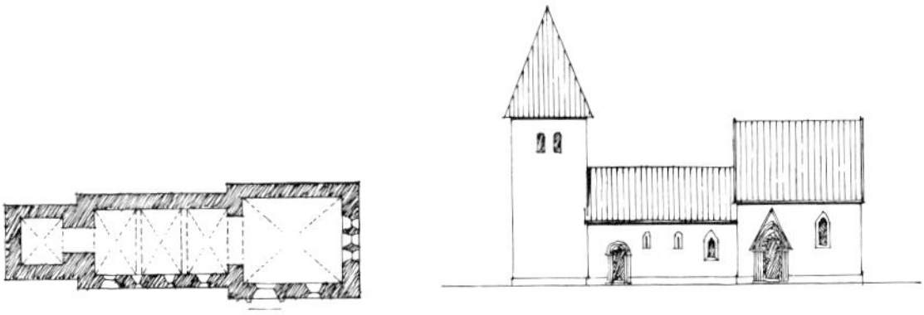

E2 Gotischer Chorneubau u. Langhausverlängerung; Ende XIII./Anf. XIV. Jahrhundert

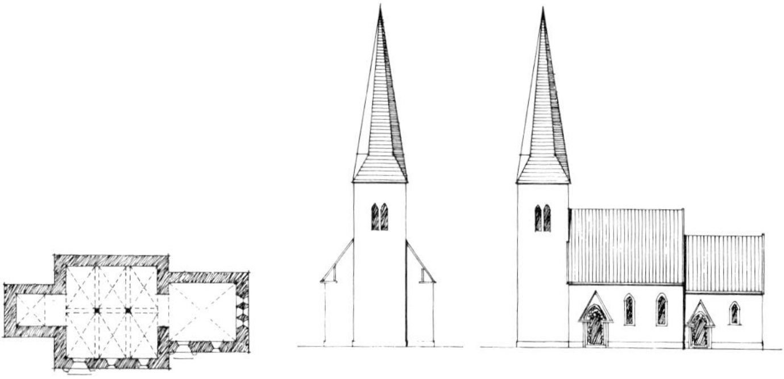

F Gotischer Langhausneubau; Ende XIII./Anf. XIV. Jahrhundert

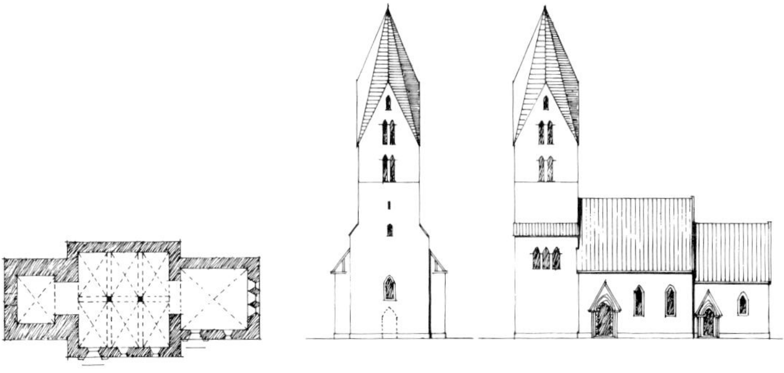

G Gotischer Turmneubau; Mitte XIV. Jahrhundert

Gotik. Eine gewisse Rivalität und Zurschaustellung individuellen Reichtums mag mitgespielt haben. Dabei galt schon jede Beteiligung am Bau einer Kirche als sakrale Handlung: Die Aktion von Auftraggebern und Handwerkern wurde mehr gewertet als das Ergebnis – in der heutigen Zeit des Mittel-zum-Zweck-Denkens nicht mehr so leicht vorstellbar. Im Mittelalter aber war die Verbindung zwischen dem Gegenstand der Andacht und der aktiven Verehrung tatsächlich noch vorhanden, wenn auch nicht mehr so unmittelbar wie in vorchristlicher Zeit.

Auch dieser gotischen Bauperiode liegt eine einheitliche Zielvorstellung zugrunde: Der neue frühgotische Chor schließt im Osten durchweg gerade ab, ohne Apsis. Er ist überwölbt, mit einem, seltener zwei ›Zeltgewölben‹. Dieser Terminus bezeichnet ein gewöhnlich rippenloses Kreuzgewölbe auf quadratischem

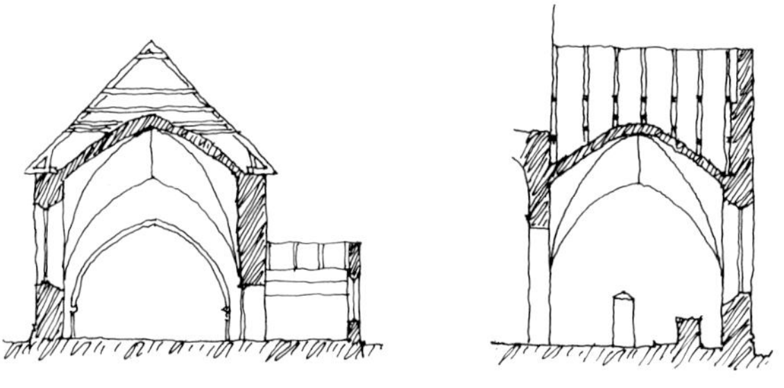

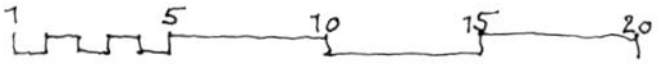

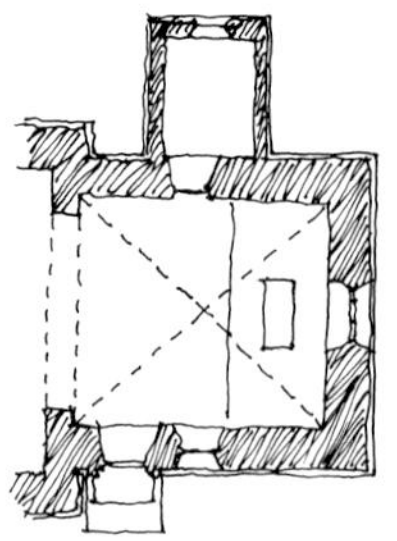

Das ›gotländische Gewölbe‹ am Beispiel des Chores der Kirche von Tofta

oder rechteckigem Grundriß, das in einem Kreis- oder Spitzbogen mündet. Das Besondere daran ist die in beiden Richtungen von außen nach innen ansteigende Scheitellinie. Statisch entsteht bei dieser Technik ein Horizontalschub im Scheitelpunkt der Gurtbögen, der konstruktiv nicht unerhebliche Probleme aufwirft und extrem schlanke Schnittgrößen verbietet. Mitunter wird auch die Bezeichnung ›gotländisches Gewölbe‹ gebraucht.

Der neue Chor erhält nun eine größere Bauhöhe als sein romanischer Vorgänger, ja sogar als das alte Langhaus. An der Nordseite entsteht häufig schon zu dieser Zeit eine kleine Sakristei.

Das neue Langhaus wird ein-, zwei- oder dreischiffig ausgebildet, schließt im Osten an den Chor an, mit diesem durch einen Gurtbogen verbunden: dem Triumphbogen. Es ist nicht unbedingt länger, aber immer breiter und höher als der Chor und zeigt den Typus der Halle. Ein Turm schließt die Anlage nach Westen ab, auf quadratischem oder rechteckigem Grundriß; wo er fehlt, wird er durch einen Dachreiter am westlichen Langhausende angedeutet. Auf dem Entwicklungsschema erkennt man, daß diese Kirchenerneuerungen in der genannten Reihenfolge abliefen: Chor – Langhaus – Turm. Der Prozeß beginnt um 1200, und die letzten erneuerten Bauteile datieren aus der Mitte des 14. Jahrhunderts. Die Silhouette der einheitlich gotischen Kirche zeigt eine von West nach Ost fallende Abtreppung. Bei neunzehn Kirchen mit einem sattelförmigen Aufriß, deren Chor höher ist als das Langhaus, wurde der vollständige Ausbau nicht erreicht: nur der Chor ist gotisiert, Turm und Langhaus sind nicht erneuert worden. Im 14. Jahrhundert wird der Baukörper wieder etwas breiter und derber, obwohl er auf der Insel nie extreme Streckungen gezeigt hatte – vielleicht auch wegen der eigentümlichen Gewölbeform. Für diese spätere gedrungene Gotik hat sich in Gotland die Bezeichnung ›Kontragotik‹ eingebürgert.

Die basilikale Langhausform ist seltsamerweise bei den Landkirchen nicht zu finden. Dagegen ist die Häufung der zweischiffigen Kirchenanlagen mit 31 Beispielen so auffällig, daß auf diese architektonische Eigenheit etwas näher eingegangen werden muß. Es handelt sich um Kirchenräume, deren Langhausgewölbe entweder durch eine Mittelsäule in vier oder durch zwei in der Längsachse stehende Säulen in sechs Felder geteilt wird. Über diese für das liturgische Programm einer mittelalterlichen Kirche ungewöhnliche Bauform gibt es verschiedene Theorien und Untersuchungen an älteren Räumen dieser Art. Das massierte Auftreten gerade hier kann jedoch nicht geklärt werden.

Die enge Verbindung der Inselrepublik mit Westfalen mag einen Zusammenhang mit der ebenfalls zweischiffigen Nikolaikapelle in Soest (um 1200) vermuten lassen. Solche Einflüsse von außen sind nicht auszuschließen, doch die geographische Streuung zweischiffiger Sakralräume innerhalb Europas ist so groß, daß eindeutige Wechselbeziehungen nicht nachgewiesen werden können. Man muß davon ausgehen, daß diese ausgefallene Bauform mehrfach an verschiedenen Orten neu ›erfunden‹ worden ist.

Die ältesten Räume dieser Art auf Gotland stammen aus dem Anfang des 13. Jahrhunderts. Es wird häufig

Innenraum der Kirche von Sanda

auf Vorbilder im Profanbau verwiesen, wo die Zweischiffigkeit von der Lagerhalle über das Refektorium bis zur Festhalle in der Gotik ihren festen Platz hatte, doch sollte man diese Einflüsse nicht überbewerten. Wesentlicher scheint der Hinweis auf die hölzernen Vorbilder der Stabkirchen zu sein. Das Phänomen der Übernahme konstruktiv bedingter Gestaltungselemente aus dem Holzbau in die Steinarchitektur tritt in der Geschichte der Baukunst häufiger auf. Ein weiterer Grund läßt sich aus der ›Entwicklungsreihe‹ ablesen: Die gotische Langhauserneuerung steht in der zeitlichen Abfolge nach der Errichtung des Westturmes und nach dem Neubau des Chores. Der Abstand zwischen Triumphbogen und Turm war also vorgegeben; das Langhaus konnte nur nach oben und nach der Seite vergrößert werden, nicht aber in der Länge. Dadurch ergaben sich Gewölbespannweiten, die zur damaligen Zeit erhebliche konstruktive Schwierigkeiten bereiteten. Die Einführung einer Mittelstütze bzw. Mittelstützenreihe machte es möglich, die Entfernung zu halbieren.

Mögen die ersten zweischiffigen Kirchen nun das Ergebnis konstruktiver Überlegungen gewesen sein oder auf Vorbilder zurückgehen: Die Gotländer waren von dieser Form offenbar so befriedigt, daß sie der Schönheit und Harmonie des Innenraumes wegen die Mittelsäule immer wieder bevorzugten. Die Plazierung des Triumphkreuzes in der Mitte des Chorbogens, dessen Fuß oftmals auf dem Boden steht, weist in die gleiche Richtung.

Nicht nur in Grund- und Aufriß folgen die gotländischen Landkirchen einem einheitlichen Programm, auch im Detail kristallisieren sich – trotz vieler Varianten – spezifische Eigenheiten heraus. Man findet sie auch andernorts, hier aber häufen sie sich in der insularen Geschlossenheit und geographischen Nähe.

Der Hauptzugang befindet sich nur verhältnismäßig selten in der Achse von Westen durch den Turm. Es dominiert die Begehung von Süden. Dort sind zwei Eingänge üblich: in den Chorraum führt das sogenannte Brauttor und in das Langhaus – seltener in den Turm – das Hauptportal. Beide sind architektonisch und plastisch besonders reich ausgestattet. Ein dritter Zugang erschließt das Langhaus – manchmal auch den Turm – von Norden.

Die beiden Eingänge zum Kirchenschiff hängen mit der früher üblichen und heute noch mancherorts praktizierten Geschlechtertrennung während des Gottesdienstes zusammen. Entsprechend der Sitzordnung betraten Frauen den Raum von Norden, Männer von Süden. Aber diese auffallend konsequente Anordnung der Eingänge kann auch eine Folge der Zweischiffigkeit sein – oder ist die Begehungspraxis Ursache für die Mittelsäulen? Schließlich verliert der Eingang in der Kirchenachse seinen Sinn, wenn der Blick zum Altar durch Säulen verstellt ist.

Ein Brauttor besitzt jede Kirche auf der Insel. Es ist fast so reich ausgestattet wie das Hauptportal, wesentlich aufwendiger als das Frauenportal im Norden. Die katholische Liturgie und die Bezeichnung geben Anhaltspunkte für die ursprüngliche Funktion dieses heute kaum mehr genutzten Eingangs. Das Ehesakrament bedarf als einziges Sakrament weder eines Bischofs noch eines Priesters – Mann und Frau spenden es sich gegenseitig. Durch das Brautportal gelangten sie direkt vor den Altar. So konnte sich die germanische Familientradition ohne Bruch fortsetzen. Sippenkult und Selbstbewußtsein spiegeln sich im Bauwerk.

Andere konstruktive Eigenarten auf der Insel sind auf Gepflogenheiten im Schiffsbau zurückzuführen. Das Zimmerhandwerk ist in der Tradition eines seefahrenden Volkes verankert, deshalb auch waren die ersten Kirchen auf der Insel reine Holzkonstruktionen nach dem Prinzip der Stabkirchen. Auch die Steinkirchen lassen die alten Techniken der Holzverarbeitung noch erkennen. Dächer und Turmhelme sind heute noch in Stülpschalung gedeckt, die im Schiffsbau ›Klinkerbauweise‹ heißt und für den Schiffsrumpf der Wikingerboote ebenso typisch war wie für den der Hansekogge.

Auch die hohe Stolperschwelle unter den Türen fällt besonders auf: Im Holzfachwerkbau, auch in der Blockbauweise, unterbricht man das Schwellholz, das als Auflager für die gesamte Wandkonstruktion dient, nur ungern. Es läuft unter der Türe durch. Im Schiffsbau sind die gleichen konstruktiven Gründe maßgebend; hinzu kommt hier die Notwendigkeit, Luken und Niedergänge bei rauher See vor Wassereinbruch zu schützen. Diese Tradition ist in die Steinbauweise übernommen worden, obwohl weder Bedarf noch Notwendigkeit bestand. Bei jedem Durchschreiten ei-

Dachfußausbildung

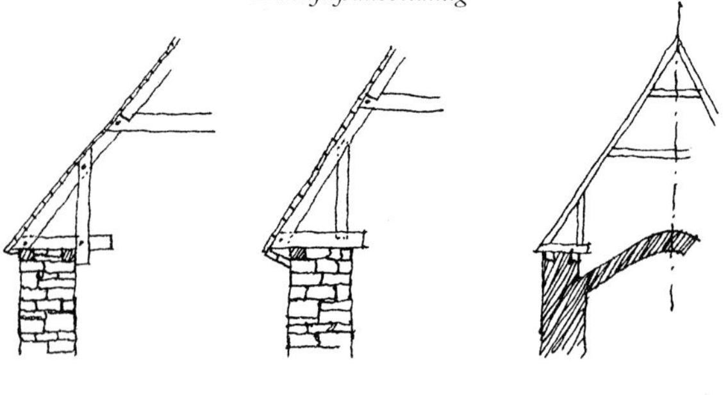

ner Türe muß man eine 20-30 Zentimenter hohe Steinschwelle übersteigen.

Vielleicht kommt auch die Dachfußausbildung aus dem Schiffsbau: Das untere Sparrenende wird mit einem Schwellholz und einer Strebe in ein steifes Dreieck einbezogen. Diese ›gotländische Dachfußausbildung‹ macht die Konstruktion des üblichen Kehlbalkendaches unabhängig von einer Balkenlage und läßt bei Kirchen ein Gewölbe zu, das den Dachansatz übersteigt. Außerdem wird ein Dachüberstand ohne Aufschiebling möglich. Diese Bauweise ist am Giebel leicht ablesbar, da das erste Sparrenpaar außen putzbündig liegt und dunkel gegen die weiß gekalkte Fläche abgesetzt ist. Kurios mutet es an, wenn ganze Bäume als Zuganker zur Aufnahme des Gewölbeschubes eingemauert werden, wie in BRO. Auf der einen Seite verhindert ein Astquirl das Ausweichen der Mauer, auf der anderen steht der Wurzelstock aus der Fassade heraus.

Mehrere Kirchen enthalten ein sogenanntes Inclusorium oder Reclusorium. Es handelt sich um Zellen von 2,5 bis 10 Quadratmeter Grundfläche, in die sich »eine fromme Person zur freiwilligen Poenitenz lebenslang einschließen ließ« (Roosval). Vielleicht waren sie aber auch für Exkommunizierte angelegt, die zwar an dem Gottesdienst teilnehmen durften, nicht aber an der Kommunion. Der Zeitpunkt der Errichtung könnte auch auf Aussätzige hinweisen, die hier von der Gesellschaft, nicht aber vom Altar isoliert werden konnten.

Die Klausuren – in VÄSKINDE sind es sogar zwei – liegen immer an der südlichen Turmwand und sind in den Gesamtgrundriß der Kirche einbezogen. Durch kleine Fenster belichtet, haben sie nach Möglichkeit über eine Öffnung Blickverbindung zum Altar. Alle Inclusorien entstanden um die Mitte des 13. Jahrhunderts.

Die Beispiele zeigen, daß die Architektur von Gotlands Landkirchen eigene Wege gegangen ist, immer wieder Einflüsse aufnehmend und diese erstaunlich selbständig verarbeitend. So ist die gotische Halle im ein-, zwei- und dreischiffigen System zu wunderbar ausgewogenen und eindrucksvollen Innenräumen kultiviert worden. Auch die Zusatzfunktion vieler Kirchen als Verteidigungsanlage führte zu interessanten Lösungen: Entweder wird ein eigener Wehrturm, *kastal,* errichtet, oder das Bauwerk ist mit der Friedhofsmauer zur Verteidigung eingerichtet, wodurch der Turm gedrungen, massiv und wehrhaft zur Fortifikation wird, wie in BUNGE oder DALHEM.

Bis zum Ende des 12. Jahrhunderts entwickelt sich der Kirchenbau in Stadt (Visby) und Land ziemlich unabhängig voneinander. Nach diesem Zeitpunkt mehren sich die gegenseitigen Einflüsse und Befruchtungen. Die Swerting-Kapelle der Marienkirche in Visby hat auf die gleichzeitig im Bau befindlichen Landkirchen deutlich ausgestrahlt. Auch Wasserspeier, Attribute städtischer Architektur, treten erst jetzt im ländlichen Bereich auf.

Romanische Spolie an der Südfassade der Kirche von Väte

Jeden Besucher der Insel muß die ungeheure Vielfalt und außerordentliche Qualität der Steinmetzarbeiten an den Fassaden und im Inneren der Landkirchen faszinieren. Auch hier ist ein hoher Grad an Eigenständigkeit in der Formensprache zu beobachten. Es sei daran erinnert, daß der Übergang vom Heidentum zum Christentum keinen Bruch, keinen absoluten Neuanfang bedeutet haben kann. Bei dem festgegründeten Traditionsbewußtsein der Inselbevölkerung fand eine Art adaptiver Prozeß statt. Das alte Brauchtum wurde angepaßt, und die neue kirchliche Institution fügte sich in die vorhandene Gesellschaftsordnung ein.

Die letzten vorchristlichen Erzeugnisse der Gotländer sind die Bild- und Runensteine. Insbesondere der Bildstein kann als gotländische Eigenheit gelten; mit ihm beginnt die bildende Kunst auf der Insel, die sich klar in den frühen christlichen Beispielen fortsetzt und bis in die Gotik ihre Kraft behält.

Der Runenstein hingegen war ›internationaler‹ verbreitet; seine Fundorte decken sich etwa mit dem Bereich, den die Wikinger auf ihren Streifzügen besuchten. Seine Funktion hat – schon durch die Schrift – mehr informativen Charakter. Er findet seinen direkten Nachfolger im christlichen Grabstein, der auf der Insel bis ins 15. Jahrhundert Runeninschriften trägt.

Eigenartigerweise folgt die Holzplastik, wie sie an den Resten der Stabkirchen abzulesen ist, noch länger der Wikinger Tradition. In HEMSE, GULDRUPE, in Stein übernommen auch in VAMLINGBO, SANDA und ESKELHEM kann man Ritzzeichnungen, Flachreliefs vegetabilischer und animalischer Thematik in Band-

form und als Flächengliederung mit außerordentlich ornamentaler Wirkung entdecken. Die Holzbearbeitung vom Schiffsbau bis zur Stabkirche hat sich allem Anschein nach in ganz Skandinavien parallel entwickelt.

Anders die Steinmetztechnik. Hier hatte Gotland durch die Bildsteine schon eine eigene Basis. Die insulare Ausdrucksform führt eine mehr erzählende Darstellungsweise fort.

Zunächst sind die ›ikonischen Kirchen‹, wie sie Roosval nennt, zu erwähnen. Es handelt sich um Bauwerke des 13. und 14. Jahrhunderts, bei denen skulptierte Steine aus romanischen Vorgängerkirchen wiederverwendet worden sind, allerdings an anderer Stelle, so daß man in bezug auf die frühere Lage dieser Bauelemente auf Vermutungen angewiesen ist, denn keine Kirche älteren Datums – weder Bro noch Grötlingbo, Lye, Hogrän, Vänge oder Väte – enthält ähnliche Architekturglieder in situ.

Die große Anzahl von Steinen mit einem halbkreisförmigen oberen Abschluß ist besonders auffallend. Zeigen diese ein leeres Feld und einen als Konsole ausgebildeten Bogenansatz, kann man mit Sicherheit annehmen, daß sie aus einem romanischen Bogenfries stammen, auf dem das Traufgesims ruhte, wie es heute noch in FARDHEM, HAVDHEM, LEVIDE, VALL und ESKELHEM – hier allerdings in der Lage des ehemaligen Dachansatzes – zu sehen ist.

Die Bogenfelder mit figürlichen Reliefs sind schwieriger einzuordnen, weil es in der romanischen

Romanische Spolien an der Südfassade der Kirche von Grötlingbo

Baukunst nichts Vergleichbares gibt. Sie zeigen Motive aus der Tierwelt, dem ritterlichen Leben und dem christlichen Themenkreis. Wahrscheinlich schmückten sie – ebenso wie die leeren Bogenfelder – das Traufgesims, vielleicht an besonders hervorragender Stelle der Südseite oder über den Portalen. Das an der Südseite des gotischen Chores von VÄNGE wiederverwendete romanische Relieffries bestärkt diese Vermutung.

Die Datierung der Steinmetzarbeiten auf der Insel kann als gesichert gelten; schwieriger wird die Frage nach einzelnen Künstlern. Da aus vorreformatorischer Zeit so gut wie keine schriftlichen Nachrichten erhalten sind, werden den einzelnen ›Handschriften‹ und Stilmerkmalen konstruierte Namen zugeordnet, aus deren Hand oder Werkstatt (Bauhütte) die einzelnen Objekte stammen. Der schwedische Kunsthistoriker Johnny Roosval, der auf die Sakralarchitektur der Insel schon 1911 mit seinem Buch ›Die Kirchen Gotlands‹ aufmerksam gemacht hatte, 1918 über ›Die Steinmeister Gotlands‹ schrieb und 1926 ›Den gotländske ciceronen‹ verfaßte, führte die bildhaften Namen für die Steinmeister ein, die heute allgemein gebräuchlich sind: ›Majestatis‹, ›Byzantios‹, ›Egypticus‹ oder ›Fabulator‹.

Auf Gotland waren diese Steinmeister, soviel man weiß, Bildhauer und Architekten in einer Person, vielleicht ausschließlicher als andernorts. Mit dem Kirchenbau verbindet sich gewöhnlich der gleiche Name bzw. die gleiche Werkstatt wie mit dem plastischen Schmuck an Portalen, Säulen und dem Taufstein.

Im 12. und beginnenden 13. Jahrhundert entzündete sich die künstlerische Phantasie der gotländischen Meister besonders an der Ausgestaltung der Taufen, des-

Fuß der Taufe von Linde, Meister Hegwald

halb liefern diese den Schlüssel zur Identifizierung der Werkstätten und Meister. Alle Taufsteine dieser Zeit zeigen eine reichhaltige Ikonographie, die mit Paradiesszenen beginnt, große Teile des Neuen Testaments wiedergibt und bis zu den Heiligenlegenden reicht. Hier ist der Platz der Bilderbibel dieser Zeit: Bei der Taufe wird der Mensch nachdrücklich an die Geschehnisse der Heiligen Schrift erinnert, die für den des Lesens unkundigen Gläubigen als Bilderbuch auf der Kuppa wiedergegeben sind. Ende des 13. Jahrhunderts verlagert sich dieses Bilderwerk in die Kapitellzone des südlichen Langhausportals, um im ausgehenden 14. und im 15. Jahrhundert als Fresko in den Innenraum zu wandern, vor allem an die Langhausnordwand.

Achtzig romanische und frühgotische Taufsteine befinden sich auf der Insel (vgl. Tabelle Seite 326ff.). Die erstaunliche Ausdruckskraft der Reliefs fasziniert ebenso wie die vielfältigen Motive, die künstlerische Freiheit der Themenbehandlung und der formalen Gestaltung oder die außerordentlich straffe Formauffassung der fast schmucklosen Muschel- und Kelchformen.

Roosval hat *Meister Hegwald* (Hegwaldr) und seine Werkstatt an den Anfang gestellt. Früher bezeichnete man diese Arbeiten als ›wilden Stil‹. An der Basis recken Fratzen und Ungeheuer ihre Köpfe vor, Mensch und Tier verschlingend. Sehr bewegte Formen ziehen sich vom Schaft über die Unterseite des Kelches bis an die Seitenwände der Kuppa. Eingeflochten in fast vegetabilische Arkadenarchitekturen, bedecken die verdichteten Figurengruppen die gesamte Fläche.

Auch die von Roosval den anonymen Meistern *Majestatis* und *Byzantios* zugeordneten Arbeiten müssen wohl eher Werkstätten zugeschrieben werden als einzelnen Künstlerpersönlichkeiten. Bei der Majestatis-Gruppe finden wir auf der Basis noch immer die Fratzenköpfe – etwas milder im Ausdruck. Die Kuppa ist statuarischer aufgebaut, strenger. Das Motiv des thronenden Christus, das diesem Stil den Namen gab, beherrscht die Darstellung auf dem Kelch. Hier wird

Taufe von Vall, Meister Majestatis

erzählt, nicht dokumentiert. Die Teilung in Felder verwischt sich oder wird ganz weggelassen, der Zusammenhang der einzelnen Episoden wird wichtig (vgl. Farbt. 12). Das Nordportal von HABLINGBO, ursprünglich das südliche Hauptportal, zählt zu der gleichen Stilgruppe. Im Tympanon wird der Weltenrichter von verschiedenen Szenen um Kain und Abel flankiert, auch ein Teufel fliegt herbei. Den Rundbogen begleiten zwei Bänder, die scharf kontrastieren, weil das innere an die Holzornamentik der Wikinger erinnert, das äußere dagegen ein fast klassisches Palmettenfries zeigt. Zwei Löwen recken ihre Köpfe vom Bogenansatz herab dem Besucher entgegen. Frühwerke des stilprägenden Meisters dieser Richtung findet man in Tryde in Schonen. Er könnte also ein Gotländer sein, der sich in Lund und Tryde ausgebildet hat, um dann in seine Heimat zurückzukehren, oder ein Meister, der vom Festland kam.

Der Name *Byzantios* verweist auf byzantinische Merkmale im Figurenstil und in der Ikonographie. Die Köpfe auf der Basis stehen einzeln, manche sind durch Ornamente getrennt. Auch auf der Kuppa sind isolierte Darstellungen in einen relativ strengen architektonischen Rahmen gesetzt. Die Hintergrundflächen bleiben frei. Einige Felder werden mit dekorativen Pflanzen und Tieren gefüllt. Der Gesamteindruck ist viel additiver als bei Hegwald oder Majestatis.

Bei *Meister Sigraf* und seinem Kreis trägt der Fuß ganzfigurige Darstellungen, an der Kuppa überwiegen prozessionsartige Reihungen ohne Fassung durch Architekturglieder. Taufen dieses Stils wurden auch exportiert; sie sind auf dem schwedischen Festland zu finden, in Dänemark, die bekannteste in Åkirkeby auf Bornholm – dieser Stein ist auch signiert.

Taufe von Vamlingbo, Meister Byzantios

»Die Kirche von BARLINGBO besitzt ein großartiges Unikum unter den gotländischen ikonischen Taufsteinen, zugleich eines der besten Kunstwerke unseres Mittelalters« (Roosval). Er wird in die zweite Hälfte des 12. Jahrhunderts datiert und einer »angelsächsisch-gotländischen Schule« zugeordnet. Ein starker Kontrast zwischen der fast vollplastischen Eckbetonung – Fratzen im Sockel, auf denen Joachim und Anna, Gabriel, Maria und der Gekreuzigte stehen – und dem

Taufe von Barlingbo

flächenhaften Relief der Felder mit den von vegetabilischen Ornamenten umschlungenen Evangelistensymbolen erzeugt den außergewöhnlichen Eindruck.

Eine weitere Gruppe wird in der Tabelle (Seite 326ff.) als *Kelchtyp* bezeichnet. Es sind Taufen ganz ohne Ornamentierung oder figürlichen Schmuck in schlichter Kelchform, rund im Grundriß und außerordentlich straff in der Aufrißprofilierung. Zeitlich sind sie nach den vorgenannten Taufsteinen einzuordnen: in die zweite Hälfte des 13. Jahrhunderts.

In die gleiche Zeit gehört auch die andere Form ohne erzählenden Charakter, ohne bildliche Darstellungen: der *Paradiestyp*. Der Kelch, auch als Muschelkuppa bezeichnet, ist aus einer Halbkugel gebildet und mit Bogenfriesornamentik – manchmal mit etwas reicherer Säulenstellung mit Maßwerk – geschmückt; in der Gesamtform ist dieser Typus wie die vorhergehende Gruppe vom Kelch abgeleitet, mit klar abgesetztem Fuß, Schaft, Knauf (Nodus) und Kelch (Kuppa).

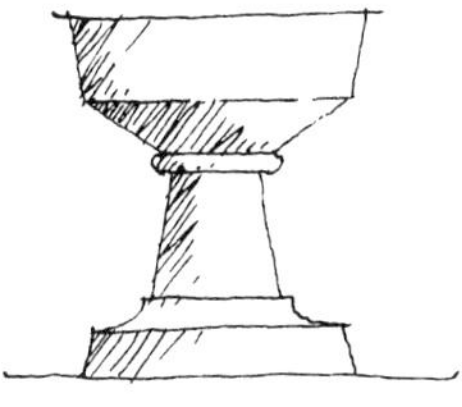

Kelchtyp

Paradiestyp

Bei den gotländischen Bauhütten handelte es sich, wie schon erwähnt, höchstwahrscheinlich um Werkstätten, die Architektur, Mauerwerk, Zimmerei, Steinmetzarbeiten, Malerei und sogar Glasfenster, also alle

Taufe von Grötlingbo, Meister Sigraf, Ausschnitt

Bauleistungen erbrachten. Ihre Tradition und ihre Eigenart läßt sich besonders deutlich an den Portalzonen ablesen, nachdem sich die Bilderbibel von den Taufsteinen hierher verlagert hat.

Die Eingänge der Landkirchen wurden bis zum Beginn des 13. Jahrhunderts noch nach einem einheitlichen romanischen Typus durchgebildet. Sie zeigen einen geraden Sturz und ein halbkreisförmiges Tympanon oder einen Halbkreisabschluß ohne Sturz. Häufig sind diese Bauteile später in Nachfolgekirchen an anderer Stelle wiederverwendet worden, entweder als Nordportal, wie in HABLINGBO, oder als Sakristeieingang.

Die für die Insel typische Portalform, bei der die Kontur von Sturz und Laibung durch Bogen- und Knopfornamente aufgelöst wird, beginnt sich um die

Kapitellband am Chorportal von Martebo

Mitte des 13. Jahrhunderts abzuzeichnen. Vielleicht handelt es sich um eine nur hier so deutlich erkennbare Weiterentwicklung des romanischen Dreipaß- oder Kleeblattportals, das andernortes auch zu finden ist. Die Gegenüberstellung von Chor- und südlichem Langhauseingang in STÅNGA erhärtet noch diese Annahme. Dieser gehört zu den reichsten gotischen Portalen der Insel und schließt die Entwicklungsreihe ab (vgl. Seite 115). Im Frühstadium zeigen die Kapitelle noch verschiedene Würfelformen, und nur der innerste Bogen im Tympanon wird in kleine Kreisformen zerlegt. Gegen Ende des Jahrhunderts kommt eine zweite Schicht hinzu, und die Kapitellzone wird stärker plastisch verziert, zunächst mit vegetabilischen Motiven.

Zwischen 1330 und 1380 erreichen die Portale einen Höhepunkt an reicher Durchbildung und schmücken-

Unten: Nordportal von Hablingbo

Rechts: Südliches Langhausportal von Stånga

dem Beiwerk. Auch für diese Zeit fehlen schriftliche Überlieferungen, die über Herkunft und Arbeitsweise der Bildhauer Auskunft geben könnten. Roosval hat nach Stil und Ausdruck Phantasienamen zugeordnet, wie *Egypticus, Fabulator* oder *Martebomeister.* Neuere Untersuchungen gehen davon aus, daß alle Steinmetzarbeiten einer großen Bauhütte zuzuschreiben sind, die über die ganze Insel hinweg gearbeitet hat. Die einprägsamen Meisternamen von Roosval haben sich dennoch erhalten; schließlich gehörten auch der Bauhütte Einzelpersönlichkeiten an, deren Eigenart ablesbar bleibt.

Die Kapitellzonen sind durch das Programm der Bilderbibel weitgehend fixiert; dennoch findet der aufmerksame Beobachter zahlreiche individuelle, liebenswürdig-humorvolle und originelle Ideen der Bildhauer. Man denke nur an den eine ganze Kapitellzone überspannenden, fast vollplastischen liegenden Schmied am Nordportal von ÖJA, die furchterregenden Masken in GRÖTLINGBO, ÖJA und HABLINGBO, die Teufelsgestalten in MARTEBO, GAMMELGARN (Abb. Seite 271) und anderswo oder Sphinx, Kentaur und Drachen in DALHEM.

10 *Glasfenster im Chor der Kirche von Lye: ›Anbetung der Könige‹, 2. Viertel 14. Jahrhundert*
11 *Malerei an der Nordwand der Kirche von Bunge*
12 *Taufe des Majestatis-Meisters in der Kirche von Väskinde*
13 *Triumphkreuz in der Kirche von Öja*

Die Holzplastik

Die mittelalterlichen Holzplastiker Gotlands stehen wohl außerhalb des Bauhüttenverbandes. Hat ursprünglich der Schiffsbau mit seiner Zimmermannstradition den Holzkirchenbau beeinflußt, und zwar von der Konstruktion über die Verarbeitung bis hin zu den Schmuckformen, so muß man seit dem 12. Jahrhundert von einer eigenständigen handwerklichen Kunstform sprechen.

Die ältesten erhaltenen Stücke sind kleinere Triumphkreuze, Vortragekreuze und einzelne Heiligenfiguren. Das bekannteste Werk, die *Viklau Madonna,* steht heute im Historischen Museum in Stockholm. Sie wird in das 12. Jahrhundert datiert; auf der Insel ist sie durch Kopien in Gotlands Fornsal und in Viklau vertreten. Auch auf diesem Gebiet gibt es wie bei der Steinskulptur Zuschreibungen an verschiedene anonyme Meister. Hier genügt es festzustellen, daß die Künstler des 12. und beginnenden 13. Jahrhunderts fest in der mitteleuropäischen Tradition verwurzelt waren.

Eine eigenständige Note bekommt dieser Kunstzweig erst seit etwa 1250. Wenn man den derzeitigen Datierungen glauben darf, entstehen auf der Insel bis zum Ausgang des Mittelalters fast nur noch Triumphkreuze von einem ganz besonderen Typus. Es handelt sich um das Scheibenkreuz oder Ringkreuz: ein Balkenkreuz mit Korpus, von einem Kreisring umgeben. Das Triumphkreuz hat seinen festen Platz im Triumphbogen, als trennendes – oder verbindendes – Symbol zwischen Gemeinderaum und Altarraum. Diese Kreuzform, die in Gotland 26mal zu finden ist, trifft man außerhalb der Insel nur noch an fünf Stellen in Schweden, einmal in Norwegen (Olstad) und einmal in der Hohnekirche im westfälischen Soest. Wo die Form des Scheibenkreuzes entstanden ist – auf der Insel, in Deutschland oder in Norwegen –, soll bei der Unsicherheit der Datierungen nicht weiter untersucht werden. Hier in Gotland ist dieser Typus weiterentwickelt worden und über ein Jahrhundert Tradition geblieben.

Der Kreis und auch die Kombination Ring–Kreuz (Radkreuz) hatten schon in heidnischer Zeit Bedeutung als Signum für Sonne – Wotan, weiblich – männlich. Auf der Insel ist diese Zeichenkombination in vorchristlicher Zeit selten; um so häufiger treffen wir auf den Kreis – das Sonnenrad. Dieses Symbol wird seit dem Bekanntwerden der Metallbearbeitung auf kultischen Geräten und Schmuckstücken, auf Runen- und Bildsteinen – den direkten Vorfahren christlicher Grabsteine – in zahllosen Variationen dargestellt. Nach der Christianisierung ist im gesamten Nord- und Ostseebereich das Ringkreuz, aus dieser Tradition herkommend, zum inhaltsreichen Symbol geworden. Einen Schwerpunkt erkennt man in Irland und im direkten Einflußbereich der irischen Christianisierung, vor allem in Cornwall. Im Osten bildet sich – etwas später – ein zweiter Schwerpunkt um die Insel Gotland. Hier wird das Ringkreuz, nun als christliches Symbol, bei zahllosen Gelegenheiten verwendet: Wir finden es als Wegkreuz, als Markierung einer Gerichts- oder Andachtsstätte, als Hofkreuz, als Gedenkstein und Zeichen auf Gräbern. Nach der Innenrestaurierung der Landkirchen treffen wir es, auf den Putz gemalt, im-

Triumphkreuz von Väte, um 1200

Längsschnitt einer Kirche, Zeichnung an der südlichen Chorwand in Väte, um 1330

Gurte und Grate, griff die Farbe mehr und mehr auf die Gewölbefelder über, die Fläche immer dichter mit filigranhaften Ornamenten überziehend. Die Klassifizierung reicht vom ›Schmiedstil‹ des Lafrans Botvidason und seiner Werkstatt über Paradiesmotive bis zu spiralgeometrischen und Spinngewebe-Ornamenten. Diese Gewölbedekoration wird bis in das 14. Jahrhundert hinein weiterentwickelt.

Erst in den sechziger Jahren des 13. Jahrhunderts erscheinen wieder figürliche Darstellungen – zur gleichen Zeit verschwinden diese an den Taufsteinen. Der Schwerpunkt liegt zunächst auf Michaelsmotiven; die großartige Seelenwägung Kaiser Heinrichs II. in VAMLINGBO, die dem *Michaelsmeister* den Namen gab, bildet den Anfang. Dieses Thema findet auf der Insel insgesamt sieben Nachahmungen; in Vamlingbo aber ist das Sujet am schönsten und freiesten bearbeitet. Unter dem alles überdeckenden Schirm der Flügel des Erzengels Michael, der mit leichter Hand die Waage hält, sieht man rechts den Tod des Kaisers und diesen in der Waagschale sitzend, während auf der linken Seite, durch die statuarische Gestalt des hl. Laurentius getrennt, eine Schar wilder Teufelchen, vom Oberteufel angetrieben, versucht, den anderen Waagebalken zu beschweren und herabzuziehen.

Jakobus von Voragine (Bischof von Genua 1292–98) beschreibt in seiner ›Legenda Aurea‹ den ganzen Vorgang sehr genau. »Ein Heer von Teufeln« bemühte sich, die Waage zu ihren Gunsten zu beeinflussen. Den Ausschlag gab der goldene Kelch, den Heinrich der Laurentiuskirche in Eichstätt gestiftet hatte: Er wurde beim Tod des Kaisers seinen guten Taten zugerechnet. Kaiser Heinrich (1002–1024), der Gründer des Bamberger Doms, scheint auf der Insel sehr populär gewesen zu sein, sei es wegen seiner Opposition zum Heiligen Stuhl, sei es wegen seiner Unterstützung der cluniazensischen Erneuerungsbewegung der katholischen Kirche oder auch wegen seiner 1146 erfolgten Heiligsprechung. Der Michaelsmeister muß allerdings eine ältere Quelle gekannt haben als die Legenda Aurea, wenn die Datierung stimmt.

›Kaiser Heinrichs Seelenwägung‹ in Vamlingbo, Michaelsmeister

Die Hand des Michaelsmeisters und seiner Werkstatt findet man noch in ESKELHEM, HEJNUM und HEJDEBY, dort mit einer Reihe von Aposteln, einer Marienkrönung, Engeln und Heiligen. Die Apostel tragen in der Hand ein Konsekrationskreuz. Dieses Motiv kommt hier zum ersten Male vor, später, bei dem *Apostelmeister,* wohl einem Schüler des Michaelsmeisters, wird diese Verbindung vielfach wiederholt.

Weihe- oder Konsekrationskreuze finden sich in allen gotländischen Kirchen. Sie bezeichnen die Stellen, an denen das Bauwerk durch den Bischof geweiht worden ist. Sicher waren einige bei der Zeremonie noch nicht ganz fertig, mindestens eingerüstet, wie sich aus der manchmal ungewöhnlich hohen Lage der Kreuzzeichen schließen läßt. Es sind mit einem Kreis eingefaßte aufgemalte Kreuze von etwa 25 Zentimeter Durchmesser. Nur bei den erwähnten Beispielen sind sie in die Malerei integriert, sonst stehen sie ohne Zusammenhang mit Bemalung oder Einrichtung in der Fläche, in VAMLINGBO sogar direkt neben dem Oberteufel.

Schon bei den späteren Arbeiten des Michaelsmeisters – in HEJDEBY – fällt die realistische Physiognomik auf, die der Apostelmeister noch verfeinert; bei den großen Figuren in LÄRBRO wird das besonders deutlich.

Nikolausmeister nennt man den Maler, der das zwischen 1294 und 1304 geweihte Langhaus von SANDA ausschmückte; sicher handelt es sich wiederum um einen Schüler des Vorigen. Er überzieht nicht nur die Wand, sondern auch Gewölbeflächen mit figürlichen Darstellungen. Sein Name nimmt Bezug auf das Bild des hl. Nikolaus, der, in einem Boot stehend, mit seinem Bischofsstab nach einer Meerfrau sticht – eine ebenso reizvolle wie originelle Formulierung der Legende. Dieselbe Hand ist auch in VAMLINGBO, VÄSKINDE und HALL zu erkennen.

In den Werkstattbereich des Michaels-, Apostel- und Nikolausmeisters gehören auch die *Glasfenster der ›Dalhemschule‹*, vor allem in SILTE und DALHEM selbst.

In GOTHEM lernen wir die Hand eines Malers kennen, der um 1300 arbeitete und thematisch – bewußt oder unbewußt – an die ikonischen Reliefs der Kirchen-Außenwände anschließt. Die beiden westlichen Gewölbefelder des Kirchenraumes zeigen Adler, Harpye, Ritter zu Pferd und zu Fuß, Drachen und Kentauren. Die Wanddekoration ist dort zum ersten Male als ›Tapisserie‹ aufgefaßt. Bilder aus dem Neuen Testament einschließlich der Passion sind auf einem Band nebeneinandergesetzt, nach unten abgeschlossen durch eine Reihe von Monatsbildern. Die einzelnen Szenen, Figurengruppen von zwei bis drei Personen, werden von einer straffen Architektur eingefaßt: Säulenarkaden mit Dreipaßabschluß. Am oberen Rand des Bandes kann man gemalte Ösen erkennen; nach unten schließen faltenreich geraffte Behänge den Streifen ab. Mit diesem Motiv, dem gemalten Wandteppich, wird die Kirchenmalerei um die Mitte des 15. Jahrhunderts durch die *Schule der Passionsmalerei* einen letzten Höhepunkt erreichen.

Die ausgeprägte selbständige Formensprache des *Meister Egypticus* läßt den Schluß zu, daß ihm oder seiner Werkstatt auch zahlreiche Wandgemälde um die Mitte des 14. Jahrhunderts zugeschrieben werden können: traditionelle Motive hat der Meister Egypticus aufgenommen, angereichert, weitergeführt und verschiedene neue Elemente hinzugefügt. So wird in LYE und GRÖTLINGBO das beliebte Rankenornament durch Drachen ergänzt, die sich aus den Gewölbegraten heraus entwickeln, gegen den Scheitel zu verbreitern und mit den Ranken verbinden. Auch dominiert wieder die Darstellung des thronenden Christus, entweder am Gewölbeansatz der Chorrückwand oder im Scheitel des Triumphbogens. Arbeiten in GRÖTLINGBO und DALHEM lassen eine Vorliebe für das Graphische, die Linie, vermuten; die großfigurige Komposition am Triumphbogen von LOJSTA zeigt aber, daß der Meister auch mit Farben und Flächen außergewöhnlich gut umgehen konnte.

Um 1400 wirkte in BUNGE der *Deutschordensmeister*. Zwar handelt es sich wohl um keinen Einheimischen, denn die Stilelemente weisen zu deutlich nach dem Baltikum (Thorn) und nach Böhmen; dennoch gibt dieser Innenraum den geschlossensten Eindruck gotischer Malerei. Der Künstler dürfte mit dem Deutschen Orden gekommen sein, unter dessen Protektorat die

Insel von 1398 bis 1408 gestanden hat. Sehr flächig gemalte Heiligenbilder und Passionsszenen stehen in einer Architekturkulisse. Ein Band geringerer Breite unter den Hauptfiguren der Nordwand zeigt Kampfmotive, wohl das Martyrium der thebäischen Legion, mit Reitergruppen in der Kleidung deutscher Ordensritter (Farbt. 11). Der Meinung, diese Darstellung zeige den Kampf der Ritter gegen die Truppen der nordischen Unionskönigin Margareta von Dänemark im Jahre 1404, kann nicht zugestimmt werden. Einmal gibt es kein vergleichbares Beispiel für die Wiedergabe zeitgenössischer Ereignisse im Zusammenhang mit einer Passionsfolge; zum anderen ist es aber durchaus üblich, Szenen aus der Bibel oder den Heiligenlegenden im Gewand der Gegenwart abzubilden.

Der Anfang des 15. Jahrhunderts wirkende *Othem-Meister* kann als Vertreter des ›Weichen Stils‹ auf Gotland angesehen werden. Die großen Figuren in der Kirche von OTHEM – sehr linear, fast wie Rötelzeichnung wirkend, eingerahmt von Rankenwerk – fallen durch ihre stark sprechende Physiognomik auf; die Köpfe könnten Portraits sein. Die Heiligen von FIDE sind wohl von der gleichen Hand, aber weniger konzentriert und auch etwas versehrt.

Um 1450, also fast ein ganzes Jahrhundert nach der Katastrophe von 1361, erlebt die Innenausstattung noch einmal einen ungeahnten Aufschwung. Sechsunddreißig Landkirchen erhalten eine komplette oder auch ergänzende Bemalung durch die dekorativen und erklärenden Darstellungen des *Passionsmeisters* bzw. dessen Schule. Meist handelt es sich um ein Fries auf

Folgende Doppelseite:
Passionsfries und Heiligendarstellungen an der Nordwand der Kirche von Hemse, 15. Jahrhundert

Sca brigida

Scs iacobus
Submissio
Mors

der Nordwand mit der Leidensgeschichte Christi, den Stationsbildern der katholischen Kirche verwandt. Hier entsteht die neue Bilderbibel. Die Einzelfelder sind durch Architekturglieder voneinander getrennt; den oberen Abschluß bilden Blattornamente. Unter den Bildern verläuft ein Wellenband, an dem eine gemalte Vorhangdraperie, fast in der gleichen Breite wie der Bildstreifen, den Abschluß bildet. Die figurenreichen Schilderungen stehen meist auf einem blumengeschmückten neutralen Hintergrund. Die Darstellung des Bodens läßt erkennen, ob die Szene im Innenraum oder im Freien gedacht ist.

Der *Meister von 1520* bildet den Abschluß der vorreformatorischen Wandmalerei; seine Werke wurden an vier Stellen nachgewiesen: in LAU – dort die Jahreszahl – ein Jüngstes Gericht, Christus und Apostelfiguren sehr großflächig und dekorativ; Reste eines hl. Georg in LOJSTA und großfigurige Bilderfriese der Passion in ALVA und VÄTE.

Noch eine weitere Eigenheit gotländischer Kirchen fällt auf: Mittelalterliche Putzflächen zeigen an verschiedenen Stellen, innen wie außen, *Ritzzeichnungen,* die in den noch feuchten Putz eingegraben worden sind, so in ALA, BRO, FIDE, GAMMELGARN, GANTHEM, GARDE, HABLINGBO, LYE, NORRLANDA, STENKUMLA, VÄNGE, VÄTE. Manchmal handelt es sich um Runeninschriften, die überwiegende Mehrzahl zeigt jedoch Schiffsdarstellungen. Geht man bei der zeitlichen Zuordnung von der Datierung der Bauteile aus, die diese Zeichnungen tragen, müssen sie zwischen 1150 und 1250 entstanden sein. Auch die dargestellten Schiffstypen weisen auf diese Zeitspanne. Ähnliche Putzritzungen, ausschließlich Schiffsmotive, finden sich an der Außenseite des Chores der Kathedrale Hagia Sophia in Trapezunt, deren Erbauungszeit von 1236 bis 1269 angegeben wird. Vielleicht haben die Gotländer am Hofe des Kaisers von Byzanz hier eine Verbindung zu ihrer Heimat hergestellt.

Manch ein interessantes Detail der Kirchen muß in diesem Zusammenhang unerwähnt bleiben. Aus der vorreformatorischen Zeit existieren noch einige geschnitzte Retabeln, Grabsteine, Türbeschläge und Glocken. Kanzel, Altar, Gestühl und Leuchter stammen meist aus dem 16. bis 18. Jahrhundert und sind vom Festland stark beeinflußt.

Stundenglas an der Kanzel der Kirche von Ekeby, 18. Jahrhundert

Visby
Gesichter einer Hansestadt

Das alte Visby hat den Reiz einer Stadt, die Gegenwart und gegenwärtige Vergangenheit zugleich ist. Sie ist modern genug, um alle Annehmlichkeiten zu bieten, so klein, daß man sie zu Fuß erleben kann, und so abwechslungsreich, daß immer wieder neu Entdecktes zum Verweilen einlädt.

Visby, Stadt der Rosen und Ruinen, *staden inom murarna* – die Stadt innerhalb der Mauern –, hat mehrere Gesichter. Die Insellage im Norden hielt bisher Hektik und Rummel fern, wenngleich der Touristenstrom in den Sommermonaten Hotels und Pensionen, private Unterkünfte und Campinggelegenheiten bis zum letzten Platz füllt. Im Hafen liegen Motorboote, Segeljachten und Liniendampfer vom Festland. Auf der Reede ankern weiße Kreuzfahrtschiffe, die zum Besuch der Insel und der Stadt die Reise unterbrechen.

Heute kann man Gotland mit einem Sprung über das Meer erreichen; Flugzeuge landen vor den Toren der Stadt. Der Flug ist schnell und bequem, aber dem Fremden entgeht das Erlebnis des Näherkommens und einer Ankunft, die nicht nur die Überwindung des Raumes, sondern für manchen auch ein Zurückgleiten der Zeit bedeutet. Alte Städte, Kleinodien unserer Geschichte, sind es wert, daß man sich aus den nüchternen Fesseln der Gegenwart befreit, und sei es nur für Tage.

Eine Hafenstadt wie Visby erschließt sich am natürlichsten von der Seeseite aus; deshalb sollte mit dem Schiff reisen, wer zum erstenmal nach Gotland kommt. Der ganze melancholische Zauber der Stadt

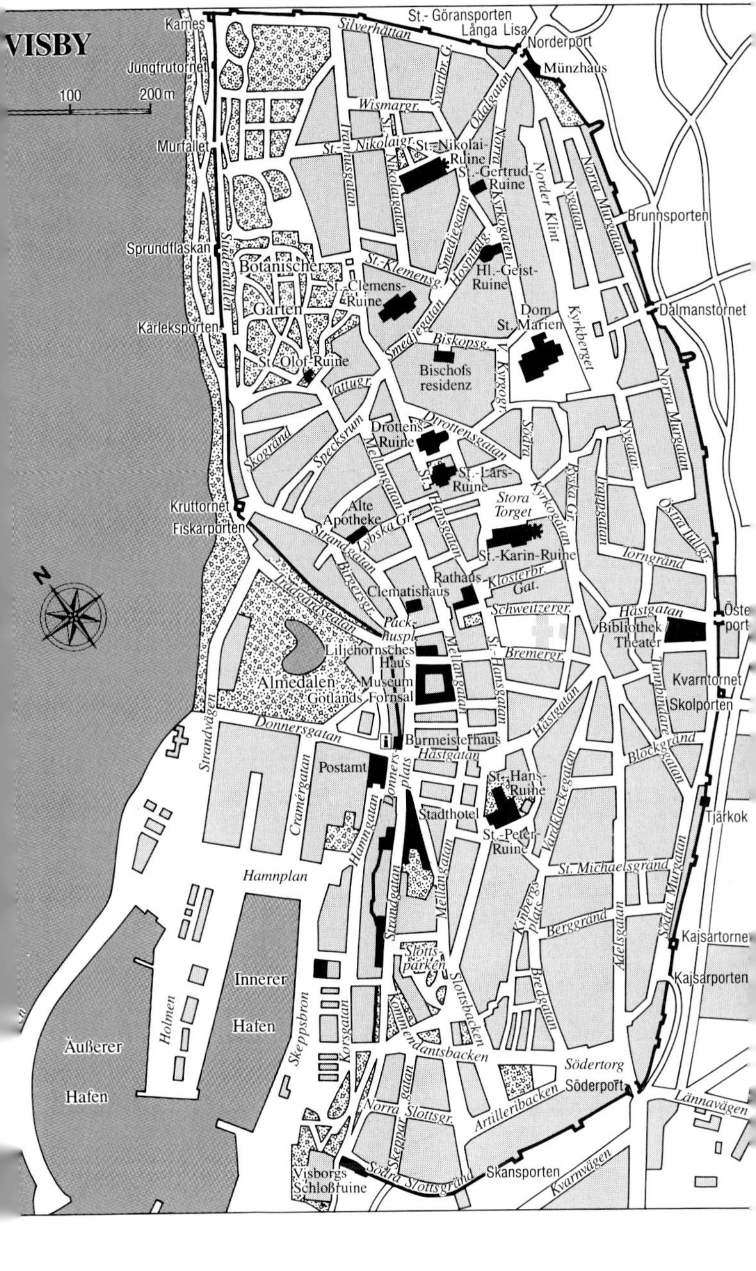
VISBY
100
200 m
Kames
Jungfrutornet
Murfallet
Sprundflaskan
Kärleksporten
Kruttornet
Fiskarporten
St.- Göransporten
Långa Lisa
Norderport
Münzhaus
Silverhättan
Wismargr.
Svartbr. G.
Odalgatan
St.-Nikolaigr.
St.-Nikolai-Ruine
St.-Gertrud-Ruine
Norra Kyrkogatan
Norder Klint
Nygatan
Norra Murgatan
Brunnsporten
Dalmanstornet
Tranhusgatan
St. Nikolaigatan
Smedjegatan
Hospitalg.
Hl.-Geist-Ruine
St.-Klemensg.
Botanischer Garten
St.-Clemens-Ruine
Studentallén
Dom St. Marien
Kyrkberget
Biskopsg.
Bischofs residenz
V. Kyrgogr.
St.-Olof-Ruine
Vattugr.
Skogränd
Specksrum
Drottens-Ruine
Drottensgatan
Mellangatan
St.-Lars-Ruine
St. Hansgatan
Södra Kyrkogatan
Ryska Gr.
Trappgatan
Nygatan
Norra Murgatan
Östra Tullgr.
Stora Torget
Alte Apotheke
Lybska Gr.
Strandgatan
Birgersgr.
St.-Karin-Ruine
Torngränd
Rathaus
Klosterbr. Gat.
Clematishaus
Schweitzergr.
Hästgatan
Bibliothek Theater
Österport
Trädgårdsgatan
Packhuspl.
Liljehornsches Haus
Bremergr.
Almedalen
Museum Gotlands Fornsal
Kvarntornet
Skolporten
Timbindaregatan
Strandvägen
Donnersgatan
Burmeisterhaus
Hästgatan
Blockgränd
Postamt
Donners-plats
Cramérgatan
Hamngatan
St.-Hans-Ruine
Stadthotel
St.-Peter-Ruine
Vårdklockegatan
Tjärkok
St. Michaelsgränd
Hamnplan
Strandgatan
Mellangatan
Kinbergs plats
Berggränd
Adelsgatan
Södra Murgatan
Kajsartornet
Kajsarporten
Slottsparken
Slottsbacken
Bredgatan
Innerer Hafen
Holmen
Skeppsbron
Korsgatan
Kommendantsbacken
Södertorg
Söderport
Äußerer Hafen
Norra Slottsgr.
Skeppargatan
Artilleribacken
Lännavägen
Visborgs Schloßruine
Södra Slottsgränd
Skansporten
Kvarnvägen

wird ihn empfangen, trotz der Geräusche, die das Landemanöver in einem modernen Hafen begleiten, trotz der von Jahr zu Jahr stärker ins Auge fallenden technischen Anlagen. Über die Seemauer grüßen die Türme von St. Marien, der ehemaligen deutschen Faktoreikirche, das Dächergewirr, die Treppengiebel der Handelshäuser und die grauen Kirchenruinen der mittelalterlichen Stadt. Und wer sich zurückführen läßt in die Vergangenheit, wird vielleicht für ein paar Augenblicke die lebendige Hansestadt vor sich sehen, genug, um zu spüren, daß der erste Schritt auf Gotlands Boden nicht nur ein Schritt in die junge alte Stadt ist, sondern auch ein Schritt zurück in die abwechslungsreiche Geschichte der Insel. Nicht nur die Gegenwart wird greifbar, sondern auch das Gewesene, das mit dem Wind kommt und die Steine reden läßt.

Visbys Wurzeln reichen weit zurück. Steinzeitliche Funde in der Stadt, aber auch nördlich und südlich der Stadtmauern, belegen sehr frühe Wohnplätze; allerdings lag das Land vor viertausend Jahren noch tiefer im Meer, die Brandung reichte etwa bis zur heutigen Mellangatan. Vielleicht wurde der Platz auch wieder verlassen; gegenwärtig läßt sich eine kontinuierliche Besiedlung erst seit der Wikingerzeit, dem 10. Jahrhundert, nachweisen.

Das Heilige Wi lag »nedanför klinten«, unterhalb des Steilhanges, von Bächen umflossen, deren Rieseln man noch heute manchmal unter den alten Häusern der Stadt hören kann. Die Kultstätte wird Anziehungspunkt für einen kleinen Markt gewesen sein. Der Name birgt die Erinnerung an den Ursprung: *Wi* = heiliger Ort, *by* = Gemeinde, Dorf. Gleichrangig mit anderen Landeplätzen der Handelsbauern, die es rund um die Insel gab, war der Ort Hafen und Handelsplatz in der Nähe der höchsten gutnischen Opferstätte.

Die Rekonstruktion einer alten Stadtstruktur stößt naturgemäß dann auf große Schwierigkeiten, wenn die Gemeinde noch mit Leben erfüllt ist. Flächengrabungen lassen sich nicht durchführen, so daß man darauf angewiesen ist, Einzelfunde auszuwerten, die sich ergeben, wenn Gebäude verändert werden oder auf einzelnen Grundstücken Baumaßnahmen anstehen. Im Laufe der letzten Jahre konnte auf diese Art sowohl das Bild der Wikingersiedlung als auch der mittelalterliche Stadtgrundriß mit ziemlicher Sicherheit dokumentiert werden.

In der jüngeren Wikingerzeit gruppierten sich Holzhäuser halbmondförmig um den Hafen, der etwa die Fläche des heutigen Stadtparks Almedalen einnahm, landeinwärts begrenzt von dem noch heute im Stadtplan ablesbaren Bogen: Drottensgatan, Södra Kyrkogatan, Hästgatan; ein Modell im Museum Gotlands Fornsal zeigt diesen Zustand. Die Lage des Siedlungsgebietes unterhalb des Hochplateaus hat die Diskussion wiederbelebt, die den Namen der Stadt auf die altnordische Bezeichnung *vis* oder *ves* für ein Sumpfgebiet zurückführt.

Von einer Stadtgründung im mittelalterlichen Sinn kann bei Visby nicht die Rede sein, dazu wäre der autoritäre Willensakt eines Landesherrn notwendig gewesen, wie in Lübeck. In der Bauernrepublik Gotland fehlten dafür die Voraussetzungen. Daß sich eine Händlerniederlassung der Wikinger zu einem mittelalterlichen Kauffahrerzentrum und damit zu einer Stadt entwickeln konnte, hatte mehrere Ursachen. Für die Inselbewohner war der alte Opferplatz neben dem

Thingplatz bei Roma von jeher von herausragender Bedeutung. Hier trafen alte Handelswege aus dem Inselinneren sternförmig zusammen. Zudem war deutlich geworden, daß sich die Topographie des Ufers ausgezeichnet für die Anlage eines Hafens eignete, der auch tiefergehenden Schiffen eine sichere Zuflucht gewährte. Von außen gesehen lag Gotland im Schnittpunkt der meisten Handelswege über die Ostsee, so daß fremde Kaufleute hier gern einen Stützpunkt suchten, auch wenn ihre Aktivitäten den Interessen der alteingesessenen Händlerbauern zuwiderliefen.

Ende des 11. Jahrhunderts muß zu beiden Seiten der Odal- und Smedjegatan schon eine rege handwerkliche Tätigkeit geherrscht haben, wie neuere Funde zeigen. Etwa hundert Jahre später wurde das Quartier um St. Olof mit Holzhäusern dicht besiedelt.

Ende des 12. Jahrhunderts wird Visby in einem Vertrag mit dem schwedischen König erstmals als Gemeinschaft erwähnt, mit der politisch zu rechnen ist – neben den Bezirken der Bauernrepublik.

In den achtziger Jahren des 12. Jahrhunderts schlossen sich in Visby ansässige deutsche Kaufleute mit Gasthändlern zur sogenannten Gotlandfahrergesellschaft zusammen, einer Gilde, die oben bei den Klinten eine eigene, wahrscheinlich 1190 geweihte Kirche errichtete. Aus der gleichen Zeit datiert die kleine russische Kirche im Quartier Munken. Die Kontakte zum Gotenhof in Nowgorod waren »uralte Handelsverbindungen«, wie es im Jaroslav-Vertrag von 1190 heißt. Wahrscheinlich hat es zu dieser Zeit bereits vier Gemeindekirchen in der Stadt gegeben: St. Peter, St. Clemens, St. Olof und St. Hans.

Die Gilden, zum Schutz der kleinen Handelsgemeinschaften gegründet, hatten ihre Mitglieder vor

Übergriffen zu bewahren. Reisende waren zu dieser Zeit im fremden Land rechtlos; die Bruderschaften halfen ihnen, sich zu behaupten. Sie traten für den Ersatz eines verlorenen Schiffes ein, und es war ihre Aufgabe, einen in Sklaverei geratenen Bruder freizukaufen. Die Bruderschaft ersetzte in vieler Beziehung die Familie, die in den Anfängen dieses Stadtsystems meist in den Heimatländern zurückblieb.

Das 13. Jahrhundert zeichnete sich durch eine besonders rege Bautätigkeit in der Stadt aus. Verschiedene Orden errichteten ihre Gotteshäuser, und neben Hospital- und Faktoreikirchen entstanden auch die ersten Profanbauten in Stein. Ein Hafenkastell (Kruttorn) schützte die Einfahrt, und die Seemauer, wahrscheinlich aus dem zweiten Viertel des 13. Jahrhunderts, bewahrte die Stadt vor unliebsamen Überraschungen.

Siegel des deutschen Rates von Visby, vor 1288

Politisch wuchs der Einfluß der Fremden in der Stadt. Im 13. Jahrhundert gibt es eine »Gilde der Gotland besuchenden Deutschen« und eine zweite der »auf Gotland wohnenden Deutschen«, wie es Siegelumschriften formulieren.

Die Hanse, ursprünglich eine Verbindung von Kaufleuten im Ausland zur gemeinsamen Vertretung und zum gegenseitigen Schutz, entwickelte sich zur Interessenvertretung von handeltreibenden Städten und gelangte im 13. und 14. Jahrhundert zu erheblicher politischer und auch militärischer Macht. Ostsee und Ostseehandel bildeten das Kernstück mit dem Zentrum in Visby, bis Lübeck Ende des 14. Jahrhunderts die Führungsrolle übernahm. Im 15. Jahrhundert verlor die Hanse an Bedeutung durch die zunehmende Macht der Landesfürsten, den Zusammenbruch des Ordensstaates und die Verlagerung der Handelswege.

Die Aktivität der Hansestädte wurde zu einer existenzbedrohenden Konkurrenz für die Bauernrepublik. Niederlassungen wie der Gotenhof in Nowgorod mußten den Mitgliedern der Hanse geöffnet werden. Schließlich verdrängten die Nur-Kaufleute die Händlerbauern mehr und mehr. Visby, in der Wikingerzeit einer von vielen Handelsplätzen für die Inselbewohner, lag im Zentrum dieses Konfliktes. Der Zuzug auswärtiger Kaufleute in die Stadt entfremdete sie ihrem Hinterland mehr und mehr. Hinzu kam, daß die Kogge als Handelsschiff das flach gehende Wikingerboot abzulösen begann; sie benötigte wegen ihres Tiefgangs einen sicheren Hafen und konnte nicht mehr auf den flachen Strand gezogen werden. Der einzige Platz auf der Insel mit einem Hafen, der auch solchen Schiffen sicheren Schutz bot, aber war Visby. Aus diesen Gründen wuchsen die Spannungen zwischen Stadt und Land ständig. Obwohl die schriftlichen Quellen aus dieser Zeit sehr spärlich fließen, gehen die meisten Historiker heute davon aus, daß dieser Konflikt den Anstoß zur Errichtung der großen Landmauer gab: Die Stadt schottete sich gegen das Bauernland ab. Diese Maßnahme muß außerordentliche Anstrengungen erfordert haben, denn die Bautätigkeit an anderen öffentlichen Gebäuden ruhte in den siebziger und achtziger Jahren des 13. Jahrhunderts fast vollständig. 1288 berichtet das Tagebuch der Franziskaner von St. Katharinen: »Dasselbe Jahr war ein großer Krieg zwischen den Bürgern von Visby und den Bauern ...« In einem aus dem gleichen Jahr stammenden Brief der Stadt Visby an König Magnus Ladulås von Schweden wird auch die neue Mauer zum erstenmal erwähnt. Zwar unterlagen die Bauern, aber die Stadt büßte einige ihrer Privilegien ein, denn König Ladulås, der die Gelegenheit nutzte, größeren Einfluß auf Gotland zu gewinnen und seine Position gegenüber der Hanse zu stärken, bestätigte die Rechte der Bauern.

Auseinandersetzungen mit der selbstbewußten Landbevölkerung prägen diese Zeit ebenso wie Machtkämpfe innerhalb der Hanse; aber auch die Landesherren – für Visby die schwedischen Könige Magnus Ladulås, Birger Magnusson, Herzog Erik und Magnus Eriksson – versuchten den großen Einfluß der bürgerlichen Kaufmannschaft einzudämmen oder wenigstens zu nutzen.

Trotz dieser inneren und äußeren Querelen erlebte die Stadt in der zweiten Hälfte des 13. Jahrhunderts ihren macht- und handelspolitischen Höhepunkt. Der Reichtum hier und auf dem Lande schien unermeßlich. Sogenannte Luxusgesetze sollten der Verschwendung und dem Aufwand Grenzen setzen. Im Visbyer Stadtrecht und einem spätmittelalterlichen Zusatz zum Gutalag, dem alten gotländischen Gesetzbuch, wurden für Feste und Gelage entsprechende Vorschriften erlassen und sogar der Prunk an Kleidungsstücken eingeschränkt:

»Alle Vergoldung wird abgeschafft ... Vergoldete Becher sollen eingeschmolzen werden, wo es sie gibt. Goldverbrämungen und Seidenbänder ... sind alle abgeschafft.«

Die Bürger der Stadt verstanden zu leben und ihre Unabhängigkeit zu nutzen, deren Basis der Reichtum war, den ihre Schiffe über die Meere trugen. Bürgerhäuser, städtische Paläste und Kirchen erstrahlten an Feiertagen im Glanz von tausend Lichtern und dem Widerschein auf blanken Kelchen. Eine festlich gekleidete Menge belebte die Straßen der Stadt.

Doch auch die andere Seite des Lebens, Naturkatastrophen und Seuchen, kannten die Gotländer des Mittelalters und waren ihnen in einer Weise ausgesetzt, von der wir uns heute kaum eine Vorstellung machen. Die Tagebücher der Bettelmönche von Visby (Diarium der Minoriten) notieren Stürme, die Schiffe aus den Häfen trieben, berichten vom Winter 1306, der so streng gewesen sein soll, daß zwischen Öland, Gotland und Estland die See zu Eis erstarrte. Sie verzeichnen Viehsterben von verheerenden Ausmaßen und erwähnen die Pest, die 1350 nach Gotland kam und grausige Ernte hielt. Man möchte diese Ereignisse als Vorzeichen für den Untergang der Bauernrepublik sehen.

Langsam veränderte sich die handelspolitische Konstellation im Ostseeraum zu Ungunsten nicht nur der Bauernrepublik, sondern auch der Stadt Visby: 1291 werden die Verhandlungen mit Nowgorod unter der Leitung Lübecks geführt, und 1293 wird das hansesche Obergericht von Visby nach Lübeck verlegt. 1298 wird das Siegel des Gotlandfahrerverbundes abgeschafft, und im gleichen Jahr unterzeichnet Lübeck die Neufassung des Nowgorod-Vertrages. Das Machtzentrum der Städtevereinigung verschiebt sich. Im zweiten Viertel des 14. Jahrhunderts erschüttern schwere interne Auseinandersetzungen die Stadt, die in der Enthauptung des Bürgermeisters Swerting und vieler seiner Parteigänger im Jahre 1342 gipfeln. Ein Jahr später wird auch nur noch das gutnische Stadtsiegel geführt, der deutsche Einfluß schwindet.

Eine Wanderung um die Mauer

Auch wer nur kurz in Visby bleiben kann, sollte sich die Zeit nehmen, die Altstadt zu umwandern. Der Weg um die 3,4 Kilometer lange See- und Landmauer erschließt eindrucksvolle Beispiele mittelalterlicher Fortifikationstechniken; er führt über die von jeglicher Bebauung freigehaltenen Wallgräben und bietet von dort weite Ausblicke auf das Meer, die Stadtstruktur und die Umgebung.

Wählt man als Ausgangspunkt den PACKHUSPLAN, einen kleinen Platz hinter der Hafenmauer, so steht man im frühmittelalterlichen Zentrum, auf dem auch die Rolandsstatue errichtet war, das Symbol städtischer Freiheit und städtischen Rechts. Hier, zwischen Strandgatan und Birgersgränd, sind die mächtigen Fundamente des Kalbshauthauses freigelegt worden, das Ende des 13. Jahrhunderts als Rathaus errichtet wurde. Es muß ein prächtiger, einer reichen Stadt angemessener Palast gewesen sein, mit vier Doppelportalen an jeder Langseite gegen den Hafen und die Strandgatan zu, von denen Treppen in eine weite dreischiffige Säulenhalle führten. Die oberen Räume dienten auch anderen Repräsentationszwecken, die Kellergewölbe der Vorratshaltung, vor allem der Lagerung und dem Verkauf von Wein; deshalb ist auch der Name VINHUS – Weinhaus – gebräuchlich. Der Name KALVSKINNSHUS, in einem Briefwechsel von 1558-59

Innenansicht der Ostmauer von Visby

erstmals erwähnt, kann vom Handel mit Kalbshäuten herrühren, die für die Herstellung von Pergament im westlichen Europa gesucht waren; er ist aber auch mit einer Sage um König Birger Magnusson verbunden: 1312 soll der König in Visby gewesen sein und Platz für ein Grundstück am Fischmarkt von der Größe einer Kalbshaut gefordert haben. Nach Bewilligung dieses bescheidenen Wunsches ließ der König eine Kalbshaut in schmale Streifen schneiden und als Band um das Areal legen. Es ist belegt, daß der König im Jahre 1313 in Gotland war, um eine Steuererhöhung durchzusetzen.

Bei einem Spaziergang vom alten Rolandsplatz die Mauer entlang tritt man zunächst durch eines der ehedem so wichtigen Hafentore hinaus in den Park von ALMEDALEN. Das Erdreich ist heute höher aufgeschüttet, als der Wasserspiegel des Hafens damals lag, darum wirken die Einlässe und Pforten in der Hafenmauer besonders niedrig. Zur Hansezeit hatte man lange Landekais und Brücken zum Anlegen der tiefgehenden Koggen in das Hafenbecken hinausgebaut.

Das FISCHERTOR mit dem daneben liegenden KRUTTORN markiert das nördliche Ende der alten Hafenzone. Dieser Turm stammt aus der Mitte des 12. Jahrhunderts und ist das älteste erhaltene Profanbauwerk der Stadt. Er bewachte die Hafenausfahrt, erfüllte also eine ähnliche Funktion wie der ländliche *kastal,* der Verteidigungsturm neben küstennahen Landkirchen (z. B. in Fröjel, Gammelgarn, Farbt. 8, Lärbro, Sundre oder Öja) und ist auch ebenso konstruiert. Die schmale Eingangspforte liegt aus Sicherheitsgründen in beträchtlicher Höhe über dem Boden, die hinaufführenden Holzleitern konnten hochgezogen werden. Kleine Fensteröffnungen lassen nur wenig Licht ein, ermöglichen aber einen weiten Rundblick aus dem durch mächtige Mauern geschützten Innenraum. Seinen Namen erhielt der Kruttorn erst im frühen 18. Jahrhundert, als er vom Stadtgefängnis zum Pulverturm umgewandelt wurde. Die frühere Bezeichnung war ›Lammetstorn‹ oder ›Lambetstorn‹, wahrscheinlich ein Hinweis auf das gotländische Wappen.

Von hier führt der Weg die Strandpromenade entlang, zwischen Meer und Mauer bis zu dem starken nordwestlichen Eckturm SILVERHÄTTAN oder KAMES. Vielleicht hatte das Bauwerk einmal ein Dach mit Bleideckung (Silberhaube).

Die Namen der Türme sind nur teilweise erklärbar. Häufig geht die Bezeichnung auf den späteren Verwendungszweck zurück, wie beim Kruttorn, manchmal auf das Aussehen – SPRUNDFLASKAN, LÅNGA LISA – oder auch auf Sagen und Geschichten, die mit dem Bauwerk verbunden sind. Der DALMANSTORN trägt seinen Namen nach dem Landshövding L. R. Dalman, der den Turm 1784 zu einem Getreidemagazin umbauen ließ, während der Mühlenturm KVARNTORNET und der Kaiserturm KAJSARTORNET halb Wehranlagen, halb Vorratsspeicher waren. Der Jungfrauturm, JUNGFRUTORN, in der Seemauer ist der kleinste, der Name soll auf die kleinste Einheit des Hohlmaßsystems – *jungfru* – Bezug nehmen; andere führen ihn auf die Geliebte von Waldemar Atterdag zurück, die hier eingemauert worden sein soll. (Mehr über diese Sage auf Seite 310 ff.) Insgesamt sind 27 Türme der Wehrmauer erhalten, und noch 9 der ehemals 22 oder 23 Satteltürme reiten auf ihrer Krone.

Die NORDMAUER ist innen mit Blendbögen versehen, die vor der Erhöhung den Wehrgang trugen. Die Türme stehen vor der Mauerflucht, um den Verteidigern den Blick über einen größeren Abschnitt freizumachen. Sie hatten auf der Stadtseite keinen Wandabschluß; ihre bis zu fünf hölzernen Zwischenböden für die Stockwerke, deren Auflager noch deutlich zu erkennen sind, waren über Leitern erreichbar. Der Außenseite sind zwei Grabensysteme vorgelagert, die teilweise eingeebnet wurden.

Von Norden bietet sich der schönste Blick über die Wehranlage; das Gelände zieht sich hügelig über die alten Gräben und fällt steil zum Meer hin ab, das den blaugrauen Hintergrund zu den steinernen Vertikalen der Türme und Mauern bildet. Ältere Häuser aus grauem Bruchsteinmauerwerk, mit Steinfliesen gedeckt, hat die Mauer einbezogen, sie wurden in die Verteidigungsanlage integriert. Ursprünglich mochten sie der Landbevölkerung als Warenspeicher gedient haben für Güter, die in der Stadt verkauft wurden oder als Schiffsladungen den Weg über See nehmen sollten. Nach dem Bau der Mauer mußten die gotländischen Händler für ihre Waren Zölle an den Stadttoren entrichten, und die Norra Tullgränd erinnert noch heute an die Zolleinnahme. Auch das MÜNZHAUS an der Norderport ist in die Mauer gebaut.

Nicht weit von hier stand das alte Henkershaus Rackarestugan. Die Verurteilten gingen durch das Tor hinaus zum GALGEN, der auf dem langgestreckten Bergrücken vor der Nordmauer der Stadt aufgerichtet war: Drei Steinpfeiler, jeder aus siebzehn Quadern, wachsen aus einer Ringmauer, die den mittelalterlichen Richtplatz umschließt. Alle Schauer vergangener Zeiten sind an den Wind verloren – wieviele Schicksale mögen hier ein Ende genommen haben!

Ein Fußweg führt über die Wallgräben der Ostmauer. Man erlebt von hier aus ein intaktes mittelalterliches Verteidigungssystem, trotz seiner Einheitlichkeit ungeheuer differenziert in Form, Maßstab und Ausdruck. Die ÖSTERPORT, gut restauriert, verbindet heute die Altstadt mit modernen Einkaufszentren.

Im Weitergehen trifft man auf das SÜDTOR, in dessen Vorfeld bis 1960 Visbys Bahnhof lag. Von hier aus erschließen heute zahlreiche Omnibuslinien die Insel.

Wieder zum Meer hin abbiegend, kommt man zu den Ruinen von VISBORG: Das Stadtschloß von Visby, Anfang des 15. Jahrhunderts erbaut, wurde 1679 von den abziehenden Dänen gesprengt. Später schleiften die Schweden die Verteidigungsanlagen und brannten die Steine zu Kalk.

Hier ist die Mauer unterbrochen und ihr Verlauf durch spätere Gebäude verwischt. Aber man kann weitergehen, am neuen Hafen entlang bis zum DONNERSPLATZ, der seinen Namen vom Palais der deutschstämmigen Familie Donner hat, die im 18. Jahrhundert ein außerordentlich einflußreiches Handelshaus betrieb und auch Klintehamn zu einem neuen wirtschaftlichen Aufschwung verhalf. Das noble Barockpalais dient heute der Post als zentrales Amtsgebäude.

Die Kirchen

Neben der Mauer bestimmt vor allem die große Anzahl eindrucksvoller Kirchenruinen das Stadtbild. Nur ein historisches Gotteshaus, der ehemals deutsche Mariendom, wird noch heute seiner Bestimmung entsprechend genutzt. Im ausgehenden Mittelalter gab es in der Stadt siebzehn Kirchen: Gemeindekirchen, Versammlungskirchen ausländischer Handelsniederlassungen, Klosterkirchen und Spitalkirchen.

Die Ruinen von St. Peter und St. Hans

Die Stadtarchitektur unterlag im Mittelalter wesentlich stärker den Einflüssen vom Festland als die Bauten der Händlerbauern auf dem Land, die zahlreiche inseltypische Eigenheiten bewahren konnten. Hanseatische Lebensgewohnheiten etablierten sich in Visby und fanden ihren Ausdruck in den Profanbau-

Baugeschichtliche Entwicklung der Allerheiligenkirche, von St. Peter und St. Hans (nach E. Swanström)

1 Allerheiligenkirche
2. Hälfte 11. Jh.
2 Neubau von St. Peter und Ergänzungen an der Allerheiligenkirche
2. Hälfte 12. Jh. bis Anfang 13. Jh.
3 Neubau von St. Hans
Ende 12. bis Anfang 13. Jh.
4 Erweiterung von St. Hans
2. Hälfte 13. Jh.
5 Veränderungen
Ende 13. bis Anfang 14. Jh.
6 Erweiterung von St. Peter und Endzustand von St. Hans
Anfang 14. Jh.

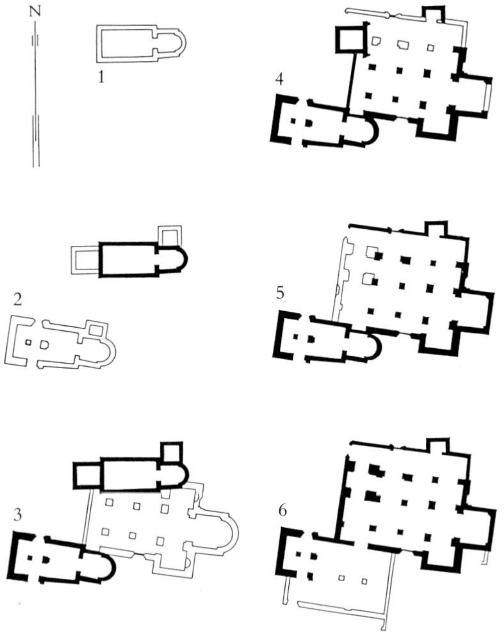

□ Neues Mauerwerk für die dargestellte Bauphase
■ Vorhandenes Mauerwerk aus früheren Bauphasen

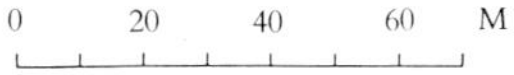

ten. Im Kirchenbau orientierten sich die Gemeinden und Gilden an heimatlichen Vorbildern, die Orden dagegen an den Mutterklöstern.

In der Gutasaga wird berichtet, daß Botair von Akebäck die erste Kirche in Visby *(Wi)* unterhalb des Klints errichtete und sie »allen Heiligen« weihte an der Stelle, wo heute die Peterskirche steht. Neuere Untersuchungen haben die Baugeschichte von diesem sagenhaften Anfang bis zu den noch sichtbaren Ruinen von ST. PETER und ST. HANS ziemlich lückenlos erhellt. Botairs Bauwerk war sicher aus Holz, aber vor 1100 entstand eine neue Allerheiligenkirche aus Stein mit Apsis, Chor und Langhaus. Um 1200 errichtete man etwas südlich davon eine Peterskirche mit Apsis, Chor, Langhaus und Turm und einer nördlich angebauten Sakristei; gleichzeitig erhielt die Allerheiligenkirche im Westen einen Turm.

Etwa hundert Jahre später entstand zwischen den beiden romanischen Kirchen St. Hans zunächst als dreischiffige Basilika mit Chor, Querschiff und Langhaus. Das neue Bauwerk war an seiner Südwestecke mit St. Peter verbunden und verwendete die südliche Außenwand der Allerheiligenkirche mit. Schließlich wurde diese vollständig in den Grundriß einbezogen, wodurch St. Hans ein viertes Schiff erhielt. Anfang des 14. Jahrhunderts war die Doppelkirche vollendet, aber schon hundert Jahre später ist sie wohl nicht mehr benutzt worden.

Die MARIENKIRCHE, ursprünglich ›Frauenkirche‹ oder ›Unsere Liebe Frau‹, war als Faktoreikirche der

St. Marien, Domkirche von Visby

deutschen Fernfahrer des Gotlandfahrerverbundes gegründet worden. Ihre ältesten Teile stammen aus dem Ende des 12. Jahrhunderts und gehören zu einer dreischiffigen Basilika mit Westturm, östlichem Querschiff, Chor und Apsis. Anfang des 13. Jahrhunderts war sie fertiggestellt und wurde 1225 geweiht. Der Bau zeigt stilistische Verwandtschaft mit Kirchen im Rheinland und in Westfalen. Die deutsche Kaufmannschaft finanzierte die Baukosten durch eine Abgabe. In den dreißiger Jahren ist die Ostpartie grundlegend verändert worden: die Querschiffe wurden erweitert, die Osttürme aufgesetzt und ein quadratischer Chor angefügt. An der Südseite entstand zur gleichen Zeit das romanische ›Brautportal‹. Mitte des 13. Jahrhunderts wird dann das Langhaus in den Typus einer Hallenkirche umgewandelt. Erst nach den Bürgerunruhen von 1342 fügte man vor dem seitlichen Haupteingang die *Swertingkapelle* im gotischen Stil an und

Grundriß der Marienkirche (nach M. Gorski)

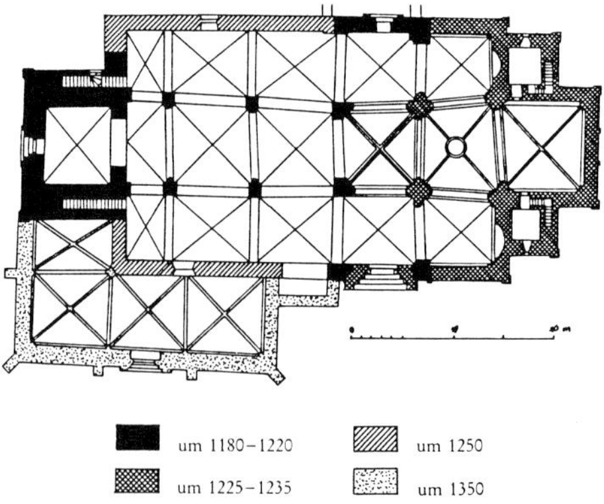

eignete sie der heiligen Katharina von Alexandrien zu. Es ist eine Sühnekapelle zur Erinnerung an den in diesem Jahr ermordeten Bürgermeister Swerting. Nach 1350 entstand über dem Mittelschiffgewölbe ein durch Biforien belichteter riesiger Lagerraum, der die Kirche von außen wieder als Basilika erscheinen läßt. St. Marien wurde nach der Reformation Gemeindekirche und 1572 Bischofssitz. Die Barockhauben stammen aus der Mitte des 18. Jahrhunderts.

ST. CLEMENS hat man sehr weitgehend untersucht und dabei drei Vorgängerkirchen festgestellt, deren älteste bis vor 1100 zurückreicht. Diese war vom üblichen romanischen Typus mit Apsis, Chor, Langhaus und Turm. Der jetzige Bau stammt einheitlich aus der Mitte des 13. Jahrhunderts: er ist eine dreischiffige Halle mit langem rechteckig schließendem Chor, einer querschiffähnlichen Erweiterung nach Süden und einem massiven Westturm.

Der heutige Bau von ST. DROTTEN (Dreifaltigkeitskirche) geht auch in den Anfang des 13. Jahrhunderts zurück. Er bestand wohl ursprünglich nur aus Chor mit Apsis und erhielt Mitte des Jahrhunderts ein dreischiffiges, fast quadratisches Langhaus und einen Turm, in der zweiten Hälfte des 14. Jahrhunderts eine südliche Kapelle. Die Begehung über eine Kapelle wie auch die Turmanordnung mit zwei Galerietreppen sind von der Marienkirche her bekannte Motive.

ST. LARS ist im zweiten Viertel des 13. Jahrhunderts als Zentralkirche, wohl als Faktoreikirche für russische Händler, errichtet worden. Der Grundriß ähnelt der Karfreitagskirche in Nowgorod. Er zeigt die Form eines griechischen Kreuzes mit einem Apsidialchor im Osten, konsequenterweise ursprünglich mit einem Zentralturm. Dieser wurde später entfernt und an der

Westseite ein neuer Turm errichtet. Durch die Mauern führen zahlreiche Gänge, die vielleicht zu Prozessionen benutzt wurden.

Die Ruine von ST. OLOF stammt aus der gleichen Zeit. Die Kirche war vermutlich eine dreischiffige Basilika mit Westturm, deren Galerie über zwei Treppen aus den Seitenschiffen erschlossen wurde. Anfang des 14. Jahrhunderts hat wahrscheinlich ein Umbau stattgefunden.

Die RUSSISCHE KIRCHE ist seit 1970 genau lokalisierbar: Im Quartier Munken hat man die Fundamente aus dem frühen 12. Jahrhundert wiedergefunden. Zwischen Södra Kyrkogatan und Ryska Gränd wurden die Grundmauern eines quadratischen Langhauses mit zwei Mittelsäulen und einer Apsis freigelegt.

Recht eigenartig mutet in dieser Umgebung die Anfang 1200 entstandene HELGE-ANDS-KIRCHE (Heiliggeist) an; der zweigeschossige Zentralbau mit angehängtem rechteckigem Chor deutet auf Verwandtschaft mit Palastkapellen. Vielleicht ist sie als Kurienkirche für den Schwertritterorden erbaut worden. Der Überlieferung nach handelte es sich aber um eine Kirche, die zu einem Hospital für alte hilfsbedürftige Männer gehörte. Heiliggeistkirchen in Lübeck und Dänemark stammen aus der gleichen Zeit.

Die Ruinen der beiden gotischen Klosterkirchen St. Nikolaus und St. Karin überragen noch heute die Häuser der Stadt. Die Dominikaner kamen kurz vor 1230 nach Gotland und übernahmen ST. NIKOLAUS, eine nicht ganz fertige Faktoreikirche, damals eine dreischiffige Basilika mit Westturm. Die Mönche bauten sie mehrfach um und gaben ihr um 1400 ihre heutige Gestalt als dreischiffige Halle mit dreiseitigem Chorschluß. Bei dem Überfall der Lübecker im Jahre

1525 wurde das Kloster, das zu der dominikanischen Ordensprovinz Dacia (skandinavische Länder) gehörte, zerstört. Dort lebte Petrus de Dacia und war 1283-1289 Prior. Er gilt als erster schwedischer Schriftsteller, vor allem wegen seines lebhaften Briefwechsels mit der Begine Christina von Stommelen, einer Mystikerin, die er mehrmals besuchte. Alljährliche Festspiele in dieser Kirchenruine erinnern an sein Wirken.

Der Franziskanerorden wurde 1223 gestiftet, das Kloster in Visby bereits zehn Jahre später gegründet. Die erste Katharinenkirche – ST. KARIN – war eine Hallenkirche mit vier Jochen und einem etwas eingezogenen rechteckigen Chor. Anfang des 14. Jahrhunderts wurde sie zur dreischiffigen Hallenkirche umgebaut, deren Fertigstellung fast hundert Jahre dauerte. Die Klosteranlage schloß sich im Süden mit einem kleinen Kreuzgang an das Langhaus an. Nach der Reformation beherbergten die Gebäude kurze Zeit ein Hospital, bevor der gesamte Komplex langsam verfiel.

Die ST. GETRUDSKAPELLE nahe bei St. Nikolai ist sicher eine Stiftungskirche. Sie besitzt Langhaus und Chor und ruht auf einem älteren Fundament. Diese Kirche stand unter dem Schutz des Bischofs von Riga und diente den Deutschen von dort und den Livländern als Faktoreikirche. Bemerkenswert ist das Tympanon des Westportals, das die heilige Gertrud zwischen den Wappen von Iwar Axelsson Tott und dem seiner Frau zeigt. Der jetzige Bau stammt aus der zweiten Hälfte des 15. Jahrhunderts.

Zwischen Södra Murgatan und Adelsgatan im Südosten der Stadt sind 1970 Reste von ST. MICHAEL gefunden worden, die zwar nicht mehr zugänglich sind, aber doch die genaue Lage dieser Kirche dokumentieren.

Ruine der Klosterkirche Sankt Karin

Ruine der Spitalkirche Sankt Göran

Etwa 300 Meter außerhalb des Nordtors unterhalb des Galgenberges sieht man die drei mächtigen Giebeldreiecke von ST. GÖRAN (Georg) aufragen. Der jetzige Bestand der Ruine stammt aus der ersten Hälfte des 13. Jahrhunderts, steht aber auf einer älteren Anlage. Es handelt sich um eine Aussätzigen-Hospitalkirche, die im Westen eine Verbindung zu den Krankenhausgebäuden hatte. Man kann die Anschlüsse der Durchgänge und Gewölbe noch an der Fassade erkennen. Der Grundriß ist zweischiffig und der rechteckige Chor asymmetrisch angeschlossen.

Selma Lagerlöf hat in ihrer Erzählung ›Vineta‹ die Stimmung um diesen Platz vor den Ringmauern und Gräben einfühlsam geschildert:

»Dort draußen stand eine einsame Ruine; es lag etwas Ansprechendes darin, daß sie allein zu stehen wagte, ohne von den Mauern beschützt zu werden. Und rings um die Ruine erstreckte sich eine Halde, die dem Meeresgrunde der Phantasie mehr glich als irgend etwas in Wisby. Die ganze Halde war scharf und schreiend blau von großen, starken Pflanzen, deren schlanke Stiele ganz von blauen Blüten bedeckt waren. Aber mitten zwischen dem Blauen nickte feuerroter Mohn, leuchtend wie Flammen. Dicht daneben erhob sich der Kalkberg mit seinen unregelmäßigen Absätzen, und auf diesen lagen losgerissene Blöcke, denen man in dem unbestimmten Tageslichte wohl die Gestalt ruhender Meerestiere zuschreiben konnte. Und über dem allen der leichte, schwebende Nebel, der mit seinen Wurzelfasern Nahrung aus der Erde zu saugen schien.«

Spaziergänge und Wissenswertes

Der Spaziergänger durch die Stadt trifft auf eine vielfältige Profanarchitektur, deren früheste Teile bis in das 13. Jahrhundert zurückreichen. In der STRANDGATAN hatten die Häuser die Höhe von etwa sechs normalen Stockwerken, und man muß sich vorstellen, daß die gesamte Ostseite dieses Straßenzuges eine geschlossene Hausfront bildete, im Stil der heute noch bestehenden Einzelbauwerke ALTE APOTHEKE, CLEMATISHAUS, LILJEHORNSCHES HAUS und FORNSAL. Hinter den riesigen gotischen Giebeln verbargen sich ursprünglich Warenmagazine, ähnlich den Lübecker Salzspeichern. Die Wohnungen lagen hinter diesen Packhäusern in ein- oder zweigeschossigen Holzbauten, selten in die Speicher integriert. Eigentümlich ist den Vorratshäusern der sogenannte Hochkeller: ein manchmal zwei Geschosse hoher, von Säulen getragener, eingewölbter, Lagerraum im Erdgeschoß. Den Museumsräumen von Gotlands Fornsal ist ein solcher Hochkeller eingegliedert. Einen lebendigen Einblick erhält der Interessierte, wenn er öffentlich zugängliche Gebäude aufsucht, die entweder in der Architektur oder in Ausschmückung und Einrichtung noch die Lebensweise vergangener Zeiten widerspiegeln: ALTE APOTHEKE, STADTHOTEL, BURMEISTERHAUS oder RYSKA GÅRD.

Die Stadt erstreckt sich über drei Höhenstufen. Auf dem unteren Niveau, gleich hinter der Seemauer, haben sich die Fischer angesiedelt und die dem Hafen zugewandten Handelshäuser konzentriert. Auch das alte Rathaus und die Rolandsstatue gehörten zu diesem Bereich. Im 14. Jahrhundert verlagerte sich das städtische Zentrum mit dem Bau von Kirchen und Klöstern auf die mittlere Stufe, mit der Errichtung des neuen Rathauses am großen Markt schließt diese Phase ab. Die Fläche zwischen dem oberen Klint und der Landmauer blieb der reinen Wohnbebauung vorbehalten.

Visby:

14 *Haustür in der Strandgatan*

15 *Blick von Almedalen auf die Stadt*

16 *Östliche Stadtmauer*

17 *»Waldemar Atterdag brandschatzt Visby 1361«, Gemälde von C. G. Hellqvist (1851-1890). Gotlands Fornsal*

18 *Das Waldemarskreuz vor der Stadt*

WALDEMARUS

Die Gassen am östlichen Rand der Altstadt sind schmal. Aus der Tür der kleinen Häuser, deren Traufe oftmals mit der Hand zu erreichen ist, tritt man über ein oder zwei kurze Stufen direkt auf die Straße. Oft lehnen sie sich unmittelbar an die Mauer an und haben eine Wand mit ihr gemeinsam. ›Sommergotländer‹ haben viele dieser Häuser übernommen und damit auch vor dem Verfall bewahrt. Auf dem Gartenplatz – nur wenige Meter im Geviert – blühen Sommerblumen, Stauden und Sträucher. Von einigen unbebauten freien Stellen oberhalb der Marienkirche aus gewährt der Höhenunterschied einen freien Blick über Mittel- und Unterstadt und auf das Meer im Westen.

Streift man durch die Mittelstadt, vom Nordtor und dem Münzhaus kommend, trifft man auf fast alle oben erwähnten Kirchen. Der Spaziergänger sollte aber auch die kleinen Gassen betreten, aus denen man in Gärten und Höfchen sehen kann und wo es zahlreiche originelle Details zu entdecken gibt: Fenster, Eingänge, die Galerie im Obergeschoß des ehemaligen Kapitelhauses oder JOHAN MÅLARES HAUS gleich südlich des Domes. Man wandert an dem alten Quartier MUNKEN entlang, in dem der russische Hof RYSKA GÅRDEN mit seinen reich bemalten Wohnräumen wieder für Besucher zugänglich ist. Auch die Reste der alten russischen Kirche erreicht man von hier. STORTORGET, der große Markt, wird von der mächtigen Ruine der KATHARINENKIRCHE, St. Karin genannt, beherrscht. Den westlichen Abschluß bildete früher das zweite mittelalterliche Rathaus; an die Kirche angebaut, war es ein stattliches Bauwerk, einer Hansestadt würdig. Heute schließen dort niedrige Blockhäuser kleine Innenhöfe ein, in die kein Straßenlärm dringt. Die Spatzen tschilpen im Efeu – dem *murgröna*

In der Fischergasse

von Visby; man kann Zinngießern zuschauen und auf engem Raum über schmale Gäßchen und Treppen ein Stück altes Visby entdecken. Immer wieder trifft man auf einzelne wegen eines Um- oder Neubaus abgeräumte Hausparzellen, wo Archäologen mittelalterliche Fundamente freilegen und akribisch Fundgegenstände untersuchen.

Im alten Quartier am FISCHERTOR begleiten die schmalen Gassen zusammengedrängte niedrige Häuser aus Holz und Stein, ganz am Weg, ohne Fußsteig, mit einer Trittstufe vor der Tür. Über Mauern und Bretterzäune hängen die Zweige von Goldregen und Flieder, Nußbäumen und Holunder; Rosen klettern über Traufen und Dächer, hüllen die Häuser ein in Farbenpracht und Blütenduft.

Die efeuumrankte Ruine von ST. OLOF bildet den Übergang von diesem Stadtteil zum BOTANISCHEN GARTEN. Ein Spaziergang durch diese Parkanlagen läßt den Besucher vergessen, daß er sich in Skandinavien befindet. Hier gedeihen Mandelbaum, Ginkgo, Catalpa und Blutbuche, reifen Maulbeeren und Nüsse, und das Rosarium zeigt Farben und Formen von südländischer Üppigkeit. Auch ein sorgsam gepflegter Kräutergarten fehlt nicht. Die Anlage aus dem frühen 19. Jahrhundert wurde vom ›Verein der badenden Freunde‹ (DBV) gestiftet; seine Mitglieder wollten ihren Landsleuten die Möglichkeit geben, sich botanische Kenntnisse anzueignen und durch die Anzucht von Stauden und Gehölzen zur Verschönerung ihrer Stadt beitragen.

In den steilen und engen, oft grob gepflasterten Straßen und Gassen hat sich trotz aller Neuerungen der letzten Jahrhunderte vieles erhalten. Linné schrieb 1741 in sein Tagebuch: »Die Straßen der Stadt sind meist uneben, schmal und eng mit unregelmäßigen Gassen.« Einst gab es innerhalb der Stadtmauer sogar Viehweiden oben auf dem Klint und hinter der Seemauer im Gebiet des heutigen Botanischen Gartens. Im Mittelalter scheint sich Visby zum Teil aus der eigenen Landwirtschaft versorgt zu haben – heute darf nicht einmal ein Pferd innerhalb der Mauern im Stall stehen.

Schon Goethe hat empfohlen, in einer fremden Stadt zuerst einen Turm zu besteigen. Der Hauptturm der Marienkirche lädt zu einem großartigen Rundblick ein über Altstadt, Neustadt, Hafen, die Küste entlang nach Norden und Süden und weit ins Land hinein.

Ein Spaziergang vor das NORDTOR bietet einen schönen Blick entlang der Mauer, die sich nach Westen zum Meer hin absenkt, nach Osten aber turmreich den Klint überwindet. Geht man noch etwas weiter, trifft man auf die idyllisch gelegene Ruine von ST. GÖRAN, kann den GALGENBERG besteigen mit seiner weiten Aussicht über die Stadt und findet zu dessen Füßen die TROJEBURG, das Labyrinth (siehe auch Seite 34).

Bei einem Streifzug durch die Stadt wird man auch die Haupteinkaufsstraße ADELSGATAN finden, ebenso die modernen Supermärkte vor dem Süd- und dem Osttor. Linienbusse, die die ganze Insel mit einem dichten Netz überziehen, fahren von dem Busbahnhof vor dem Südtor ab. Tagestouren und Ausflugsfahrten beginnen gewöhnlich in der Donnersgatan.

Will man Stadt und Land systematisch kennenlernen, empfiehlt es sich, den Besuch des Museums GOTLANDS FORNSAL in der Strandgatan an den Anfang der Unternehmungen zu stellen. Die Sammlung enthält alle Funde und Rekonstruktionen von historischem und kunstgeschichtlichem Wert, und der Besucher wird außerordentlich anschaulich über die Inselgeschichte informiert. Auch die städtischen Wohnformen vergangener Zeiten sind in eingerichteten Zimmern zu sehen.

An der Ecke zum Donnersplatz hat sich im alten BURMEISTERHAUS der Fremdenverkehrsverein etabliert; dort wird man mit Informationsmaterial und Plänen gut versorgt. Gegenüber im NATURUM kann man Auskünfte über Fauna, Flora und Geologie der Insel einholen.

Das Jahr 1361 und die Zeit danach

Als das Jahr 1361 sich dem Sommer zuneigte, erhielt der Rat von Visby ein Schreiben von König Magnus Eriksson von Schweden, in dem dieser vor einem Überfall des dänischen Königs Waldemar Atterdag warnte und der Stadt dringend anempfahl, Mauern und Hafen Tag und Nacht zu bewachen.

Waldemar IV. Atterdag, ein Sohn Christophs II., war seit 1340 König von Dänemark. Er hatte ein zerrüttetes Erbe übernommen, das er in den ersten zwanzig Jahren seiner Regierung durch die Eroberung von Fünen, Seeland, Schonen, Halland und Blekinge in etwa wieder bis zu den ursprünglichen Grenzen des 10. Jahrhunderts ausdehnte.

Über die Gründe für seinen Überfall auf die Insel Gotland 1361 kursieren zahlreiche Theorien: Die außerordentliche Beute, die ein Raubzug über die Insel versprach, mußte jeden Eroberer reizen. Einige Quellen bestärken die Vermutung, daß das große Heer des Königs nach der Besetzung Südschwedens durch weitere Angriffe auf Öland und Gotland ausgelastet werden sollte, um sich durch Plünderungen dort auch selbst zu erhalten. Politisch scheint Waldemar Atterdag an der Insel nicht direkt interessiert gewesen zu sein; vielleicht wollte er sie aber als Tauschobjekt bei Verhandlungen mit dem schwedischen König verwenden. Der Angriff hat sicher nicht der Stadt Visby gegolten, denn es bestand ein Abkommen mit der Hanse, das den Handel in »Dänemark, Schonen und in König Waldemars ganzem Reich und allen Gebieten« gestattete. Die spätere Mißhandlung der Stadt scheint aber dann der Anlaß gewesen zu sein, daß sich die Hansestädte kurz nach dem Eroberungszug zusammenschlossen und in den letzten zehn Jahren seiner Regierung die Bemühungen Waldemars um ein dänisches Großreich zunichte machten.

Der Dänenkönig soll bei Fröjel an der Westküste mit einem wohlgerüsteten Heer an Land gestiegen sein und auf seinem Marsch nach Norden einige Treffen mit eilends zusammengerufenen, mehr oder weniger gut gerüsteten Scharen der Bauern gehabt haben. Vor den Toren von Visby hatten sich die südlichen Hundertschaften zum letzten Verteidigungskampf versammelt. 1800 Bauern, Leute vom Land, wurden hier von dänischen Soldaten vor den geschlossenen Toren der Stadt niedergemacht. Man weiß aus dem Tagebuch der Franziskanermönche von Visby, daß die Schlacht nur zwischen Dänen und Gotländern ausgefochten wurde, die Bürger der Stadt werden nicht erwähnt. Sie hielten ihre Tore geschlossen, verhinderten die Plünderung ihrer Stadt durch die Erlegung einer horrenden Steuer und die Preisgabe ihrer Schätze.

Im Museum Gotlands Fornsal wird aufbewahrt, was man in den Massengräbern fand, in die die Gefallenen ohne Ordnung – es war Hochsommer – geworfen worden waren. Der Kampf vor der Mauer muß mit unmenschlicher Härte gewütet haben. Das Bauernvolk hatte nichts mehr – oder alles – zu verlieren: seine Inselheimat war der Gewalt erlegen. Zum Gedenken steht außerhalb der Stadtmauer auf einem Wiesengelände das WALDEMARSKREUZ, heute von Gärten und Gehölzen umsäumt und von einer Esche überschattet (Farbt. 18). Das mittelalterliche Ringkreuz aus grauem Kalkstein trägt eine lateinische Inschrift, die an das tragische Geschehen erinnert:

ANNO D(OMI)NI MCCCLXI F(E)RIA IIIA POST IACOBI ANTE PORTAS WISBY I(N) MA(N)IB(US) DANOR(UM) CECIDERU(N)T GUTENSES H(IC) SEP(UL)TI OR(ATE) P(RO) EIS.

Im Jahre des Herrn 1361, am 3. Tag nach Jacobi (27. Juli), fielen vor den Toren Visbys von den Händen der Dänen die hier begrabenen Gotländer; betet für sie.

Das unebene Wiesengelände, das den Namen KORSBETNINGEN trägt, liegt neben dem Friedhof des früheren Solberga Nonnenklosters; es deckt die Massengräber der Gefallenen aus der Schlacht vor den Toren Visbys.

Die Überlieferung berichtet, um seine Stärke zu demonstrieren habe der König verlangt, in die Stadtmauer eine so große Bresche zu schlagen, daß er in Schlachtordnung in die Stadt einziehen könne. Die sogenannte Waldemarsbresche wurde später wieder zugemauert, doch kann man die einstige Lücke zwischen Söder- und Österport noch erkennen.

Der Schätze, die der König dem reichen Gotland und Visby geraubt haben soll, konnte er sich nicht erfreuen (vgl. Farbt. 17). Sie haben, der Sage nach, gotländische Küstengewässer nie verlassen, denn das Schiff, das die Beute trug, sank vor den Karlsinseln in die Tiefe, wo man im »stillen Wasser noch heute den Glanz der Karfunkelsteine zu erkennen vermag«.

Wie sich die Truppen des Dänenkönigs auf der Insel verhalten haben, ist schriftlich nicht überliefert. Sicher jedoch ist, daß das sich schon Jahrzehnte vorher abzeichnende Ende der selbständigen Bauernrepublik damit besiegelt war; sie sank zur völligen Bedeutungslosigkeit herab.

Im Triumphbogen der KIRCHE VON FIDE trägt ein Stein das Bild des leidenden Christus. Der lateinische

Text darüber ist in Form eines Chronogramms abgefaßt, dessen Lösung die Jahreszahl 1361 ergibt:

eDes sVCCe(n)se gens Cesa DoLens rVIt ense
DVCCCDLVI = DDCCCLVVI = MCCCLXI = 1361.

Die Höfe sind verbrannt, klagend fällt das geschlagene Volk unter dem Schwert.

So einschneidend dieses Ereignis für die Bauernrepublik war, die Hansestadt Visby überlebte, ihre Handelsprivilegien wurden bereits zwei Tage nach der Schlacht bestätigt; die bisherigen Rechte und Pflichten gegenüber dem schwedischen König gingen auf den König von Dänemark über. Waldemar IV. war 1360 auf der Höhe seiner Macht. Sein Erbe hatte er vergrößert und konsolidiert. Während der letzten fünfzehn Jahre seiner Regierung zerfiel jedoch sein Reich wieder; von der Hanse besiegt, verlor er zahlreiche Gebiete und Rechte.

1375 übernahm Waldemars Tochter Margareta, mit König Haakon von Norwegen verheiratet, zunächst für ihren Sohn Olaf (IV.) die Regentschaft in Dänemark und befriedete das Land durch geschickte Bündnispolitik. Nach dem Tod ihres Sohnes (1387) wandte sie sich Schweden zu, dessen ungeliebten König, Herzog Albrecht von Mecklenburg, sie besiegte und vertrieb. Nur Stockholm widerstand noch mehrere Jahre hindurch ihrer Belagerung. Um diese Stadt zu versorgen, warben der Herzog und seine Bundesgenossen zahlreiche Seeräuber an, die sich verpflichteten, die eingeschlossene Festung mit Lebensmitteln (Vitalien) zu versorgen. Von nun an war Gotland ganz offiziell Hauptstützpunkt der raubenden und plündernden Vitalienbrüder, die unter ihrem Hauptmann Sten Sture die ganze Ostsee und östliche Nordsee unsicher machten – immer noch im Namen Albrechts von Mecklenburg operierend.

Erst als der Hochmeister Konrad von Jungingen im Jahre 1398 Insel und Stadt vom Deutschen Ritterorden besetzen ließ, wurden die Seeräuber vertrieben, und Gotland sah ruhigeren Zeiten entgegen. Die Ordensverwaltung respektierte und reaktivierte die alten gutnischen Gesetze und fand einen Ausgleich zwischen Stadt und Land. Diese sehr korrekte zehnjährige Herrschaft wurde 1404 durch einen überaus grausamen Eroberungsversuch der Königin Margareta unterbrochen, die inzwischen in der Kalmarer Union (1397) die drei skandinavischen Reiche vereint hatte.

1408 verkaufte der Orden die treuhänderisch verwaltete Insel an Erich von Pommern, den Nachfolger der Königin, der aber Skandinavien nicht geeint erhalten konnte. Er zog sich schließlich ganz auf die Insel zurück, errichtete am Südrand von Visby die Burg Visborg und gebärdete sich von hier aus eher als Seeräuber denn als Landesherr. Nach der Vertreibung Erichs blieb Gotland dänische Provinz, von verschiedenen Lehensherren regiert. Die bedeutendsten waren die drei Söhne des Axel Tott, die von der Insel aus versuchten, ein neues Ostseegroßreich zu errichten.

1524 eroberte König Gustav I. Wasa von Schweden die Insel, um sie wieder seinem Reich einzugliedern. Der Angriff scheiterte an dem von Sören Norby verteidigten Schloß Visborg. Im Zuge der Kampfhandlungen verbrannten die mit dem König verbündeten Lübecker 1525 große Teile der Stadt. Damals wurden die Kirchen zu Ruinen und sind es bis heute – nur St. Marien, die Kirche der Deutschen, blieb verschont.

Die größte Seekatastrophe der Ostsee spielte sich einige Jahre später – 1566 – vor dem Hafen von Visby ab. Ein Sturm riß die dänisch-lübische Flotte von der offenen Reede und warf die Schiffe gegen den Strand. Etwa siebentausend Menschen kamen dabei um. Ein Epitaph zu Ehren des Lübecker Admirals und Bürgermeisters Tinnapfel in der Marienkirche erinnert an dieses Ereignis.

Die dänischen Lehensherren besteuerten die Insel schwer, die Einwohner verarmten. Auch als 1645 im Frieden von Brömsebro Gotland wieder zu Schweden kam, änderte sich die wirtschaftliche Lage nicht so bald, der Landshövding (etwa dem Landeshauptmann oder Regierungspräsidenten vergleichbar) verwaltete ein armes Bauernland. Die ehemalige Königin Christine von Schweden, die Tochter Gustav Adolfs, lebte nach ihrer Konversion in Rom von den gotländischen Steuereinnahmen.

Im 18. Jahrhundert besserten sich die Lebensumstände etwas. Die Landwirtschaft konnte in bescheidenem Umfang exportieren, die Teererzeugung und der Seehundfang brachten Einkünfte. Die Kalkbrennerei im Norden der Insel nahm zu, und es wurde so viel produziert, daß ein lebhafter Verkehr zu den anderen Küsten der Ostsee einsetzte.

Das 19. Jahrhundert brachte eine weitere Modernisierung der Landwirtschaft. Moore wurden entwässert und Kanäle gebaut, um das wasser- und seenreiche Gotland trockenzulegen und weite Flächen nutzbar zu machen.

Industrie- und Verarbeitungsbetriebe haben die Wirtschaft der Insel inzwischen auf eine breitere Basis gestellt. Die Zementherstellung hat ältere Vorfahren und damit eine lange Tradition. Das Werk in Slite im Nordosten der Insel exportiert in den gesamten Ostseeraum. Auch in Storugns an der Kappelshamnsvik wird noch Kalkstein verarbeitet. Die zahlreichen Kalkbrennereien, zu ihrer Zeit oft bedeutende Betriebe, gehören der Vergangenheit an. Ende des letzten Jahrhunderts entstand in Roma, inmitten der Insel, eine Zuckerfabrik, heute ein ausgedehnter Komplex. Damals wurden die Rüben mit der Eisenbahn herangeschafft, heute übernehmen Lastwagen und Traktoren diese Aufgabe. In Hemse, weiter im Süden, etablierte sich die Gummiindustrie; im Industriehafen Klintehamn wird neben anderen Handelsgütern vor allem Holz aus den Wäldern der Insel verschifft.

Mittelalterliches Speicher- und Wohnhaus in Visby

Land und Landschaft

Die Insel Gotland hat, wie alles Lebendige, viele Wandlungen durchgemacht und überstanden. Trotz moderner Anlagen und Industrien ist sie ein Bauernland geblieben. Die Turmhelme der Landkirchen, die man weithin über Wälder und Äcker sieht, die Höfe, die Fischerhütten am Strand, die alten Brücken mit ihren kräftigen Steinpfeilern über fast versiegten Flußläufen erzählen von den Menschen auf Gotland. Höfe sind über die Insel verstreut, sie standen immer einzeln. Dazu kommen die weiten *ödemarken,* das Ödland. Im Norden ziehen sich karge Wälder – *hällmarkskogar* – über unebene Kalkplatten und Feuchtgebiete; im Süden dehnen sich trockene Steppen mit starrigen Wacholdern: man nennt sie Alvret.

Untergrund und Humusauflage bestimmen, wie anderswo auch, Pflanzenarten und Wachstum. Die oft frei zutage tretenden Kalkplatten, die das Wasser in Rissen und Verschiebungen versickern lassen, geben weiten Landstrichen ihr charakteristisches Aussehen; ihr Name weist auf den felsigen Untergrund hin: *hällmark* – Felsgrund. Über dem Land wölbt sich ein weiter Himmel; ein Körnchen Salz und ein Tröpfchen Wasser wehen mit allen Winden über Küsten und Wälder, über Äcker und Moore.

Gotlands Westküste ist meist steil und unwegsam, doch sind die Klippen vielerorts von Buchten unter-

Die Kirche von Sproge

brochen. Dort wird das Ufer flach, und die Steilwand verläuft weiter im Land, überwachsen von Wäldern und Strauchwerk. Im Osten dagegen sind die Ufer durchweg flach, manchmal reichen die Mischwälder und Weiden bis zum Wasser; Grugarnshuvud mit seinen brüchigen Klippen ist eine Ausnahme.

Die Trockenlegung der Moore, die im 19. Jahrhundert der Landwirtschaft neuen Aufschwung brachte, hat das Land sehr verändert. Das Wasser schwindet immer mehr. Noch vor gut hundert Jahren konnten weite Strecken auf der Insel mit dem Boot zurückgelegt werden; das ist längst nicht mehr möglich. Die fischreichen Seen verlanden, und die Flüsse und Bäche sind selten mehr als Rinnsale.

Von den bedeutenden Höfen aus dem Mittelalter blieben einige Speicher- und Wohnhäuser bis in unsere Zeit erhalten: Bringes, Vatlings, Lauks gård. Diese Reste aus Gotlands großer Zeit, solide gemauert und eingewölbt wie die Landkirchen, umgibt ein eigener Zauber. Man findet sie abseits der großen Straßen, oft im Hofbereich eines Betriebes aus unseren Tagen. Die dazugehörigen alten Holzhäuser waren meist in Blockbauweise ausgeführt, die steilen Dächer mit *ag* (cladium mariscum) oder Brettern gedeckt. In den Freilichtmuseen Bunge und Norrlanda und bei einzelnen restaurierten Hofanlagen, die für die Öffentlichkeit zugänglich sind – Groddegården, Petes, Bottarve, Petsarve, Kattlunds –, kann man die Wandlung der ländlichen Bauweise ablesen. Im Süden trifft man noch vielerorts auf Steinhäuser mit flach geneigten Dächern, die mit Steinfliesen gedeckt sind.

Auch jahrhundertealte Laubhaine, die Generationen von Geschlechtern gepflegt haben, gehören zu den Höfen. Längst sind viele verwildert, wurden wieder zu Wald, manche hat der Pflug aufgerissen, aber noch gibt es einige, die in der alten Tradition bearbeitet werden: Rechen und Säubern im Frühling, Mähen, oft mit der Sense; im Sommer wird Sport im *löväng* getrieben, danach das Vieh zum Weiden hereingelassen. Im Herbst werden Nüsse, Beeren und Obst geerntet und Zweige für das Futter geschnitten; im Winter wird ausgeholzt – das bedarf vieler Hände Arbeit.

Vielleicht erlebt man auch ein kleines Fest im Laubgarten eines Hofes. Musik ist zu hören, und Trachtengruppen lassen alte Volkstänze wieder aufleben. Sänger und Musikanten haben Tradition auf der Insel, und wie die alten Weisen werden auch die alten Sportarten noch gepflegt. Die Steinewerfer *(kasta varp)* messen sich, man spielt Ball *(pärk)*, und die Besten im Stangenwerfen *(stångstörtning)*, im Ziehen, einem Kraftsport *(draga hank)*, oder *stångstikel*, einem Weitsprung mit einer Stange, werden ermittelt. Alljährlich Anfang Juli versammeln sich die Einheimischen zu den Stångaspielen, der Olympiade der Gotländer *(gutarnas egen olimpiad)*. Vor allem das Steinwerfen *(varpkastning)* wird intensiv betrieben; kleinere lokale Vereine veranstalten immer wieder Wettbewerbe.

Rund um die Insel gibt es zahlreiche *fiskeläge*, Fischerhütten am Strand, die nur saisonbedingt genutzt wurden, etwa zweihundert sind bekannt. Die kleinen Buden stehen meist zweireihig einander gegenüber, dahinter liegt eine Rasenfläche mit Stangen zum Trocknen der Netze – der sogenannte *gistgård*.

Auf der Insel scheint es früher den Beruf des reinen Fischers nicht gegeben zu haben. Die Fischerei beschränkte sich auf bestimmte Jahreszeiten und wurde von den Höfen aus betrieben, die zum Teil ziemlich weit im Landesinneren lagen. Die *fiskeläge* errichtete

man an Buchten, Naturhäfen oder anderen geeigneten Landeplätzen. Die kleinen Hütten waren zum Teil gemauert, mit Steinplatten gedeckt, oder aus Holz, rot gestrichen. Wenig Licht erhellt den einzigen Raum, der die Geräte aufnahm und bescheidene Wohnmöglichkeiten bot; manchmal gibt es einen offenen Kamin. Selten dienen sie noch ihrem ursprünglichen Zweck, viele wurden von ›Sommergotländern‹ übernommen, die sie erhalten und herrichten. So erwachen die kleinen Niederlassungen in der Ferienzeit zu neuem Leben.

Auch der Fischfang hat sich gewandelt. Motorboote von Berufsfischern und Anglern fahren aus sicheren und tiefen Häfen hinaus aufs Meer. Am Hafen kann man Flundern oder Dorsche erstehen, frisch oder geräuchert. Manchmal weist am Straßenrand ein Schild mit der Aufschrift *›rökt fisk‹* auf einen Fischer oder eine Räucherei hin. Man darf der Aufforderung folgen und probieren, es lohnt sich!

»Reite einen Tag und warte, bis die Seele Dir nachkommt«, sagt ein arabisches Sprichwort. Auf Gotland, dem Inselland, sollte man es versuchen, sich Zeit nehmen und Muße zum Schauen und Hören, Fühlen und Erinnern. Wer die Ruhe sucht, kann sie hier finden. Das reiche Gotland, das im Ostseeraum eine hervorragende Rolle gespielt hat, gehört der Vergangenheit an; geblieben ist ein Land voller Sagen und Geschichten, eine Insel, auf der die täglichen Notwendigkeiten ihre Wichtigkeit verlieren können; vieles scheint in die Landschaft verwoben, mit demselben Faden, aus dem Märchen gesponnen sind.

Fischereimuseum Koviken mit dem gotländischen Stangenzaun und einem Feuerkorb als Seezeichen

In Roma und dem Land im Innern der Insel sollen unsere Streifzüge beginnen. Sie führen über Bauernland, Äcker und Weiden zu den Wäldern um Viklau und Lojsta mit den verschwiegenen Binnenseen. Von Visby ausgehend, bewegen wir uns dann die Westküste entlang nach Süden, wenden uns bei Hoburgen dem südöstlichen Teil zu, gehen nach Norden, zuerst im Osten, dann – wieder von Visby aus – im Westen, um schließlich nach einem kurzen Besuch der Fårö Gotland ganz zu verlassen. Ein Ausflug auf die Karlsinseln erfolgt von Klintehamn aus, dem Fährhafen zu den Inseln.

Pferde im Wald von Lojstahed

Roma und das mittlere Land

Südöstlich von Visby, mitten im Herzen von Gotland, liegt zwischen fruchtbaren Äckern der Ort ROMA. Schon vor tausend Jahren war hier Versammlungsort für das Allthing der Bauernrepublik. Weit auseinandergezogen reihen sich die Ortsteile an der großen Straße. Über zwei Auffahrtsalleen aus verschiedenen Richtungen kann man ROMA KUNGSGÅRDEN und ROMA KLOSTER erreichen.

Im Jahre 1164 wurde die Zisterzienserabtei Roma gestiftet. Sie besaß einst Reichtümer und große Güter auf der Insel und über dem Meer im Baltikum. Im Mittelalter war sie Zentrum des Glaubens und der Wissenschaften. Geblieben ist die Ruine der Kirche, deren volle Ausdehnung man nur mehr ahnen kann. Die Bibliothek ist in den Wirren der Reformation in alle Winde zerstreut oder vernichtet worden. Nach der Reformation wurde das Kloster der Krone unterstellt und von den Mönchen verlassen. Gebäude und Anlagen rundum verfielen.

Des Königs Statthalter – Landshövding – nahm ab der Mitte des 18. Jahrhunderts in Roma seinen Wohnsitz. Der Hof des Königs – Kungsgården – wurde auf dem Gelände neben dem Kloster errichtet. Das erste bescheidene Gebäude aus Holz mußte unter dem Landshövding Grönhagen einem repräsentativen Bau weichen. Man pflanzte breite Alleen, die mit ihrer maßvollen Schönheit die Zeiten überdauerten. Die alten Klostergebäude wurden als Steinbruch genutzt: das Mauerwerk abgerissen, Portale umgesetzt, Säulen und Kapitelle anderweitig verwendet. Die Reste des seiner Gewölbe beraubten Kirchenschiffes überdeckte man mit einem flachen Holzdach und richtete einen

Viehstall ein. So hatte der Hof des Königs, in dem seine Statthalter residierten, auch den vornehmsten Kuhstall, den man in Schweden sehen konnte, wie es Linné ausdrückt.

Im Garten hinter dem Herrenhaus steht eine uralte Buche mit kurzem grauen Stamm, die ihre Äste weit um sich breitet. Vögel zwitschern, und man hört die Traktoren über die Äcker tuckern. Die vom Kloster geholten Marmorlaibungen, die gotischen Torbogen in den Seitenflügeln des Ehrenhofes haben Stil und Maß bewahrt. Dort, wo einst der Garten der Mönche lag, mißt eine Sonnenuhr die Stunden. Eine Säule des Klosters trägt sie – seit über zweihundert Jahren.

Weithin über Äcker und Felder sieht man die Kirche der Ortschaft Roma. In ihrem Chorraum liegt die Grabplatte eines Priesters aus dem Jahre 1723, der Zeit, als das Zentrum der Insel zur Residenz des Statthalters geworden war:

»Efter mödo, sorg och ängslan
longlig sjukdom, hjärtans fängslan
hafwer kroppen här sin ro,
själen fröjd i himlens bo.«

»Nach Mühen, Sorg' und Ängsten,
langer Krankheit, Herzensnot,
hat der Leib hier seine Ruh',
die Seel' erfreue sich im Himmel.«

Mönche aus dem Zisterzienserkloster Roma begannen im 13. Jahrhundert mit dem Bau der Kirche von DALHEM, die auch *böndernas katedral* – Kathedrale der Bauern – genannt wird. Hundert Jahre dauerte es, bis der

Vorhergehende Doppelseite:
Ruine der Zisterzienserabtei Romakloster

mächtige Bau vollendet war, dessen über 50 Meter hohen Turm man weithin sieht.

Äcker, Felder und Weiden begleiten die Wege, auf weiten Strecken dunkle Föhrenwälder, und immer blüht es an den Rändern der Straßen. Zu breitästigen Stauden entfaltet sich hier die hellblaue Wegwarte; die gelben Wolken des Labkrauts wehen im Wind. Mohn und Margeriten, blaue Glocken- und gelbe Wucherblumen stehen zwischen dunkellila Flockenblumen, hellen Skabiosen und Storchschnabel. Rosa Leinkraut, Seifenkraut, die gelben Knöpfchen des Rainfarn und der purpurfarbene Wachtelweizen rahmen als Blumenband die Wege ein. Und immer wieder der Natterkopf, Gotlands *blåeld,* im Winde sich wiegend, als blaues Feuer bis zu den Waldrändern züngelnd. Dort stehen auch Weidenröschen und sehen aus wie ausgebreitete rosa Seide.

Schafe – sie heißen auf Gotland *lamm* – liegen auf Weiden, sind oft nicht zu unterscheiden von einzelnen Granitsteinen; ihre Wolle ist grau, Gesichter und Beine sind schwarz. Sie werden dem Wanderer über Gotlands Fluren immer und auf allen Streifzügen begegnen, sind in Wäldern auf Futtersuche und auf kargen Heiden. Die Tiere, die den größten Teil des Jahres sich selbst überlassen bleiben, nennt man *utegångsfår.*

Großwild, wie auf dem Festland, gibt es auf Gotland nicht. Aber es leben noch Nachfahren einer alten Waldpferderasse – ihr fast vergessener Name ist *skogsbagge*. Meist werden sie als Gotlandsruss, als Gotlandspony bezeichnet. Heute gibt es wieder Gestüte und Zuchtbücher, um die Rasse rein zu erhalten. Als Reit- und Zugtiere sind sie vielseitig verwendbar, etwas kleiner im Wuchs als andere Reitpferde, aber schlanker im Körperbau als Ponies.

Adam und Eva, Zeichnung in der Kirche von Mästerby, 1633

In früheren Jahrhunderten sind die auf der Insel frei lebenden Pferde gejagt und stark dezimiert worden. Sich selbst überlassen, leben sie heute noch im sogenannten RUSSPARK bei Lojsta, einem Waldgebiet, das etwa 7 Quadratkilometer umfaßt und zu den großen Wäldern von Lojstahed gehört. Wenn man Glück hat, trifft man auf eine der kleinen Herden, die inmitten einer Lichtung Äsung sucht.

Alljährlich im Juli werden die freilebenden Gotlandsponies gefangen und registriert. Dann ist *russpremeringen* in LOJSTA mit aller Lebendigkeit eines Marktes. Die Fohlen aus dem Wald werden verkauft, um den Bestand auf gleicher Höhe – etwa fünfzig Tiere – zu halten.

Der Wald von LOJSTAHED kann licht und hell sein mit Wiesen, auf denen Spierstauden wie weiße Wölkchen über dem Grün schweben, er kann von einer Noblesse sein, die an einen gepflegten Park erinnert mit frei stehenden Baumgruppen und einzelnen Säulenwacholdern auf lichtdurchfluteten Farnwiesen. Er kann aber auch finster sein und undurchdringlicher Urwald. Dann überragen Fichten und Föhren die grüne Welt; im Dämmerlicht darunter Laubgehölze, vereinzelt Vogelbeeren und wieder Wacholder, breitgeästet und dunkel. Farne überdecken den reichen Bodenbewuchs, Heidekraut blüht, und im Spätsommer reifen Preißel- und Blaubeeren und die sattrote gläserne Steinbeere. Das Hämmern der Buntspechte und Schwarzspechte hallt weit, und auch der graugesprenkelte Wendehals lebt hier.

Moorige Stellen mit Schilfbeständen und wassergetränkten dicken Moosen irritieren den Wanderer, wenn kein Weg mehr zu finden ist, kein Pfad. Man kann im tiefsten Dickicht auf Pferdelosung und auf

einen schmalen hufgetretenen Wechsel treffen, der Busch und Strauch streift, am Rande der Lichtungen entlangführt, über niedergebrochenes Geäst – wohin? Keine Richtung – ein Weg ohne Zeit. Dann werden Sagen lebendig, und Bysen, der Wächter der Wälder, streift durch die Schatten.

Wie ein grüner Spiegel, in dem helle Kalkfelsen, ockerfarbenes Schilf und der auf den Felsrücken hochgewachsene Wald ein zweites schemenhaftes Dasein führen, das jeder Windhauch verkräuselt, liegt RAMMTRÄSK am Rande von Lojstahed. Das Wasser des Sees ist weich und schmeichelnd. Die steinigen Ufer fallen steil in die Tiefe; Blattgewächse, Seerosen und niedergestürzte Baumstämme ragen aus dem Dunkel des Grundes. Und oben im Wald wächst die zarte weiße Orchidee ›Waldvögelein‹. Die Schatten des Waldes verbergen eine Verteidigungsanlage im See, LOJSTASLOTT, mit Wallanlagen und einem Plateau, das sich heute 10 Meter über den Wasserspiegel erhebt. In Gräben hat man Steinkugeln für mittelalterliche Schleudermaschinen gefunden. Lojstaslott stammt aus der Zeit um 1400.

Am Waldrand steht LOJSTAHALLEN, das schon erwähnte rekonstruierte eisenzeitliche Haus (vgl. Seite 40f.). Und schließlich sollte man die Kirche nicht vergessen. Hier fallen die großen Kalkmalereien über dem Triumphbogen auf; Drachen und Heilige bewegen sich über die Wand, Gut und Böse liegen in immerwährendem Streit (siehe auch Seite 134).

Nur einen Streifzug nach Süden durch Wald und über Ackerland liegt STÅNGA mit der figurenreichen mittelalterlichen Kirche (siehe auch Abb. Seite 115).

Die Kirche von Stånga

Hier ist der Ort der ›Stångaspiele‹ (vgl. Seite 193). Wer in der Nähe ist, sollte auch noch einen Blick in die Kirche von HEMSE werfen: Dort steht im Triumphbogen ein ergreifendes Kruzifix vom Ende des 12. Jahrhunderts. Derselbe Bildhauer, der die Viklau-Madonna und das Triumphkreuz der Kirche von Väte (Abb. Seite 125) geschaffen hat, soll hier tätig gewesen sein.

Endlos weit ist das Ackerland westlich von Hemse; hier dehnte sich einst das riesige und unwegsame Sumpfgebiet von MÄSTERMYR. Nun sind es Felder, soweit das Auge reicht. In der Randzone lagen durch Schilfgürtel geschützte frühgeschichtliche Siedlungen und der Verteidigungswall von HAVOR. Auf alten Karten kann man die ursprüngliche Ausdehnung des trokkengelegten Moores gut erkennen. Entwässerungsgräben und Fahrwege durchziehen das Gebiet schnurgerade, zu beiden Seiten liegen die ernteschweren Felder. Staub und Trockenheit bringt der Sommer; Eintönigkeit brütet über Wegen, auf denen der Wanderer verloren scheint. Wie ein Kranz umgeben Höfe und Kirchen das urbar gemachte Land: FARDHEM, ALVA und HABLINGBO, SILTE, SPROGE und LEVIDE.

»Die schwatzenden Weiber«,
Zeichnung in der Kirche von Linde, 15. Jahrhundert

Das Gebiet südlich an Visby anschließend, gehört noch zum Einflußbereich der Stadt. Bade- und Ferienorte wie VIBBLE, KNEIPPBYN und FRIDHEM sind im Sommer dicht bevölkert und haben auch einiges zu bieten: ein Automobilmuseum, Pippi Langstrumpfs Villa Villekulla und einen Handwerkshof. Die schwedische Prinzessin Eugénie baute sich 1860 in Fridhem ein Haus im Schweizerstil, das sie regelmäßig bis zu ihrem Tod 1889 aufgesucht hat. Die gesamte Anlage, zu der auch Gästehaus, Badehaus, Ökonomiegebäude und Stall gehörten, ist heute eine Pension und der Öffentlichkeit zugänglich. Von hier aus hat man eine weite Aussicht über das Meer und auf die Steilküste von HÖGKLINT.

Die hoch aus dem Meer ragende Felsnase bietet, vor allem im Nachmittags- und Abendlicht, einen großartigen Blick auf Visbys Hafen, Türme und Giebel. Nur ein schmaler Sandstreifen, oft von Wellen überspült, säumt den Fuß der Wand. Über dem Küstensockel ist die See klar und lichtdurchlässig; hell und grün schimmert der Meeresgrund. Man sieht Spalten und Felsen und den leicht in der Dünung treibenden Tang. Hoch oben an unzugänglicher Stelle blüht im Sommer weißer Flieder. Über eine Holztreppe kann man zu einer kleinen Terrasse vor einer Höhle gelangen. Aber Vorsicht – es gibt kein Geländer. Dieser schöne Ort über dem Meer heißt *get-svältan*. Der Name erinnert an weidende Geißen und Schafe, die, von dem üppigen Gras auf dem Felsvorsprung angelockt, hinuntergeklettert und gesprungen waren, aber nicht mehr zurückkehren konnten und dort oben zwischen Meer und Himmel elend zugrunde gehen mußten.

Auf der Höhe des Högklint kann man nach Süden weiterwandern und das Land am Meer in vollen Zügen genießen. Akeleien wachsen auf der Höhe, wilde Rosen und leuchtend blaue Schafskabiosen blühen. Strandföhren kriechen über Geröll und Fels, ihre mächtigen Stämme wölben sich wie Leiber von Riesenschlangen. Ein Rauk, ausgewaschen und ausgeblasen von Wasser und Wind, steht hoch über dem Meer in einem ›Saal‹ mit gewachsenen Wänden. Mulden und Höhlen hinter einem niedergebrochenen Bergrücken sollen einst einem Räuber als Unterschlupf gedient haben; noch heute ist der Ort als ›rövaren Lilja's håla‹ (das Loch des Räubers Lilja) bekannt. Hier kann man wieder zum Strand absteigen, und wer Interesse und ein wenig Glück hat, findet im lockeren eiszeitlichen Mergel silurische Versteinerungen, vor allem Korallen, aber auch Schnecken und Muscheln und vielleicht einen Pyrit.

Der Klappersteinstrand zieht sich weiter nach Süden. Nimmt man sich Zeit, verhält den Schritt, so

19 *Stora Hästnäs, mittelalterliches Haus*
20 *Küste bei Eksta mit den Karlsinseln*
21 *Kirche von Hejnum*
22 *Rauks auf der Fårö*
23 *Gotlands blåeld – Natterkopf – bei Koviks fiskeläge*

hört man die geschliffenen bunten Granite, die weißen Kalksteine klappern, wenn Wellen sie bewegen. Malerisch gruppieren sich die roten Fischerhütten von YGNE über die Uferterrassen. Boote liegen auf steilen Kiesrücken. Viele Sommerhäuser stehen auf den Höhen – die Nähe von Visby ist zu spüren.

Für den Wanderer wird das Küstengebiet auf dem Weg nach Tofta durch ein militärisches Schießfeld unterbrochen. Warntafeln sind überall aufgestellt. Darum sollte man hier die große Straße 140 benutzen. Am Wege wächst die Kirche von TOFTA wie aus einem Getreidefeld heraus, Bäume und Buschwerk im Hintergrund.

Ganz in der Nähe liegt das eisenzeitliche Grabfeld von KROKSTÄDE mit etwa 170 Grabanlagen. Im lichten Wald sind Hügel und einzelne Steinsetzungen zu finden, ein großer Grabhügel und Hausgründe liegen etwas abseits. In der Stille redet nur der Wald: Im Spätsommer summen wilde Hummeln in den Eichen; man hört die Tauben gurren und leise Vogelstimmen. Die Arbeitswege für den nahen Hof sind gesäumt von undurchdringlicher stacheliger Wildnis, es verflechten sich Schlehen, Rosen, Brombeeren und niedrige Wacholder zu Zäunen für Felder und Viehweiden.

Westlich der Landstraße führt ein Waldweg zu Gotlands größter Schiffssetzung von GNISVÄRD (Abb. Seite 31). Sie ist 47 Meter lang und liegt auf einer offen gehaltenen Lichtung, ausgerichtet in nordwestlicher/südöstlicher ›Fahrt‹. Zwei weitere Schiffe sind in der Nähe zu finden, und eine eigenartige runde Anlage aus Riesenblöcken gibt Rätsel auf.

Über das große Grabfeld ist Wald gewachsen. Birken und Eschen hellen das Dunkel der Föhren auf, wilde Apfelbäume, Adlerfarn und Wacholder stehen zwischen Lichtung und Waldrand. Ein Weg führt zum Strand bei der *fiskeläge* von Gnisvärd. Schon in der Wikingerzeit befand sich hier ein Handelsplatz. Auch später, im 17./18. Jahrhundert, war Gnisvärd einer der größten Fischereihäfen der Westküste. Hierher kamen nicht nur die Bauern der Küstengemeinden, sondern der Hafen wurde auch von den Höfen des Hinterlandes in Anspruch genommen. Ein Hafenvogt hatte hier seinen Sitz, und dem Hafenrecht von Gnisvärd unterstanden auch die nächstliegenden *fiskeläge*. Es war alles geregelt; im Hafenrecht von 1669 steht:

»Wer hinausrudert zum Fischen bevor ins Horn geblasen ist, muß 12 Öre bezahlen, und der Hafenvogt ist verpflichtet, in guter Zeit zu blasen, bei Strafe von 3 Mark jedesmal.«

Es war auch genau festgelegt, wo jeder seinen Bootsplatz hatte und seine Netze am Trockenplatz aufhängen konnte.

Etwa vierzig Fischerhütten reihen sich zu beiden Seiten eines Weges und am Ufer entlang, den Platz dazwischen nehmen große Trockenplätze für Netze ein. Nicht weit von den Hütten steht die Kapelle für die Fischer. Früher war sie aus Holz, heute ist es ein einfaches Giebelhaus aus Stein mit Holzbänken und Kerzen zur Beleuchtung; ein Votivschiff hängt von der Decke, und an der Seite ist eine seltsame Holztrommel zu sehen. In den Zeiten, als die Fischer noch zu den Fangzeiten nach Gnisvärd gekommen sind, mußte mindestens einmal in der Woche Gottesdienst gehalten werden. Ein alter Bootsmann hatte in Ermangelung der Glocke die Holztrommel zu rühren, und die Fischer kamen von den Booten so wie sie waren: voller silberglitzernder Schuppen mit wirrem Haar und Bart.

Immer noch züngeln die Wellen über den Sandstrand, werden länger mit aufsteigender Flut, fallen zurück, unendliche, sich überschneidende Ränder zurücklassend. Der Sand des Strandes von Gnisvärd hat der Sage nach dem Ort den Namen gegeben:

»In den unzugänglichen Klüften der Karlsinseln hatte in grauer Vorzeit eine Seeräuberbande ihren Unterschlupf. Von dort aus kaperten sie Handelsfahrzeuge auf der Ostsee, machten Strandüberfälle und Plünderungen. Sie waren eine ständige Gefahr für die Gotländer.

Doch eines Tages entschlossen sich die Bauern, mit ihren Schiffen gegen die Seeräuber vorzugehen, um Gotland von ihnen zu befreien. Es wurde ein harter Kampf, die Gotländer siegten, machten die Räuber nieder bis zum letzten Mann und verbrannten ihre große Flotte.

Dann stiegen sie an Land, um zu ruhen nach dem harten Waffengang. In dem feinen Strandsand rieben und wetzten die Helden ihre blutigen Schwerter und schliffen sie auf diese Weise wieder blank. Seitdem heißt dieser Platz Gnisvärd.« (*gnida* = reiben, *svärd* = Schwert)

Der feinkörnige Sandstrand erstreckt sich von hier aus etliche Kilometer nach Süden. Dieses Badeparadies ist, vor allem um die Campingplätze von Tofta-Strand herum, im Sommer dicht bevölkert.

In verzauberter Einsamkeit liegt PÅVIKEN unweit der Westküste. Heute ist es ein schilfumstandener See, ein Vogelparadies mit Graugänsen und Entenvögeln, mit Bekassinen, Schwänen und Tauchern, Kiebitzen und Reihern. (Es gibt einen Holzturm zur Beobachtung ganz in der Nähe.) Am Waldrand hoppeln Kaninchen zwischen den Wacholdern, und wie flüchtige Blumen der Luft gaukeln Schmetterlinge im Wind – rostrot, blau und gelb. Einst entwässerte die fischreiche Idå (Id = Karpfen) das Vikmyr, ein See- und Moorgebiet weiter östlich, und Påviken war eine Meeresbucht mit einer engen Verbindung zum Meer. Der moorige Fluß versteckt sich heute hinter hohen Stauden von

Mädesüß und Schilf. Sein Abfluß ist schmal und eingewachsen; dort hat man Steinkonstruktionen gefunden, die Reste einer Sperranlage für den Hafen gewesen sein könnten, als Påviken noch Hafenbucht war. An der Mündung mäandriert die Idå zwischen Sandinseln und Verlandungen, zum Bootsverkehr ist sie nicht mehr geeignet.

Vor tausend und mehr Jahren war der verträumte Binnensee ein Hafen mit lebhafter Handels- und Handwerksbetriebsamkeit. Zur Wikingerzeit, in den Jahrhunderten zwischen 800 und 1000 n. Chr., herrschte hier reges Leben. An der Mündung der Idå in die Bucht hat man reiches Fundgut ausgegraben. Es wurde nachgewiesen, daß hier eine Bootswerft mit Reparaturbetrieb gearbeitet hat: Man fand unzählige Bootsnägel, ganz und auseinandergezwickt, und auch den dazugehörigen Geißfuß, mit dem die Nägel aus den Planken gezogen werden konnten. Dazu Silbermünzen, Schmuck, silberne Gerätschaften, vielfach zerbrochen und geteilt, damit das Silber – Hacksilber – als Zahlungsmittel gewogen werden konnte. Auch Fragmente von Waagschalen mit Gewichten aus Bronze und Blei fehlten nicht. Aus Horn und Bein wurden Kämme geschnitten; Eisen wurde geschmiedet und Bronze gegossen. Man hat Eisenbarren, wahrscheinlich vom schwedischen Festland, Bronzeschmelze und Gußköpfe gefunden. Daneben entdeckte man Halbwaren für die Schmuckherstellung: Bernstein von der südlichen Ostseeküste, Granate aus Westschweden und Glasmosaik aus Torcello. Die Mosaiksteinchen wurden zu Glasperlen umgegossen, die man zu Ketten verarbeitete.

Im Mittelalter wurden die Aktivitäten des Hafens näher an die Küste gelegt; VÄSTERGARN erlangte große

Bedeutung. Man baute einen kilometerlangen Wall, der die Siedlung in einem Bogen umschloß und dessen Verlauf heute noch gut zu erkennen ist. Die untersuchten Fundamente einer romanischen Kirche aus dem 12. Jahrhundert sind wieder überwachsen und haben sich flüchtigen Blicken entzogen. Ein runder *kastal* – heute Ruine – stand östlich der Kirche. Nur der Chor (13. Jh.) einer Kirche, die nicht mehr vollendet werden konnte, dient heute dem Gottesdienst, ist wieder mit Leben erfüllt. Man hat den Triumphbogen zugemauert und dort die Eingangspforte angeordnet. Ein Dachreiter ersetzt den Turm. Aus der Größe des Chores kann man Rückschlüsse auf die geplante Kirche ziehen. Die Zeiten ändern sich, und wahrscheinlich hat auch hier das Schicksalsjahr 1361 die Lebensbedingungen erschwert. Geblieben ist ein kleiner Ort, ein kleiner Hafen, von Fischerhütten umstanden und die weite Bucht. Über dem Meer liegt wie ein Strich UTHOLMEN, die Insel mit dem Baum.

Im Hinterland bestimmen heute Höfe auf fruchtbarem Ackerland und Wälder den Charakter der Landschaft. Den Lauf der Idå kann man verfolgen; ab und zu trifft man auf alte Brücken mit Eisabweisern und für einen hohen Wasserstand gebaut. Blutweiderich leuchtet, Iris und doldige Schwanenblumen, und die steifen Rohrkolben sind hier zu finden. Birken und Eschen hängen über die Ufer. Noch schlägt die Feuchtigkeit früherer Zeiten durch: Entwässerungsgräben durchziehen die Landschaft, sie begleiten schmale Wege. Man sieht, daß sie immer wieder ausgehoben werden müssen, das braune Moorwasser steht am Grund. Über so einen Grabenweg kann man ULLVIAR ROJR erreichen. Der etwa 4 Meter hohe bronzezeitliche Grabhügel ist in der Mitte eingesunken. In seiner

Umgebung liegen noch andere *rösen* und Steinsetzungen. Farne und Weidenröschen wuchern um den Hügel. Im Frühjahr blühen Leberblümchen im Wald, im Herbst tragen Brombeeren reiche Früchte; Braun und Gelb mischt sich in das helle Grün der Farne, und wenn die Kapseln der Weidenröschen aufspringen, werden die Schatten fedrig leicht.

Noch etwas weiter im Land liegen AJMUNDS und FJÄLE MYR. Man weiß, daß der Dänenkönig Waldemar Atterdag auf seinem Gotlandfeldzug bei Fjäle mit Gotländern zu kämpfen hatte. Viele Geschichten und Sagen haben sich erhalten, und sein düsteres Erscheinen umspielen Legenden. Doch seine Gestalt, einst Feind und Eindringling, ist im Abstand der Jahrhunderte mit Gotland verwachsen. Meist sind um ein Körnchen tatsächlichen Geschehens die Sagen entstanden und gewachsen wie die Perle in der Muschel. Sie sind lebendig erhalten worden in Überlieferungen und Erinnerungen. Die Freude am Fabulieren hat manchen historischen Ereignissen das hinzugefügt, was Sagen von der Geschichte unterscheidet: einen bunten Schleiermantel voll Geheimnis, der Dingen und Gegebenheiten weiche Umrisse verleiht.

Der Sage nach waren es nicht politische Interessen, die Waldemar Atterdag zu seinem Gotlandzug bewogen hatten, Gold und Reichtum haben ihn angezogen. Hier knüpft die Erzählung von Nils dem Goldschmied an, der durch seine geschickten Hände zu Ansehen und Vermögen gekommen war, dem der Teufel aber auch die Hoffart in den Sinn gegeben hatte. Seine Tochter war eine Schönheit; sie kleidete sich in die kostbarsten Gewänder und wies alle Freier ab, die sich ihr näherten. Nicht genug damit, sie verspottete sie. Da waren die Bürger verärgert und gaben der Stolzen einen

Schimpfnamen, ›Kolpustarens dotter‹. Nils beschloß, sich zu rächen: Er reiste mit seiner Tochter nach Dänemark und suchte den König auf. Er erzählte, wie es zuging auf seiner Heimatinsel, daß dort unermeßliche Reichtümer lägen: Gold und Kleinodien und Schätze, nicht zu wiegen, nicht zu zählen. Den lockenden phantastischen Berichten konnte der König nicht widerstehen, und so begab er sich auf seinen Plünderungszug.

Von Nils Guldsmed wird nichts mehr berichtet. Geblieben ist ein Schmählied, dessen erste Strophe bewahrt ist:

> Nils Goldschmied fährt zum König und lügt,
> der abscheuliche Verräter und schlimme Dieb:
> die Gutar haben soviel Gold,
> sie können es nicht tragen,
> die Schweine fressen aus Silbertrögen,
> die Frauen spinnen auf goldenen Spindeln.

Verkleidet als Kaufmann, so berichtet die Sage weiter, näherte sich Waldemar vor seinem Heerzug der Tochter auf Unghanses Gård. Er wurde ihr Liebhaber und horchte sie über die Stärke der gutnischen Verteidigung aus. Tage danach landete seine Flotte, und der König zog mit seinem Heer von Västergarn nach Norden. Als er die Brücke bei Ajmunds überqueren wollte, gab ihm die alte Hexe, die seit eh und je dort hauste, die Macht des Sieges über das Bauernheer. Als Lohn verlangte sie die Hälfte der Schätze, die Waldemar sich aneignen wollte.

Sechshundert Gotländer fielen in zwei Schlachten an zwei aufeinanderfolgenden Tagen bei Fjäle. Keinen Kampf verlor der König; er nahm Visby ein, und zu allen Schätzen, die ihm die Kaufleute der Stadt in drei Tagen in drei große Bierfässer füllten, ließ er die beiden

leuchtenden Karfunkelsteine aus den Giebelrosetten von St. Nikolai brechen und seinem Raub zufügen. Doch er hatte noch nicht genug und ritt mit seinen Soldaten nach dem Süden der Insel zum Plündern. Da traf er Unghanses Tochter wieder auf ihres Vaters Hof, dem einzigen in weitem Umkreis, den seine Soldaten nicht plündern durften. Aber die Bauern bemerkten das und fanden die Ursache heraus. Nach Waldemars Abzug wurde Unghanses Tochter nach Visby geführt, sie gestand ihr Vergehen und wurde in den Turm eingemauert, der seitdem ›Jungfrauenturm‹ genannt wird.

Waldemar vergaß die alte Hexe unter Ajmundsbro, als es an das Teilen der Schätze ging. Sie aber rächte sich und ließ einen Sturm aufkommen, der das mit Gotlands Schätzen schwer beladene Schiff vor der Großen Karlsinsel bei Svarthällar in die Tiefe riß. Da liegt der Schatz noch heute. Die Fischer wissen es und die Seeleute, die auf den Inseln zu tun haben.

Im Fischereimuseum von KOVIKEN an der Westküste kann man sich einen Überblick verschaffen über alte Gebrauchsgegenstände und Einrichtungen und über die Wohnmöglichkeiten der Fischer, wenn sie zur Fangsaison von den Höfen kamen und in den Hütten am Strand wohnten. An langer Stange hängt ein Feuerkorb, einst Zeichen und Warnung für die Seefahrenden (Abb. S. 194). Granitblöcke bilden Landestellen am Strand, sie sind Wellenbrecher und Bootssteg zugleich. Die Fischerhütten sind aus Holz, rot, klein, dem Strandleben angepaßt. Man möchte eintreten

Die Kirche von Klinte

Fischerhafen von Klintehamn

dürfen, Zeit haben, durch die Fenster aufs Meer hinausschauen, der Brandung und dem Möwengeschrei zuhören und dem Klappern der Senksteine an den zum Trocknen aufgehängten Netzen.

Auf einer Landzunge, die in die Bucht von Klintehamn hineinragt, liegt VIVESHOLM, eine Verteidigungsanlage, die in den letzten Jahren des 14. Jahrhunderts von Herzog Erik als Stützpunkt für die Vitalienbrüder erbaut wurde. Doch schon nach wenigen Jahren schleifte der Deutsche Orden das Räubernest.

Im 18. Jahrhundert wurde Vivesholm durch eine Schanze für Kanonen zu einer Verteidigungsanlage für den Hafen von Klintehamn. Es liegt am flachen Ufer, so konnten die Wallgräben durch Kanäle mit Wasser gefüllt werden. Schafe weiden ringsum, Kuhherden sind unterwegs auf den Strandwiesen. In der Bucht hinter der Landzunge wachsen Strandastern zwischen den Binsen.

KLINTEHAMN ist heute ein moderner großer Hafen, neben Visby und Slite der wichtigste der Insel. Landeinwärts liegt die Kirche von KLINTE, und in deren Nähe erhebt sich Klinteberget, eine *fornborg,* die man hinaufwandern sollte, schon der Aussicht wegen. Über schmale Wege über Äcker erreicht man das Grabfeld von RANNARVE: Vier bronzezeitliche Schiffssetzungen liegen im Wald, *rösen* und andere Steinsetzungen sind zu sehen (siehe auch Seite 34).

Die Große Karlsinsel ist von Klintehamn aus gut mit einem Motorboot zu erreichen. Der Ausflug dorthin soll unsere Fahrt an Gotlands Westküste entlang nach Süden unterbrechen.

Die Karlsinseln

Die Große und die Kleine Karlsinsel vor der Südwestküste Gotlands stehen unter Naturschutz, können aber mit Führungen besucht werden. Bei Kennern und Liebhabern sind sie berühmt wegen der vielen Arten seltener Vögel, die jedes Jahr Klippen und Strände bevölkern. Auf der Großen Karlsinsel kann man sich in einem kleinen Museum über ihre Geschichte und ihre Vogelwelt informieren. Ein Rundgang mit kundiger Führung gibt einen Überblick; man kann sogar in die Nistwand der Lummen schauen.

Von Klintehamn starten die Motorboote, die nach 45 Minuten auf der großen Insel (56 m hoch) anlegen, die kleine (66 m) erreicht man von Djupvik in nur 20 Minuten. Das sind kurze Zeiten für den Seeweg zu Inseln, die in ihrer Strenge und Abgeschiedenheit wie eine fremde Welt auf den Besucher zukommen. Ohne den flachen Anlauf eines breiten Strandes scheinen sie schmucklos und grau, ohne Leben, als seien sie vergessenes Land aus den Zeiten der Teilung von Wasser und Erde. Wie aus Dunst und den ziehenden Nebeln entstanden, tauchen sie am Horizont auf, flach oben, mit steil abfallenden Seiten, Bühnen gleich, ohne Kulissen und ohne Farbe. Nähert man sich, nehmen sie Gestalt an; die Schatten in den steilen Uferfelsen beginnen zu spielen, und der tiefe Nachhall der Brandung wird in den Wänden hörbar. Nur im Norden und Süden der großen Insel weiten sich die Ufer unter den Felswänden zu breiten Stränden. NORDERHAMN ist heute Anlegeplatz für die Boote.

Beide Karlsinseln haben den gleichen geologischen Aufbau. Sie sind wie Gotland in Jahrtausenden aus dem Meer aufgestiegen. Weicheres Gestein wurde aus

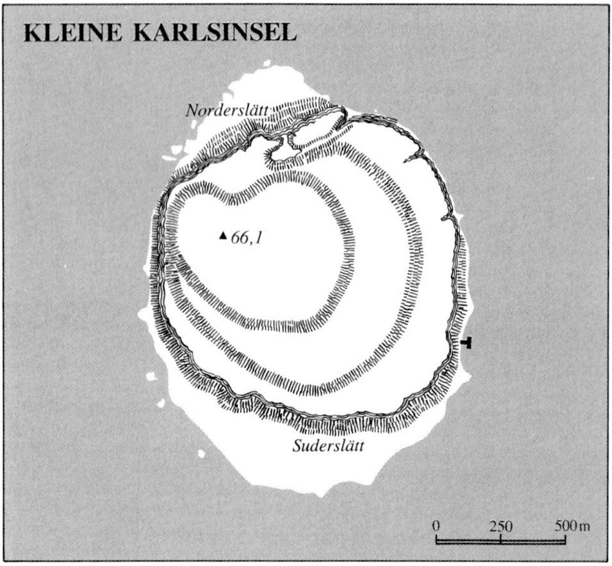
KLEINE KARLSINSEL
Norderslätt
▲66,1
Suderslätt
0
250
500 m

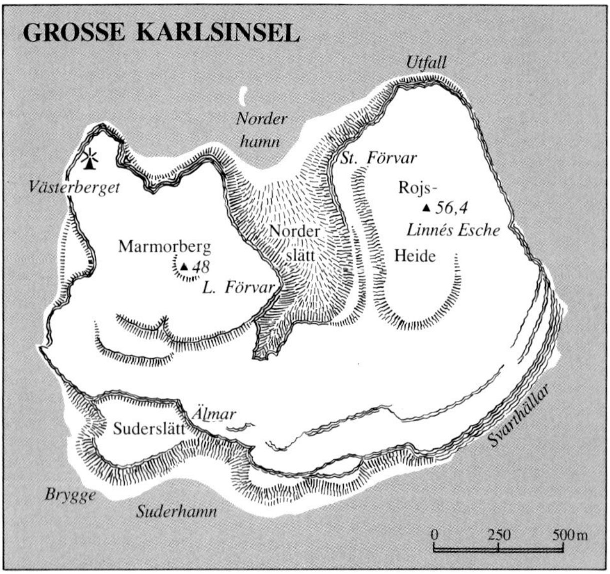
GROSSE KARLSINSEL
Utfall
Norder
hamn
St. Förvar
Västerberget
Rojs-
▲56,4
Linnés Esche
Norder
slätt
Heide
Marmorberg
▲48
L. Förvar
Älmar
Suderslätt
Svarthällar
Brygge
Suderhamn
0
250
500 m

den Sedimenten ausgeschwemmt, der harte Silurkalk widerstand. Wälle, die das Litorinameer aufgeworfen hat, deuten längst gehobene Strandlinien an. Im Laufe der Jahrtausende haben sich Höhlen in den Bergwänden gebildet, Rauks stehen inmitten der Unwirtlichkeit auf schmalen Uferstreifen, die den Fuß der mit Geröll überschütteten Klippen säumen. Man hört die sanfte Brandung und das Klappern der flach geschliffenen Kiesel, die von der Strömung bewegt werden. Die fast ebene Höhe beider Inseln ist eine dem Wind preisgegebene Heidelandschaft, karg, verlorener noch als Strand und Klippen.

Einsamkeit ist das Kleid der Inseln; und doch haben Menschen sie seit Jahrtausenden aufgesucht. Eine Höhle, wie viele andere vom Meer ausgewaschen und durch das Aufsteigen des Landes so hoch gehoben, daß kein Wellenschlag sie mehr erreicht, bot den Menschen auf der Großen Karlsinsel schon in der Steinzeit Schutz. Sie liegt in der Bergwand südwestlich von UTFALL, einer Felsnase, die steil über das schmale Ufer hinausragt, und verwahrte ein reichhaltiges Kulturlager der Steinzeit mit Beinharpunen, Fischhaken und Pfeilspitzen. Gejagt wurden Seehunde, Fische und Vögel.

Vielleicht hat man die Höhle zu irgendeiner Zeit STORA FÖRVAR genannt, weil Jäger und Fischer, die von Gotland kamen, hier ihre Gerätschaften verwahrten (*stor* = groß, *förvar* = Verwahrung). Auch andere Höhlen sind in Höhe dieser einstigen Küstenlinie zu finden: Lilla Förvar und Sjörövarens grotta, die Grotte des Seeräubers.

Steingrabhügel aus der Bronzezeit und eisenzeitliche Gräber liegen auf halber Höhe und auf dem oberen Inselplateau. Man hat Bronzegewichte aus der römischen Eisenzeit entdeckt und Gußformen für Dosenfibeln aus der Wikingerzeit. Es scheint auf den Inseln nicht nur gejagt und gefischt worden zu sein. Im Mittelalter landeten bei BRYGGE, im Südwesten der Stora Karlsö, wo von der Steilküste der Silurkalk in großen Platten bis zum Meer schiefert, Lastkähne, um das Gestein als Baumaterial nach Gotland zu bringen, vor allem nach Visby – die große Mauer und die vielen Kirchen wurden damals errichtet.

Für den Natur- und Vogelfreund ist die historische Vergangenheit der Inseln von untergeordneter Bedeutung. Hier, wo der Mensch nicht ständig gegenwärtig ist, sind die Vögel zu Hause: die Lummen und Alke, Möwen, Enten, Segler und Sänger, Taucher und Fänger. Geschaukelt von der Dünung, schwimmen sie in den Uferzonen, segeln vor den Steilwänden, jagen über den Wellen, brüten auf den Klippen und oben auf der Heide. Dort steigen trillernd Lerchen auf, durchziehen Tauben in schnellem Flug die Luft und wandern Stare behäbig pickend über das Heideland. Nichts scheint den Frieden zu stören – und doch: auch große Räuber leben hier. Silber- und Heringsmöwen holen sich ihre Beute aus Fels und Meer, und der Wanderfalke, der abseits in unzugänglichen Wänden horstet, sucht seine Nahrung: blitzschnell stößt er zu und greift sein Opfer. Er hat keinen Feind zu fürchten. Auch der Rabe nicht, der in den Felsbrüchen im Osten der großen Insel haust. Glänzend blauschwarz streicht er über die Klippränder, segelt in der Luftströmung gleich anderen gefiederten Inselbewohnern. Und doch hält er sich immer etwas abseits, als gehöre er zu den kurzen dämmrigen Wintertagen.

Den eigentlichen ›Vogelberg‹ bildet die fast senkrechte Westflanke der großen Insel, VÄSTERBERGET.

Tordalke

Hier wurden, wie in allen diesen Steilwänden, in Jahrtausenden Grotten ausgespült, Klippränder und Spalten vom Eis gesprengt, vom Wind und Regen gefeilt. Vor dieser Steilküste liegt ein schmaler Kalksteinsokkel, der bei ruhigem Wetter flach überspült wird. Von oben sieht man die wechselnd grünen Schatten und Lichter über die Felsplatten streifen. Scharf und steil bricht die Kante ohne Widerschein in die grüngläserne Tiefe ab.

Die schroffen Wände tragen die Nistplätze unzähliger Trottellummen, es ist die größte Population im

Trottellummen und Tordalke

Gebiet der Ostsee. Jahr für Jahr kehren sie auf den Felsen zurück, suchen denselben Klippenrand auf, der schon im vergangenen Jahr ihr Ei getragen hatte. Ohne Nistmaterial liegt das einzige Ei des Geleges zwischen den Steinen, oft in Gefahr, von dem schmalen Felsrand in die Tiefe zu rollen. Die Natur hat sich geholfen: Sie hat das Ei so geformt, daß es sich, einmal in Bewegung geraten, in einem engen Kreis um sich selbst dreht. Ende April, Anfang Mai werden die ersten Eier gelegt, 33 Tage brüten beide Eltern.

Sind die Jungen groß geworden, mit Kräften begabt, die sie am Leben erhalten können – etwa drei

Wochen nach dem Schlüpfen –, beginnt die Abwanderung in das Meer. Ab Ende Juni springen sie von den Klippen hinunter zu den lockenden Altvögeln. Dramatisch wird das Geschehen, wenn man weiß, daß die Jungen noch nicht fliegen können. Das dichte Federkleid und die ausgebreiteten Flügel mildern manchen unsanften Aufprall. Der Sprung in die Tiefe erfolgt ausschließlich in der Abenddämmerung – die Nächte sind zu dieser Jahreszeit sehr kurz –, bei Tag lauern die Raubmöwen. Die meisten Jungvögel landen auf dem Uferstreifen, nur ganz wenige überleben den Sprung nicht. Wieselschnell enteilen sie in das rettende Wasser und versuchen zusammen mit den Altvögeln einen guten Abstand zwischen sich und das Land zu legen, denn wenn der Morgen dämmert, werden die großen Möwen wieder aktiv. Wenige Tage nur verweilen die Alke auf den schaukelnden Wellen in der Nähe ihres Brutfelsens, bevor Alte und Junge schwimmend nach Süden ziehen.

Auch Seeschwalben, Eider- und Samtenten, Seetaucher und Watvögel haben ihre Nester an den Ufern, in den Spalten und auf Stufen. Silbermöwen stehen auf tangbewachsenen Klippen und übersprühten Felsen. Sie schweben im Wind, schwerelos, mühelos.

Bei SVARTHÄLLAR an der abgelegenen Steilküste im Südosten der Großen Karlsinsel bewegen sich – so scheint es – Rauks in phantastischen Gestalten zwischen niedergebrochenen Felsen und dunklen Höhlen. Man hört die Dünung zwischen den Klippen unten am Bergfuß schmatzen. Tordalke nisten hier, und Möwen legen ihre Eier in die Schrofen.

Über dem Südstrand – *suderslätt* – kreischen die Stimmen der Lachmöwen, die hier ihre Nester haben. Am Klappersteinstrand nisten Tordalke, Eider-, Samt-

und Trauerenten und die stelzenden Rotschenkel. Zwischen den Gehölzen hört man die kleinen Vögel der Insel, sieht man die Hasen über das Gras hoppeln. Im nordöstlichen Teil von Suderslätt hat eine Gruppe von uralten Ulmen die Zeiten überstanden. Hohe Kronen wachsen im Windschatten der Felswand; gespalten, verwittert liegen tote Stämme gleich grauen Gerippen zwischen geborstenen Felsen. Spechte zimmern ihre Höhlen in das Holz der Baumriesen; Waldtauben wohnen in verlassenen Nistplätzen anderer Vögel, und es heißt, man könne die blaugrün schimmernden Blauraken mit etwas Glück beobachten.

Es ist nicht immer ganz leicht, von den schmalen Ufern auf die Höhen der Inseln zu kommen, manchmal kann man die Trittwege der Schafe benutzen. Nur vom Nordhafen – *norderslätt* – der Großen Karlsinsel zieht sich ein Tälchen sanft hügelauf zum offenen Plateau der Heide. Hügelgräber der Vorgeschichte liegen am Weg. Ein windgedrücktes Tujenwäldchen scheint aus einer anderen Welt hierher verpflanzt zu sein. In den Zweigen zwitschert und ruft es.

Ganz eigen mutet die Heide an, die sich über das Plateau der Insel hinzieht. Kein Wald beschützt sie, das Fleckchen Land scheint zwischen alle Horizonte unter den Wind gelegt. Der Duft von Thymian und Minze begleitet jeden Schritt. Hier wachsen Sonnenröschen, Kerzenveronika und Steinbrech. Im frühen Jahr zaubern das leuchtende Gold des kurzstengeligen Adonisröschens, die blauvioletten Küchenschellen, die Pracht der Orchideen im zweifarbig bewegten Spiel von ›Adam und Eva‹ – gelb und purpur – zwischen Halmen und Blättern ein kleines Paradies. Die Stürme und das rauhe Klima in den Herbst- und Wintermonaten lassen nur gedeihen, was sich in den Windschatten zu ducken vermag, was an geschützten Stellen an Klippen und Hängen wächst und in der kalten Jahreszeit die ganze Lebenskraft zurücknimmt in die Wurzeln, die in der dunklen Erde ruhen, bis sie von der Sonne im neuen Jahr geweckt werden.

Beide Inseln wurden seit jeher von den gotländischen Bauern als Schafweiden genutzt. Vor etwa hundert Jahren hat man die Schafe von der Großen Karlsinsel entfernt; die Heide hat sich wieder erholt, und in geschützten Lagen wachsen kleine Wäldchen. Die kleine Insel wird noch immer beweidet. Ein Stamm der alten gotländischen Rasse konnte in dieser Abgeschiedenheit rein erhalten werden. Bock und Schaf tragen starke gebogene Hörner und haben eine besonders widerstandsfähige Wolle. Die Bauern kommen auf die Insel zum Scheren und Ausscheiden, was sie für ihren Bedarf brauchen. In den Wintermonaten wird Heu und Streu in die Höhlen gebracht, die den Tieren als Unterstand dienen.

1741 besuchte Carl von Linné die Große Karlsinsel und schrieb in sein Tagebuch:

»Die Schafe gingen alle Tage über dieses trockene Feld ... auf dem das Schafgras sehr mager wuchs ... Es war merkwürdig zu beobachten, wie die Natur mit den Schafen umgeht, denn trotzdem wurden sie hier feist. Unsere größte Kunst und die rechte Gelehrsamkeit ist es, die Gesetze der Natur zu erforschen und zu erkennen.«

Oben auf dem östlichen Höhenrücken, der höchsten Erhebung der Insel, wächst aus einer eingesunkenen Grabröse ein uralter Baum - LINNÉ'S ESCHE. Der schwedische Naturforscher beschrieb den Baum in seinem Tagebuch, es ist nicht viel dazugewachsen bis zum heutigen Tag:

»Hier oben lag ein Steinhügel von einem Klafter Höhe, worauf eine Esche von zwei Klaftern Höhe und gleicher Breite in der Krone wuchs. Dies war der einzige Baum auf dem hohen Feld der Karlsinsel. Man sah ihn weit, und die Seefahrenden konnten hiernach ihre Richtung einstellen.«

Vom Hochplateau beider Inseln sieht man die langgestreckte Küste Gotlands. Kommt die Sonne von Westen, leuchten die weißen Türme der Kirchen vor dem dunklen Hintergrund der Wälder. Auf den Wellen glitzern die Sonnensprenkel, als hätten sie ihren Glanz auch aus der Tiefe von den beiden Karfunkelsteinen, die der Sage nach mit dem Schiff des Dänenkönigs Waldemar Atterdag untergegangen sind. Hierzu schreibt Linné:

»Die Seeleute vertrieben sich die Zeit mit müßigem Geplauder über zwei große Karfunkelsteine, welche außen an der Clemenskirche (St. Nikolai) in Visby gewesen und hier gleich dem Schiff des dänischen Königs Waldemar IV. untergegangen sein sollen. Sie allein konnten glauben, daß man die Masten im stillen Wasser noch heute zu erkennen vermag und daß der Glanz der Karfunkelsteine gegen die Sonne aufleuchtet in den Augen der Seefahrenden.«

Bis in die jüngste Zeit haben Taucher die versunkene Last gesucht, keiner hat sie gefunden oder gar gehoben. Es heißt, die alte Hexe von Ajmundsbro würde auf dem Schiff sitzen und den Schatz bewachen. Doch nur das im Abendlicht glitzernde Meer, aus dem die Karlsinseln schroff aufsteigen, liegt wie flüssiges Silber über dem Grund.

Von Klintehamn nach Burgsvik

Wenige Kilometer südlich von Klintehamn liegt hinter einem gotländischen Stangenzaun gleich neben der Straße 140 auf einer leicht zum Meer hin abfallenden Pferdeweide das bronzezeitliche Steinschiff von GANNARVE (Farbt. 3). Hier sollte man auf jeden Fall haltmachen, sich ein wenig Zeit nehmen, in das Schiff einsteigen und die Maße auf sich wirken lassen. Das Meer ist nicht weit; die Kleine Karlsinsel auf dem Horizont erscheint je nach Tageszeit kaltgrau, blau, rostrot oder weiß.

Die Kirche von FRÖJEL mit *kastal* steht am Weg (Farbt. 9); am Eingang zum Friedhof ist ein Labyrinth zu sehen. Vom erhöhten Standort hat man das Meer vor sich, kann Nähe und Weite genießen. Ein kurzer Abstecher nach Osten führt zu den eisenzeitlichen Hausgründen von VALLHAGAR (siehe Seite 40).

Oberhalb von DJUPVIK FISKELÄGE liegt noch eine gut erhaltene bronzezeitliche Schiffssetzung auf ansteigendem Gelände über der Küste. Hinter den Fischerhütten trocknen Netze, und Boote haben im geschützten Hafen festgemacht. Manchmal tragen die Wellen draußen Schaumkämme; dann schmatzt und reibt es im Hafen, das Wasser steigt, hebt die Schiffe und läßt sie wieder sinken.

Von Djupvik kann man am Strand entlang nach Süden zum Naturreservat EKSTAKUSTEN wandern (Farbt. 20). Das Ufer ist zum Teil brüchig, kiesig, Föhrenwurzeln halten noch, was sie eigentlich nicht halten können. Das Gestein wird von Wasser und

Malerei am Kanzelaufgang der Kirche von Fröjel, Ende 16. Jahrhundert

SANCTE
...NCTVS MATHEVS EVANG
...NCTVS LVCAS EVAN
SANCTVS IOANNES EV...

Wind ausgespült und geblasen, bis jeglicher Halt fehlt. Graue Kalkplatten schiefern unterhalb der Strandwälle flach ins Meer. Die Legföhren sind nur samtig grün an den Enden der Zweige, die unter dem Wind über den Strand kriechen; die alten Stämme und Äste scheinen nicht dazuzugehören, bewegen sich wie graurote Schlangen im Schuppenkleid. Blüten zwischen dem Geröll, ockerfarbenes Schilf, rostroter Tang auf hellen Kiesstränden, blaues Meer unter blauem Himmel machen aus der rauhen Küste einen südlich-freundlichen Ort. Doch im Hintergrund spürt man den herben Norden. Zwischen bunten Graniten liegen schwarze Steine mit glitzerndem Glimmer am Strand. Wasser und Eis haben seit Jahrtausenden gehobelt. Möwen und Enten nutzen einzelne aus dem Ufergewässer ragende Felsen zu Ruheplätzen, bisweilen sitzen Jungvögel bei den Alten. Tang und Seegras schwebt in der kaum spürbaren Brandung hin und her, hellgrün, okker, sienarot, dazwischen krebsartiges Kleingetier.

Das Naturreservat läuft flach ins Meer hinaus. Die Oberfläche der seichten Wasserstellen im beweideten *strandäng* ist ganz ruhig, spiegelt Steine und Kühe und die Wolken, die darüberziehen. Früher wurden die Strandwiesen nicht nur als Weide genutzt, sondern auch gemäht. Hier ist es, als könnten sich Land und Meer nicht richtig trennen. Tang wird aufgeworfen, und Grasland unter Wasser gesetzt. Wacholdergestrüpp und Heide wachsen bis zum Rand der Brackwasserstellen. Ein Stückchen weiter im Süden schließt ein Vogelschutzgebiet an. Der weite Raum unter dem Himmel ist lebendig, man hört Vogelrufe, verstecktes heimliches Schwätzen, sieht langbeinige Water stelzen, Brachvögel, Säbelschnäbler. Man ist allein und doch wieder nicht.

Die schnurgeraden Wege, die den Küstenstrich mit dem Hinterland verbinden, sind in trockenen Zeiten staubig; sie werden begleitet von Entwässerungsgräben, die oft mit hohen Spierstauden und Schilf zugewachsen sind, und der Blutweiderich leuchtet immer wieder auf. Einzelne Höfe liegen zwischen Äckern. Lichte Föhren- und Wacholderbestände wechseln mit Kornfeldern. Hölzerne Mühlen stehen auf freien Flächen. Man kann sich unschwer vorstellen, daß vor der großen Entwässerung im 19. Jahrhundert das Land hier unwegsam und moorig war.

PETES GÅRD, ein Hof aus dem 19. Jahrhundert, liegt direkt am Meer. Der große Hofplatz mit Ziehbrunnen, an dem Ställe und Scheunen stehen, ist durch eine niedere Mauer vom Wohnbereich getrennt. Ein schöner Kräutergarten wächst und blüht hinter dem Wohnhaus. Man kann in das Haus gehen und sich in den Stuben umsehen. Hinter dem hölzernen Stangenzaun dehnt sich ein Acker fast bis zum Meer, so scheint es. Die Mühle steht frei im Wind, und das Meer ist überall zu schmecken.

Auf einem der schmalen Wege muß man die Küste wieder verlassen; die Kirche von HABLINGBO liegt nicht weit; man könnte noch einen Blick auf das Nordportal und ins Innere werfen (siehe auch Seite 108). Über die Kirche von NÄS kann man einen Abstecher auf die Halbinsel NÄSUDDEN machen, wenn man sich für das moderne Windkraftwerk interessiert. In 70 Meter Höhe drehen sich zwei riesige Windarme. Will man Näheres wissen, kann man sich an Ort und Stelle informieren. Der Wind wird auf der flachen Halbinsel zur Stromversorgung herangezogen, und schon in früheren Zeiten gab es hier zahlreiche Mühlen. Man sagt, daß es die windigste Gegend Schwedens sei. Die moderne Anlage scheint gar nicht so recht in die Umgebung zu passen. Wacholder wachsen auf der kargen Ebene; Stangenzäune und Steinwälle hegen Weiden für Schafe ein. Doch die Wegränder sind bunt, Buchweizen und Wegwarte und leuchtend gelber Wundklee blühen zwischen Steinen und schütterem Gras. In früheren Zeiten wurde hier Seehundjagd in großem Stil getrieben. Das Jagdrecht lag auf einigen Höfen, und die Jäger waren wie in einer ›Berufsorganisation‹ zusammengeschlossen.

Näsudden bildet das westliche Ufer der Burgsvik, einer Meeresbucht, die weit ins Land hineinreicht. BURGSVIK mit seinem Hafen ist der Hauptort der südlichen Insel. Hier war der Umschlagplatz für den Sandstein der Brüche bei Kättelvik. Er wurde vor allem zu Schleifsteinen verarbeitet, aber auch als Baumaterial auf das Festland gebracht.

Am Hafen steht noch eine Zeile ehemaliger Vorratshäuser. Die einzelnen Räume waren nur von außen zugänglich und dienten den Schiffsleuten zur Aufbewahrung ihrer Waren und Gebrauchsgegenstände. Heute sind sie zu einem Speiselokal umfunktioniert. Es gibt zu dem alten Gemäuer auch eine alte Geschichte:

»Ein Schiff strandete auf dem Wege von Hull an der Ostküste Gotlands. Man fand sechs Fäßchen gemünztes Gold als Schatz an der Küste. Ein siebtes Fäßchen wurde nie gefunden. Es ging das Gerücht, daß ein Gute es entdeckt und in einem Raum des Hauses versteckt haben soll; es tauchte nie wieder auf, hat aber dem Haus den Namen gegeben: Guldkaggen – Goldfäßchen.«

STORSUDRET – der große Süden – heißt das Land östlich der Burgsvik bis zur Südspitze von Hoburgen.

Die ALVRET, das karge, in den Sommermonaten oft heiße und ausgetrocknete Steppengebiet, hört und spürt man überall. Ihr Atem vermischt sich mit den Winden, die über das Meer kommen. Arm ist der Boden, der die Wacholdersteppe nährt, nur eine dünne Humusschicht bedeckt den Kalkstein. Im Frühjahr legt sich der Blütenschnee der Schlehen über die Hochfläche; Adonisröschen, Küchenschellen und Sonnenröschen blühen violett und gelb; Blumenlauch und Sprossennelken, Felsenbeifuß und Goldhaaraster stehen schmalblättrig auf der Heide. Im Herbst reifen die blauen Steinfrüchte der Schlehen, die starrastig, stachelig niedrig über den Boden kriechen und zusammen mit dem kleinwüchsigen Wacholder an manchen Stellen ein undurchdringliches Dickicht bilden. Der Wind, der über die Höhen bläst, hält alle Gewächse nieder; nur an manchen Stellen gedeihen in kleinen Mulden einige Laubgehölze. Dort leben die Kaninchen, die durch Schatten und über die steinigen Buckel hoppeln. Natterkopf hier und da, und auf sonnenbeschienenen Schafwechseln krabbeln stahlblaue Käfer. Steinschmätzer und Brachpieper leben hier, und die Meisen pfeifen hoch und kurz.

HUNDLAUSAR und die einsamen Küstengebiete westlich davon kann man durchstreifen; es gibt Wege, aber auch endlose Einsamkeiten. Einzelne Föhren überragen Wacholderdickichte; im Frühjahr blühen die Orchideen auf der Heide, und im Herbst leuchten weithin die roten Beeren der Ebereschen. Wandert man nach Westen, dem Meer zu, kann man unverse-

Bottarvegården aus dem 19. Jahrhundert

hens moorigen Grund unter den Füßen haben. Vom Meer her steigen graukiesige Strandwälle in Stufen hoch; Brombeeren und Einbeeren wachsen nebeneinander, niedrige borkige Birken bilden Dickichte. Im flachen Wasser zwischen KILLINGHOLM, einer Insel, die langsam mit dem Land verwächst, und dem waldigen Ufer leuchten Gotlands Farben: blau und grün, ocker, rost und silber.

Wenige Kilometer südlich von Burgsvik liegt BOTTARVEGÅRDEN, ein südgutnischer Bauernhof aus dem

19. Jahrhundert. Die Wohngebäude sind mit schweren Steinfliesen flach gedeckt; die Wirtschaftsgebäude haben das herkömmliche steile Ag-Dach. Der Hof ist nicht sehr alt, aber man konnte ihn auf seinem ursprünglichen Platz erhalten mit allen Möbeln und Gerätschaften, die man auf einem ganz auf sich gestellten Hof brauchte. In den Sommermonaten kann man sich Bottarvegården anschauen, und vielleicht sind im Laubgarten die Fiedler zu hören, oder man kann beim *varpkastning* – Steinewerfen – zusehen.

Wieder nur wenige Kilometer weiter nach Süden trifft man auf die Kirche von VAMLINGBO. Dieses Kirchspiel war im Mittelalter das größte und reichste im Süden. Unter der heutigen Kirche aus der Mitte des 13. Jahrhunderts hat man Reste eines Vorgängerbaus gefunden. Aus der Zeit dieser Vorkirche stammen die Sandsteinreliefs an der Südseite und der Taufstein (Abb. Seite 109). Die großartige Seelenwägung Kaiser Heinrichs II. sollte man sich anschauen (siehe auch Seite 130 f.). Um den Kirchhof läuft eine starke Mauer aus gehauenem Kalkstein. Den Haupteingang von der Straße her schmückt ein Treppengiebeltor. Der repräsentative Pfarrhof liegt gleich neben der Kirche, zwei Seitenflügel – Ökonomiegebäude – begleiten die baumbestandene Zufahrt zum Herrenhaus.

Bei KVARNE, westlich von Vamlingbo, ducken sich altersgraue Buden an den flachen Strand. Sie sind aus Bruchsteinen gemauert, jede umschließt zwei kleine Räume, einen für Gerätschaften und einen mit einer offenen Feuerstelle zum Aufenthalt. Die Bucht – GRUMPVIK – ist schilfig und flach, man sieht einzelne Steine über die Wasseroberfläche ragen, kleine Inselchen steigen hoch. Strandwälle ziehen sich die Küste entlang. Wacholder und lichte Nadelgehölze haben

Fuß gefaßt. Ein schmaler Weg führt weiter nach Süden, vorbei an den alten Sandsteinbrüchen der KÄTTELVIK. Einst waren die Bauern der Umgebung Eigentümer der kleinen Steinbrüche. Man sieht noch einzelne Krane, verrostete Gestänge; runde Schleifsteine liegen aufgereiht, zum Abtransport hergerichtet. Staub weht um die altertümlichen Krananlagen, in denen ab und zu noch gearbeitet wird. Vor zweihundert Jahren wurde hier Sandstein für das königliche Schloß in Stockholm gebrochen. Hinter dem flachen Uferstreifen steigt der HUSRYGG wallartig auf; oben dehnt sich die Alvret, es wachsen nur niedrige Wacholder und strohiges Gras. Im Mai strahlen die Sonnen des Adonisröschens über das Land. Die Küste ist unfruchtbar, aber es gibt Tage, an denen man sich nicht sattsehen kann an dem Farben- und Schattenspiel, das die Wolken über das Meer, den schmalen Sandstreifen vor den Klippen und über die Weite des Landes legen.

Husrygg ist Naturschutzgebiet. Auf ihren Zügen im Frühjahr und im Herbst rasten dort unzählige Vogelfamilien: Seeschwalben und Brandgänse, Säbelschnäbler und Brachvögel, auch Steinwälzer und Würger. Manche bleiben und finden ihre Zuflucht in den Klippen und Grotten von HOBURGEN, einem Felsmassiv, das an der Südspitze Gotlands liegt. Die unzugänglichen Wände fallen fast senkrecht zum Meer hin ab; tonnenschwere Brocken brechen aus und säumen den Fuß des Raukmassivs am Strand. Hier kann man sich vorstellen, wie sich unter den Herbst- und Winterstürmen die bleigrauen Wellenberge gegen den Strand werfen und ahnen, wie im Heulen und Brausen der Stürme das Land unter die Herrschaft der See gerät.

Draußen vor der Küste gibt es Riffe, die der Schifffahrt immer wieder zusetzen. Eines der berüchtigtsten ist BARSHAGEREV. Feuerzeichen säumten einst die Küste, heute sind es Bojen und automatische Leuchttürme. Die Lebensrettungsstationen haben wie in vergangenen Zeiten ihren Dienst bei Seenot zu verrichten. Und wenn sich auch keiner mehr im offenen Boot, von Brechern überschüttet, im oft eisigen Wasser rudernd bis zur Unfallstelle durchkämpfen muß: Der Dienst für die Rettung in Seenot geratener Menschen ist immer noch eine harte und gefährliche Aufgabe.

Noch zu Linnés Zeiten gab es an der Südküste keine Warnzeichen, obwohl hier immer wieder Schiffe im Sturm, in der Dunkelheit und von der Strömung irregeleitet wurden. Linné hat sich darüber gewundert, noch dazu, wo es doch ein leichtes wäre, einen »Feuerbock in einem Land einzurichten, das Teer und Seehundspeck im Überfluß hat«. Heute steht ein hoher Leuchtturm – Hoburgsfyr – oben auf der Heide; man kann sogar hinaufsteigen und hat eine prachtvolle Aussicht über das südliche Land und das weite Meer.

Hoburgen, das ist nicht nur das Bergmassiv, dessen Höhlen in Gotlands Frühzeit schon bewohnt waren; es ist auch das Reich des Alten von Hoburgen, des ersten Gotländers, der hier haust seit Urzeiten. Der mächtige Kopf des legendenumsponnenen Hoburgsgubbe wächst aus dem Bergrücken. Er ist so alt wie die Insel selbst und gehörte schon zu ihr, als weite Teile noch unter Wasser lagen. Erzählungen und Überlieferungen haben ihm Eigenschaften verliehen, die viel-

Folgende Doppelseite:
Der Weg nach Süden in Richtung Hoburgen

leicht ein Spiegelbild der Menschen im Süden der Insel sind. Nie wollte er der schlechteste sein, und die Ehre der Einladung zu einer Taufe hat er mit Glück und Reichtum vergolten.

Weithin sieht man den Turm der romanischen Kirche von SUNDRE, der südlichsten Landkirche der Insel. Dicht daneben steht ein rundgemauerter *kastal* aus dem 12. Jahrhundert, der als Verteidigungsturm gebaut worden war. Heute kann man über eine Holztreppe im Inneren hinaufsteigen; man sieht auch von diesem Standort weit über das Meer. Verteidigungstürme wurden vorwiegend an küstennahen Kirchen errichtet und hatten im Mittelalter wichtige Funktionen.

Hölzerne Mühlen, die wie Hütten auf kleinen Sokkeln stehen und ihre ungebrauchten Windarme rekken, Sandsteinbrüche an den Küsten, Wälder und die erntereichen Äcker um die Bauerngüter, auch sie gehören zur Landschaft von Storsudret. Kiebitze schaukeln in schwankendem Flug über Äcker und feuchtes Sumpfland.

An den Ufern des MUSKMYR in einer Senke im nördlichen Teil der Sundrealvret raschelt *ag* im Wind. Saures Gras bildet hohe Polster auf federndem Moorgrund. Hier gedeihen die rotvioletten Fackeln des Blutweiderich; dazwischen ausgetrocknete Tümpel, ganz flach, grau der gesprungene Kalkstein am Grund und das verdorrte Gras. Näher am Wasser hört man einzelne Vogelstimmen über dem trockenen Aneinanderreiben der Gräser. Der Duft der Thymiankissen

Kirche von Sundre, Ausschnitt der Südseite

weht auf, herb und aromatisch. Auf den Strandwiesen rund um das Sumpfgebiet blüht Gotlands *solvända* – das Sonnenröschen –, gedeihen Nelkengewächse, und die weißen Sternblüten der Graslilie wiegen sich vor den Schatten der Föhren und Wacholder. Das Muskmyr steht unter Naturschutz und hat Bedeutung als Brut- und Ruheplatz für Vögel.

Im Osten reichen die Ausläufer der Wacholdersteppe bis zur Küste, von grauen Strandwällen begrenzt, die in gerundeten Stufen, einer über dem anderen, leicht ansteigen. Vielleicht könnte man sie zählen, denn sie bildeten sich mit der Hebung der Insel.

Ein paar Schritte weiter sind Strand und Meer nur noch Farbe: weißer Sand und dunkelbrauner Tang am Wellensaum, blaßlila Meersenf über verrottenden Wasserpflanzen, fraisefarbener krauser Ampfer, thymianrote Polster, grün der Strandhafer, dunkel die Föhren der Landseite, tiefblau das Meer. Und darüber ein Himmel, der all dies erst zum Leuchten bringt.

In Sand und Kies geduckt, stehen die steingrauen Fischerbuden von HOLMS FISKELÄGE über dem Strand. Es war kein leichtes Leben, Fischer zu sein auf dem Meer. Ein Sprichwort besagt, daß ein halbes Brot auf dem Land besser sei als ein ganzes auf See. Wie oft mögen in den Fischerbuden Geschichten erzählt worden sein, wenn der Sturm draußen zwischen den Rauks heulte und das Feuer zuckende Schatten an die Wände warf. Spuk und Erscheinungen füllten die Erzählungen am Strand, Meerjungfrauen, Nöcke und wesenlose Schatten durchgeisterten und ängstigten die Phantasie. Sicher gingen sie lange Zeit von Mund zu Mund, bis man sie niedergeschrieben hat. Manche sind so phantastisch, daß man sie nicht mehr mit der Wirklichkeit in Einklang bringen kann; anderen liegt eine tatsächliche Begebenheit zugrunde – wie der Sage von HELIGHOLMEN, der kleinen Insel vor der Südostküste Gotlands:

»Es war einmal ein Priester in Vamlingbo, der war so fromm, daß er seine Handschuhe an den Sonnenstrahlen aufhängen konnte.

Eines Samstag abends, als er gerade seine Sonntagspredigt schrieb, fühlte er einen kalten Zug in seinem Zimmer, und als er von seiner Arbeit aufblickte, sah er eine weiße Gestalt in triefenden Kleidern. Er erschrak und wollte um Hilfe rufen, aber die weiße Gestalt sah ihn mit einem so bittenden Blick an, daß ihn das Mitleid packte und er das Gespenst fragte, ob es seiner Hilfe bedürfe. Da antwortete es mit klangloser Stimme:

›Mein Körper hat bekommen eine Engelform,
meine Seele freut sich bei Gott,
hole mich von Heligholm!‹

Und wie sie gekommen war, war die Gestalt wieder verschwunden.

Als die Sonne sich am Sonntagmorgen über das Meer erhob, saß der Priester schon mit einigen Fischern in einem Boot auf dem Weg nach Heligholmen. Man mußte nicht lange suchen und traf auf eine Leiche, die die Wogen auf den Strand geschleudert hatten. Ein Stück weiter draußen konnte man ein Schiffswrack erkennen, das auf der Seite lag und gegen die Sandriffe scheuerte.«

Wie die Sage entstanden ist, weiß man nicht genau. Manche Erzähler sind geneigt, sie mit einem Schiffsunglück in Zusammenhang zu bringen. Ein Protokoll der Küstenwache aus dem Jahre 1726 berichtet von dem Untergang des Schiffes ›Jomfru Anna‹ bei Heligholmen. Keiner der Besatzung hat überlebt, und das Schiff ist vom Meer in tausend Splitter zerschlagen worden. Später hat man zahlreiche Münzen aus der Zeit von 1648 bis 1715 gefunden.

Immer wieder sind silberne Geldstücke auf den Strand gespült und in den Uferhöhlen entdeckt worden. Erst 1975 wurde der Schatz in der Silbergrotte gefunden: Mehrere hundert kleine Spangen sind mit über tausend Münzen gehoben worden, heute kann man sie in Visby im Museum Gotlands Fornsal sehen.

Das Raukgebiet von HOLMHÄLLAR ist nicht weit von Holms fiskeläge. Von draußen ›stolpert‹ das Meer über die knapp unter der Oberfläche liegenden Riffe. Das grünliche Sedimentgestein ist durchsetzt von rosafarbenen silurischen Einschlüssen. Rundgeschleckt von unzähligen Wasserzungen in hunderten von Jahren, bildet es Wand und Boden tang- und grasbewachsener Tümpel; Fenster öffnen sich in rauhen Wänden; Throne stehen in Höhlen und Kammern, bilden Bühnen für Akteure; Tiere und Fabelwesen kriechen über Mauern, berühren sie oft nur an zwei, drei Stellen – bewegungsbereit. Welch eine Gesellschaft unter freundlichem Himmel in leichter Bewegung zwischen Sonne und Schatten! Doch mag die Phantasie einen Sprung machen und sich die Rauks vorstellen, wenn die Brandung zwischen die Felsgestalten donnert und Gischt die Szenerie übersprüht …

Über das Raukgebiet von HAMMARSHAGEHÄLLAR und die VÄNDBURGVIK mit Hafen und Badestrand erreicht man die Straße nach HAMRA. Kurz vorher, nicht weit vom Weg nach Nordwesten in Richtung Bottarve, trifft man auf die Reste eines mittelalterlichen Handelsbauernhofes: FREDARVE. Noch im 18. Jahrhundert soll das Gebäude vier Stockwerke hoch gewesen sein. Eine Brunnenfassung aus der Zeit liegt im hohen Gras.

Weit draußen zieht sich FALUDDEN, eine flache Steppenlandschaft mit ausgedehnten Schafweiden, nach Osten. Das reiche Vogelleben auf dieser Halbinsel kann man von einem Turm am nördlichen Strand gut beobachten.

An der Kirche von ÖJA sollte man anhalten und sich ein wenig Zeit nehmen. Den Friedhof umgibt eine Mauer, in die mehrere große Grabsteine eingesetzt sind; manche stammen noch aus dem Mittelalter, manche tragen Runeninschriften. Ein weitläufiger gotländischer Laubgarten – *löväng* – dehnt sich hinter dem Kirchhof. Im Triumphbogen der Kirche hängt das große Öja-Kruzifix mit Johannes und der berühmten trauernden Madonna (siehe auch Seite 126, Farbt. 7 und 13). Auch die Wandmalereien sind sehenswert: da reitet der Teufel das Weib; in voller Größe und Kraft steht ein Mann in seinem Lebensbaum, aber schon sägt am Stamm die magere Zeit. In den gotländischen Landkirchen werden in den Sommermonaten stimmungsvolle Musikandachten abgehalten, die zum Nachdenken anregen. Oft liegen kleine Programme auf; man kann die Zeiten auch im Touristenbüro erfragen.

Nicht weit von der Kirche an der anderen Straßenseite verfallen die Reste eines Kastals aus der Zeit um 1200. Man kann sie nicht mehr betreten, doch muß man von hier aus einen guten Blick nach Osten und Westen über das Meer gehabt haben, das Land zwischen der Burgsvik und dem Ostufer ist nicht breit.

Von Öja aus fährt man durch Acker- und Weideland, mit Buschwerk und Baumgruppen durchsetzt, zur Kirche von FIDE. Die Friedhofsmauer aus Bruchsteinen und Geröll umschließt einen noch wohlbewahrten Begräbnisplatz. Drei schmale Tore mit Dreipaß und Treppengiebel gewähren Einlaß, wenn auch das südliche Tor den Besucher heute unmittelbar in das Gestrüpp der Alvret entläßt. Das Triumphkreuz in der Kirche füllt den Chorbogen fast aus, als wäre es zu groß (Abb. Seite 127). Und ganz verwischt, fast vergessen, kann man an der rechten Wandfläche des Bogens das Chronogramm erkennen, das an den Heerzug des Dänenkönigs im Jahre 1361 erinnert. So ist die Geschichte auf der Ferieninsel immer wieder gegenwärtig (siehe auch Seite 184 f.).

Von Kattlunds nach Ljugarn

Auf dem Weg nach Norden wird die karge Alvret schon bald von fruchtbarem Bauernland, Äckern, Weiden und Wäldern abgelöst. KATTLUNDS, der mittelalterliche Handelsbauernhof, liegt am Rande der Heide. Das Land ist flach und das Meer nicht weit, steinerne Windmühlen stehen auf den Feldern. Auffallend ist das breit am Weg gelagerte Scheunen- und Stallgebäude mit der mächtigen Balkenlage und den an der Außenwand verkeilten und mit Steinplatten geschützten Deckenbalken. Das ursprüngliche steile Schilfgrasdach ist jetzt flach und mit Ziegeln gedeckt. Auch das Wohnhaus wurde mehrfach umgebaut. Heute ist der ganze Hof ein Museum; so konnte er erhalten und gut restauriert werden. Und doch ist die Vergangenheit hier mehr als anderswo gegenwärtig, und man kann sich gefangennehmen lassen von diesem alten Hof und seiner Geschichte. Betritt man das dunkle Vorhaus, den Steinboden der geschwärzten Küche mit der Feuerstelle und geht hinüber in den einstigen Wohnraum, dessen Außenmauern und Maße noch aus dem 13. Jahrhundert stammen, sieht man von unten die geschälten Stämme der wuchtigen Bäume, die das Dach tragen. Blickt man auf die Schießscharten in den dicken Quadermauern, kann man sich eines Fröstelns kaum erwehren. Die großen Höfe waren kleine Festungen – jeder für sich.

Kattlunds war einst *domaregården,* Hof des Richters. Dieses Richteramt war Jahrhunderte hindurch erblich. Der erste bekannte Besitzer war im 15. Jahrhundert Richter im Eketing.

Gemeinsam bestimmten die Bauern der großen Höfe Recht und Ordnung. Für das Zusammenleben gab es Richtlinien, an die sich jedermann halten mußte. Das Strafmaß für Vergehen unterschiedlichster Art war festgelegt. Gutalagen, das Gesetzbuch der Gotländer, ist im 13. Jahrhundert niedergeschrieben worden, die Gesetze galten aber schon wesentlich früher. Keiner durfte ein festes Messer tragen; wurde er entdeckt, war die Strafe am höchsten, wenn er das Messer mit in die Badestube genommen hatte. Weniger gravierend scheint das Messertragen in der Kirche gewesen zu sein oder auf Markt und Straße.

Genau geregelt war der Kauf eines Pferdes:

»Kaufst du ein Pferd, prüfe es drei Tage und führe es zurück mit Fehlern, wenn du welche findest. Drei Fehler kann ein Pferd haben: der erste ist, wenn es starblind ist, der zweite, wenn es beißt, der dritte, wenn es mit den Vorderbeinen schlägt. Wenn du es länger hast, nimmt es der Verkäufer nicht mehr zurück, auch wenn es Fehler hat.«

Ein Unfreier hatte eine Probezeit hinter sich zu bringen:

»Kaufst du jemandes Mann für den Hof, so prüfe ihn sechs Tage. Aber am siebten gilt der Wert oder führe ihn zurück, wenn du nicht zufrieden bist.«

Folgende Doppelseite:
Wirtschaftsgebäude von Kattlunds. Der Witterungsschutz für die Balkenköpfe erzeugt das originelle Schattenspiel

Für die Pflege der Kinder war drei Jahre lang gesorgt:

»Frauen sollen ihre Kinder behüten auf jedem Trinkgelage, sie sollen es in die Wiege legen und neben sich haben oder das Kind auf dem Knie halten ... So soll jede Frau ihr Kind drei Jahre lang pflegen ...«

Die Jagd auf Eichhörnchen spielte auf Gotland offensichtlich eine große Rolle – Fehhandschuhe waren gefragt:

»Der, welcher Eichhörnchen jagt vor Simons und Judas Messe und Maria Messe in der Fastenzeit, zahlt drei Mark.«

An der Kirche von GRÖTLINGBO sollte man nicht vorübergehen, ohne einen Blick hineinzuwerfen (siehe auch Abb. Seite 102, 112). Mit ihrem gedrungenen Turm wirkt sie schwer und behäbig inmitten der Felder. Sie stammt auch aus dem 13. Jahrhundert. In dieser Zeit gehörte das Kirchspiel zu den reichsten Gotlands. Im 18. Jahrhundert wurden die Kirchenbänke erneuert und reich bemalt. Es entbrannte ein langwieriger Streit um die besten Plätze, die jedem Hof oder den Familien zustanden, denn manche glaubten, sie wären es ihrem Ansehen schuldig, möglichst weit vorne zu sitzen. Vielleicht hat es auch hier, wie in anderen gotländischen Kirchen, das Ehrenamt des *kyrkstöt* gegeben. Dieses wurde einem Mann übertragen, der, »mit einem Mantel angetan und einem Stab versehen, sonntags während des Gottesdienstes zwischen den Reihen auf und ab zu gehen und schläfrige Gottesdienstbesucher mit einem Stoß – *stöt* – aufzuwecken hatte«.

Nach Osten zu, Richtung Grötlingboudd, führte ein Weg zum *prästäng* von Grötlingbo (gut ausgeschildert). Einst war dieser Laubhain, der zum Pfarrhof gehörte, 25 Hektar groß. Ein vom Fahrweg zugänglicher Teil wird seit etwa siebzig Jahren wieder gemäht

Luther und Melanchthon an der Kanzel der Kirche von Grötlingbo, 1548

und beweidet wie zu alten Zeiten. Längst verwildert sind die nicht mehr gepflegten Waldwiesen der Umgebung. Hier wuchert dichtes Unterholz, und Nadelbäume konnten hohe Stämme bilden. Die eisenzeitlichen Hausgründe, die alten Äcker zwischen Steinreihen sind noch zu erahnen (Farbt. 4). Man sagt, hier habe ein vorgeschichtliches Dorf gelegen. Dichtes Moos hat die großen runden Steine überwuchert. Es gedeihen wilde Apfelbäume, Kornelkirschen und Hagebutten, umstanden von hohen Birken, Eschen und Eichen. Reichlich wachsen Hasel im Laubhain, sie sind zurückgeschnitten und schmal gehalten. Will man den Spuren des verlassenen Dorfes nachgehen, sollte man im Frühjahr kommen, bevor Gräser und Kräuter alles überwachsen haben. Vielleicht wird dann auch im Laubhain gearbeitet, gerecht und trockenes Holz ausgeschnitten, und es steigt der Rauch in langen Schwaden auf, vernebelt Busch und Baum, und der herbbittere Geruch verbrannten Holzes, schwelender Blätter und Wiesenkräuter durchzieht das Land. Dann ist die Zeit, in der Buschwindröschen ihre Kelche öffnen und der Igel, der zu Gotlands Sommer gehört wie die köstlichen Tage unter seidenblauem Himmel, sein Winterquartier verläßt. Der schmalblättrige Klappertopf und das Ferkelkraut gaben in vergangenen Zeiten, als sich die Bauern bei ihren Tätigkeiten noch nach Pflanzen und Zeichen in der Natur gerichtet haben, Hinweise dafür, daß die Zeit zum Mähen gekommen war. Das Ferkelkraut blüht im Juli/August, die Samen in den trockenen Kapseln des Klappertopf sind im Juli reif.

Auf dem Weg nach Eke kommt man an PETSARVE vorbei, einem wohlbewahrten Hof aus dem frühen 19. Jahrhundert. Er ist mit Steinfliesen gedeckt; das mit Schilfgras überdachte Ökonomiegebäude steht im Hintergrund, etwas abseits von der Straße. Von hier aus sind die Kirchen von EKE, HAVDHEM und RONE leicht zu erreichen.

Die Straße von Eke nach RONEHAMN führt gerade durch Wald und Heideland bis zum Meer. In einer geschützten Bucht am flachen Strand liegen etwa dreißig altertümliche Bootsländen aus Granitfindlingen (Farbt. 5). DJUPKROK in Eke war zur Wikingerzeit ein Platz, von dem aus rege Handelsbeziehungen mit den baltischen Ländern im Osten bestanden. Heute ist der Ort idyllisch, still. Möwen kreischen, und an sonnigen Tagen gluckert das Wasser zwischen den Steinen der Molen. Ein paar Hütten liegen versteckt am Waldrand, Grasnelken wachsen am Ufer.

Hinter der Bucht spürt man die Heide, UGGARDE ROJR erhebt sich über das verlassene Ufer (siehe auch

Seite 29 und Farbt. 2). Nördlich von Ronehamn liegt HUS FISKELÄGE. Dort haben sich noch altertümliche Fischerbuden aus Stein erhalten. Manche sind mit Steinfliesen gedeckt. Sie werden heute wohl auch an Sommergäste vergeben; ein kleiner Hafen gehört dazu.

Und wieder eine Bucht, in der man wikingerzeitliche Aktivitäten nachgewiesen hat: BANDLUNDVIKEN. Sie kann über die Küstenstraße und eine Abzweigung zu den Häffinds Höfen erreicht werden. Der ehemalige innere Teil der Bucht ist heute ein Rückhaltebekken für die Landwirtschaft. Wenn man aufmerksam durch den Wald streift, kann man in der Nähe eines

Baches einzelne Blöcke mit Schleifrinnen entdecken. Archäologische Untersuchungen brachten noch mehr zutage: Es wurden Reste von wikingerzeitlichen Bauten gefunden, und man vermutet, daß sie als Bootshäuser für Wikingerschiffe gedient haben. Seit Menschengedenken hat man die Steinansammlung *snäckhus* genannt, Haus für Snäcken (= Wikingerschiffe). Unter anderem fand man auch eine Waage mit Gewichten. Man kann sich vorstellen, daß in der Bucht ein reges Leben mit Handel und Seefahrt geherrscht hat, wo man heute höchstens einem einsamen Wanderer oder Jäger begegnet.

Nicht allzu weit entfernt soll Stavers Gård gelegen haben. Es gibt eine Sage um Stavers Schatz, die, wenn man so will, in der Phantasie archäologische Funde und Erkenntnisse abrunden könnte.

Staver war ein reicher Fernhandelsbauer. Er und seine Leute wurden bei einem Wikingerüberfall auf dem Hof erschlagen. Den gesuchten Schatz fanden die Räuber jedoch nicht. Jahrhunderte später ging ein Bauer von einem Fest nach Hause, da holte ihn eine vornehme Kutsche ein. Der Kutscher hielt, und der Bauer wurde gebeten, einzusteigen. In schneller Fahrt ging es weiter. Als der Bauer merkte, daß der Wagen sich in die Wolken hob, bekam er es mit der Angst zu tun und bat, wieder aussteigen zu dürfen. Der Kutscher entsprach dem Wunsch und hielt bald darauf an der Stelle, auf der einst Stavers Hof gestanden hatte. Er gab sich als Staver zu erkennen, führte den Bauern zu dem versteckten Schatz und hieß ihn nehmen soviel er wollte. Der Bauer hielt alles für Teufelswerk und weigerte sich. Da steckte ihm Staver ein paar Silbermünzen zu und sagte, daß nun fünf Generationen vergehen müßten, bis der Schatz wiederentdeckt würde. Zu Hause fand der Bauer die Münzen in seiner Tasche und erschrak: er hatte tatsächlich den Schatz von Stavers Gård gesehen.

Erst im Jahre 1975 fand eine Schulklasse in einem von einem Kaninchen aufgewühlten Loch den Schatz: Er besteht aus Münzen, Silberschmuck und Hacksilber und ist heute in Gotlands Fornsal zu sehen.

In einem Wäldchen namens Stavgård auf dem Grund des Hofes Kärne hat man drei Hausgründe gefunden; einer ist mit 60 Metern Länge der größte auf Gotland. Die Untersuchungen ergaben, daß der Hof während der römischen Eisenzeit und der Völkerwanderungszeit bewohnt war.

Nach Nordosten bleibt das Küstenland flach, sanft und ohne Bruch taucht es ins Meer. Der Kutterhafen von NÄR kann einsam, wie vergessen wirken, wenn die Boote vom Fang zurückgekehrt, entladen, gescheuert und die Bootsleute heimgegangen sind.

Die Halbinsel NÄRSHOLMEN scheint eine einzige Kuhweide zu sein. Das Küstenland ist so flach, daß sich die weidenden Tiere im unbewegten Wasser spiegeln. Im Strandkies um den Leuchtturm kann man mannigfaltige silurische Versteinerungen finden. Doch die knorrigen windverbogenen Stämme der Wacholder etwas weiter im Land lassen ahnen, wie Herbst- und Winterstürme die Brandung über das Land des Sommerfriedens treiben, die alten Bäume übersprühen und ihre Stämme auslaugen.

Wenn man die unmittelbare Nachbarschaft der Küstenstriche verläßt, ist das Land fruchtbar. Fährt man von När nach Nordwesten, kommt man durch Wälder und Felder. Die Kirchen von NÄR und LAU liegen am Weg. Der Innenraum von Lau (Anf. 13. Jh.) ist von imponierender Weite, die Gewölbe werden von vier Säulen getragen. Auf dem sogenannten Kastalbakken liegt die Ruine eines ehemaligen Verteidigungsturmes. Im 13./14. Jahrhundert baute man ihn um, brach durch die 2 Meter dicke Mauer im Erdgeschoß eine Tür und nutzte ihn als Pfarrhof.

Nördlich von Lau findet man auf waldumstandenem Feld die *rösen* und Schiffssetzungen von GÅLRUM (siehe auch Seite 33). Auf der großen Straße 144 kann man die Kirchen von LYE, GARDE (eines der ältesten Gotteshäuser aus Stein auf der Insel) und ALSKOG erreichen.

Von Ljugarn nach Kyllaj

Als freundlicher Ort an der Küste mit einladenden Kaffeestuben, Pensionen und Privathäusern in gepflegten Gärten bietet sich LJUGARN dem Besucher dar. Schon Ende des vergangenen Jahrhunderts fanden die ersten Sommergäste hierher, und einige ihrer Häuser stehen noch heute.

Bereits im Mittelalter war Ljugarn ein Hafen- und Handelsplatz, die Endung *garn* deutet darauf hin. Kalk und Kalkstein, Holz, Teer und landwirtschaftliche Produkte wurden verschifft. Zwei Kalköfen aus dem 17. und 18. Jahrhundert arbeiteten hier, auch das Handelshaus Donner spielte eine große Rolle. 1828 erhielt Ljugarn das Recht, Waren für den täglichen Gebrauch zu verkaufen, das bis dahin nur Visby zustand; dies gab dem Ort weiteren Aufschwung.

Der *strandridaregården* – Strandreiterhof – wurde um 1730 von den Bauern der umliegenden Gemeinden errichtet. Das war ihre Pflicht, sie hatten den Hof auch zu unterhalten, eine Aufgabe, die nicht gerade populär war. Der Strandreiter hatte die Zoll- und Steueraufsicht wahrzunehmen. Auf Gotland betrieben bis zum Beginn des 19. Jahrhunderts alle größeren Häfen diese Einrichtung, um so das gesamte Küstengebiet zu kontrollieren. In Ljugarn steht der Strandreiterhof mit zwei kleinen Zollhäuschen als Seitenflügel direkt am Hafen und ist als Museum gut restauriert; dort kann man sich über den Einfallsreichtum der Schmuggler informieren.

Draußen vor der Küste liegen LAUS HOLMAR, flache Inseln, von denen früher die Bauern Heu holten und dann ihr Vieh zur Sommerweide hinaussegelten. Zwei dieser Inseln sind Schutzgebiete für Weißwangengänse, die hier rasten, bevor sie an die Eismeerküste zum Brüten weiterfliegen.

Einige Kilometer nordöstlich von Ljugarn ducken sich die grauen Steinbuden von VITVÄRS FISKELÄGE. Hierher kamen die Bauern aus dem Gebiet von Ardre und fischten im Herbst ihren Winterbedarf, salzten die Fische ein und brachten sie auf ihre Höfe.

Ein kurzer Weg nur, und die Rauks von FOLHAMMAR wachsen aus dem Meer. An manchen Stellen sieht es aus, als gäbe es Wannen aus weißem Marmor, glatt und ebenmäßig. Wenn die Schatten länger werden, scheinen die Felsgebilde ihre steinerne Unbeweglichkeit abzustreifen. Bis zu 6 Meter hoch ragen sie über den früheren Strandwällen auf. Am steinigen Ufer gedeiht die geschützte Stranddistel.

Ardre Ödekyrka – GUNFJAUNS KAPELL – liegt unweit auf einer Anhöhe an der Straße, die von Ljugarn nach Ardre führt. Sie ist verlassen seit dem Mittelalter, man hat sie nicht mehr gebraucht. Die dicken Quader der Mauern sind abgetragen, aber Reste des Maßwerks in den Fenstern haben sich glatt und fein geschliffen erhalten, als wären nicht schon Jahrhunderte darüber hinweggegangen.

Der Weg führt weiter nach Nordosten; an der Kirche von GAMMELGARN sollte man haltmachen und

Gammelgarn, Kapitellzone des Langhausportals, Westseite

sich das bemerkenswerte Portal, das Meister Fabulator zugeschrieben wird, anschauen. Unmittelbar neben der Kirche steht ein mächtiger Kastal aus dem 12. Jahrhundert (Farbt. 8). Mehr Festung als Kirche glaubt man vor sich zu haben, wenn man neben dem Chor steht und auf den mittelalterlichen Turm und die *stiglucka*, das Tor des Friedhofs, zurückschaut.

Weißsandig lädt die Bucht hinter GRYNGE FISKELÄGE zum Baden ein. Die altertümlichen Steinbuden scheinen geschützt durch den Landsockel, der sich wie

Ostseite

ein Kalksteinschild unter die Wellen schiebt. Man kann Riffe erkennen, die sich vom Ufer dicht unter der Wasseroberfläche, von dem Auf und Nieder der Dünung überspielt, weit hinausziehen und draußen zakkig und kantig wieder über den Wasserspiegel erheben. Reste von offenen Feuerstellen, die dazu dienten, die Fischer bei Dunkelheit sicher in den Hafen zu führen, sind noch zu sehen, Platz für die Aufhängung der Netze ist vorhanden, doch scheint die Fischerei nicht mehr ergiebig genug zu sein; um die alten Fischbuden zu erhalten, hat man sie im Sommer an Feriengäste vermietet. Feiner Sand säumt die Ufer, und das Wasser ist warm, wenn der Ostwind weht und die Sonne scheint. Föhren- und Wacholderwälder dehnen sich im Hinterland über dem Heide- und Sandboden – endlos, wie man glauben möchte.

ÖSTERGARNLAND liegt weit vorgeschoben an der Ostküste. Hier wechseln freundliche Buchten und Sandstrände mit steinigen Küstenabschnitten und lichtem Wacholder- und Nadelwald. Der Kutterhafen von HERRVIK hat Platz für viele Boote; er ist der größte Fischereihafen Gotlands. Seine Geschichte reicht zurück bis ins 8./9. Jahrhundert, die Häfen an den Ufern des Östergarnlandes hatten wichtige Funktionen im Handel mit dem Baltikum.

Allen Winden ausgesetzt liegt GRUGARNSHUVUD an der Küste (siehe auch Seite 49). Im Spätsommer trocknen die Moose über den hochanstehenden Felsplatten aus, werden dürr und rissig. Schafe gehen über die karge Weide, *utegångsfår;* sie verschmähen die Schwalbenwurz, die in Büscheln über dem trockenen Kalkboden steht. Ausgelaugt von Wind und Wetter, ducken sich niedrige geborstene Wacholder; graues Gehölz bedeckt die Fläche, doch hoch oben in den Lüften trillern an sonnigen Sommertagen die Lerchen.

Dunkelblau umgibt das Meer die Steilküste. Durch Stürme und Eis und die Gewalt der Wellen, die einst die Kalkwände umspülten, wurden Riesenblöcke abgespalten und bilden Schluchten und Türme. Heute liegt vor dieser Küste ein Streifen groben Schotters aus unendlichen Formen versteinerter Schnecken, Muscheln und Korallen.

Die Küsten Gotlands sind sich nie gleich: An manchen Stellen wächst der Wald bis zum Strand. Einzelne windzerzauste Wacholder, Astwerk und Schatten spiegeln sich im Wasser. Sonnengoldene Strände laden zum Baden und Müßigsein ein. Vor den senkrecht aufragenden Klippen überspielen sanfte Wellen schmale Sandstreifen.

Vom Grugarnsberg ist es ein Katzensprung nach der im Sommer gern besuchten Bucht von KATTHAMMARSVIK. Seit dem 17. Jahrhundert wurde hier Kalk gebrochen. Die Kalkbrennerei florierte im 18./19. Jahrhundert, und die Kalkpatrone waren oft zugleich Handelsherren, die den Verkauf und Export von Kalkstein und Kalk per Schiff über den Hafen von Katthammarsvik organisierten. Zwei Höfe von Kalkpatronen, Katthamra und Borgvik, kann man sich heute ansehen. Auf Borgvik residierte zur dänischen Zeit (bis 1645) auch der Hafenvogt des Östergarnlandes. Die noch vorhandenen Gebäude – Packhaus, Schmiede, Backstube und ein Blockhaus, das als Magazin gedient hat – geben einen Eindruck vom Hof eines Kalkpatrons im 18. Jahrhundert. Das Herrenhaus ist heute Pension und Restaurationsbetrieb. Auf zwei Seiten ist der Hof noch von Mauern umgeben, die Einlässe schmücken Treppengiebel. Am Hafen liegt die Ruine eines Kalkofens.

Etwas südlich, im Friedhof der Kirche von ÖSTERGARN, steht ein Gedenkstein mit dem deutschen Adler und den Namen der Überlebenden eines Seegefechts, das im Jahre 1915 zwischen einem deutschen Minenkreuzer und russischen Kriegsschiffen stattfand. Die Gefallenen der ›Albatross‹ hat man auf dem Friedhof von Östergarn beigesetzt.

Westlich von Katthammarsvik nehmen Weiden und Strandwiesen zu. Im Hinterland dehnen sich Wälder und Feuchtgebiete, unterbrochen von einzelnen Äk-

kern und Gehöften. TORSBURGEN ist nicht mehr weit und HERRGÅRDSKLINT (siehe Seite 47 f.). Bei den HAJDEBYHÖFEN findet man gut sichtbare Schleifrinnen auf gewachsenen Kalkfelsen. Im Hof gibt es auch Schaffelle *(lammskinn)*, Wolle und Wollprodukte zu kaufen.

Auf dem Weg nach Norden sind die Kirchen von KRÄKLINGBO und ANGA über die Straße 146 zu erreichen. Noch etwas weiter liegt an einer Abzweigung nach Südwesten die Kirche von NORRLANDA; sie hat besonders schöne Friedhofstore und eigenartige Masken im Innenraum. In Richtung Ganthem kann man auf etwa dem halben Weg eine Ruine finden: den mittelalterlichen Hof von BRINGES. Obwohl zu seiner Zeit nur Vorratshaus, muß das Gebäude einst wohlausgestattet gewesen sein: In beiden Stockwerken waren zwei Räume mit Kreuzgewölben von einem Korridor aus zugänglich, der Aufgang lag in der dicken Wand der Trennmauer. Arkaden schmückten einst das obere Geschoß; man kann noch Reste der Auflager und Bodenplatten des Arkadenganges erkennen, und die glatten Laibungen einiger Türen und Fenster lassen die vergangene Pracht ahnen. Wälder und Weiden liegen ringsum – ob es wohl im 14. Jahrhundert ähnlich ausgesehen haben mag? Die Geräusche haben sich sicher geändert: auf dem Platz des modernen Hofes nebenan fahren Traktoren und Erntemaschinen.

NORRLANDA FORNSTUGA sollte man sich nicht entgehen lassen, wenn man Interesse am Aussehen und an der Einrichtung gotländischer Holzhäuser aus dem 18. Jahrhundert hat; in dem kleinen Museum wird

Die Kirche von Anga

alles gezeigt, was auf einem Hof, der sich selbst zu versorgen hatte, gebraucht wurde. Da gibt es ein Wohnhaus mit Stallgebäude, eine Wassermühle, eine Schmiede und eine Strandhütte. Es wird auch die Herstellung von Teer beschrieben, der in Gotland in großen Mengen produziert, verbraucht und sogar exportiert wurde. Teer kann man immer noch riechen, nicht nur in Norrlanda, sondern auch im alten Visby und anderswo, überall wo Holz für den Hausbau, als Dachdeckung oder im Schiffsbau vorkommt.

Im Küstenland von Norrlanda wachsen dichte Föhrenwälder, Mischwälder reichen oft bis zur Küste; dazwischen trifft man auf Laubhaine, in denen Weißdorn, Haselbusch und wilde Apfelbäume gedeihen. Lange Wege führen durch Wälder; einsame Gehöfte, Felder liegen dazwischen, und am Strand wächst das Schilf aus dem Wald hinaus ins Meer. Altertümliche Bootsländen, aufgeschichtet aus Graniten und Kalksteinen bieten kleinen Schiffen Schutz. In den Wäldern flossen in früheren Tagen wasserreiche Bäche. Vor allem im Frühjahr und im Herbst trieben sie zahlreiche Mahl- und Sägemühlen. Das alles ist vorüber, und schon die Ruinen der alten Sägen sind halbvergessen. Gras wächst über die Schwellen, und auf dem Baumschlitten liegen dürre Blätter und Nadeln, liegt der Staub. Nur die Mühle von HAMMARS, nicht weit von der Mündung der Djupå, ist noch erhalten. Die Föhrenstämme in diesen Wäldern haben oft eine besonders schöne Zeichnung der Rinde: Sie sind geschuppt wie Reptile, und kratzend krabbeln auf Rindenwegen Ameisen in die Höhe, fallen lautlos wieder zurück.

Ruine des mittelalterlichen Hofes von Bringes

Nahe der Sandvik liegt das Grabfeld von TRULLHALSAR, über das bereits ausführlich berichtet wurde (siehe Seite 39).

Die Laubhaine von LISTA müssen jeden Pflanzenfreund erfreuen. Im Schatten von Eichen, Ulmen, Wildapfel, Hasel, Ebereschen und Eschen wachsen unzählige Orchideen, die weiße Waldlilie oder das Waldvögelein, das Kleine Knabenkraut und die Waldhyazinthe; es scheint, als würden Maiglöckchen den Waldboden überschwemmen, und Leberblümchen leuchten blau. Welche Pracht im Frühling! Im Spätsommer werden die Orchideenblätter überwachsen, die müden Doppelblätter der Maiglöckchen hängen am Stengel – aber Lista strandänget ist immer noch schön. Draußen am Strand steht Schilf im Sand, und das Meer glänzt silbern, träumt.

Der See von STORSUND liegt etwas weiter nördlich in diesem Gebiet, in einem Schilfgürtel, den die Jahre immer enger ziehen. An den Ufern gedeihen auch hier Gotlands Orchideen in großer Zahl, Knabenkraut und Fliegenorchidee und die Mücken-Händelwurz. Schilfinseln scheinen in dem flachgrundigen See zu schwimmen und bieten Verstecke und verborgene Wege für unzählige Vögel. Das Geschnatter der Graugänse hört man im Sommer; Seeschwalben flattern und schießen pfeilschnell durch die Luft. Haubentaucher und Enten führen ihre Jungen ohne Eile durch die Schilfgassen; Wasserrallen und Sumpfhühner bauen ihre Nester im Dickicht. Storsund steht unter Naturschutz, doch kann man einen Beobachtungsturm besteigen und den Vögeln zusehen, ohne sie zu stören.

Die Kirche von GOTHEM liegt am Weg, wenn wir weiter nach Norden fahren, um LINAMYR und das Flußgebiet der GOTHEMSÅ zu erreichen. Der hohe

Turm der Kirche und die Ruine des *kastal* fallen sofort auf. Im Turm hängt eine Glocke aus dem 14. Jahrhundert, die für ihren schönen Klang bekannt ist. Ein lateinischer Text am Glockenhals berichtet, daß diese Glocke zu Ehren des heiligen Bischofs Nikolaus im Jahre des Herrn 1374 gegossen worden ist.

Nadelwald umgibt Gothem, seine Höfe und Felder, doch die Wege sind auch hier eingerahmt von einer endlos scheinenden bunten Blumenrabatte. Die Gothemså ist einer der einst zahlreichen Flüsse Gotlands, die große Bedeutung für den Fischfang hatten. Tief ist das Bett, das sich der Fluß in Jahrhunderten gegraben hat, doch nur ein Bach ist übriggeblieben, der nach alten Berichten »tief und reißend war und durch wildes Waldgebiet brauste«. Mit starken Wurzeln hängen ausgewachsene Kiefern in der Uferböschung nahe der Mündung; der Sand wird herausgewaschen, bis die Bäume stürzen oder noch tiefer in den Boden greifen.

Uralte Siedlungsgebiete liegen am Lauf der Gothemså, die das Linamyr durchfließt, früher eines der größten und vogelreichsten Moorgebiete der Insel, das fast ganz trockengelegt wurde. In den sumpfigen Niederungen, die noch geblieben sind, leben Bekassinen, Schnepfen, Kampfläufer und Brachvogel. Rebhühner schwirren über die Felder, und in Scharen baden die Sperlinge im Staub der Wege und hüpfen unbeschwert umher.

Linamyr wurde im 17./18. Jahrhundert entwässert und ist heute fruchtbares, landwirtschaftlich genutztes Land. Die dazugehörigen Höfe liegen breit und behäbig unter hohen Baumkronen: Scheune und Stall rot, aus Holz oder von unten zur Hälfte gemauert, getrennt vom Wohnhaus. Im Sommer blühen in den Gärten

Flieder, Goldregen, Jasmin und Rosen, alle zur gleichen Zeit. Fasane leben im Dickicht zwischen Wald und Wiesen, ihr metallener Ruf ist weithin zu hören. Am späten Nachmittag, in der beginnenden Dämmerung kommen sie hervor, langschwänzig und schlank.

Dann wird es still. Nebelschwaden ziehen über die schwarzen Äcker, mit bleichen Zungen lecken sie über die Wege und in den Wald hinein. Am hellen Himmel leuchtet der Mond, bizarr greifen die schwarzen Äste der Kiefern in Dunst und Licht. Manch Unwirkliches wird lebendig. Es kommen die Gestalten der Sagen hervor, die Schatten ruheloser Seelen steigen in das Zwielicht, und Trolle treiben Unfug mit Leuten, die ihren Weg kreuzen. Die Meerfrau und der Nöck, Bysen und Nissen, all die Hüter der Gewässer und Wälder irrlichtern um Höfe und Fischerhütten. Thor und Odin sind wieder unterwegs, kommen in zuckenden Blitzen mit zwei schwarzen Pferden – und verschwinden wieder; erscheinen und zerrinnen.

BARA ÖDEKYRKA – die Kirchenruine von Bara – ist nicht weit. Die Sage berichtet, daß die Kirche von Bara (13.Jh.) seit jeher von den Trollen des nahegelegenen Baraberges umlagert gewesen und schließlich auch zerstört worden wäre. Baraberg war in heidnischer Zeit Opferplatz.

Licht und Schatten liegen nahe beieinander auf dieser Insel; hier blüht und gedeiht, was gesät und gepflegt wird, dort treten Rätsel der Vergangenheit offen zutage. Wesen zwischen den Welten haben noch eine Heimstatt. Man kann sie sehen, bemerken – oder auch nicht.

Turm der Kirchenruine von Bara, Ausschnitt

Tjelvar, der sagenhafte erste Bewohner, der das Licht nach Gotland gebracht hat, soll in den einsamen-Wäldern westlich von Vitviken seine letzte Ruhestätte gefunden haben. Man sagt so. Dort liegt die Schiffssetzung TJELVARS GRAV aus der jüngeren Bronzezeit.

Ein kleiner Hof, der bis in die fünfziger Jahre bewirtschaftet war, steht nahe am Strand der Tjäldervik bei VIKE. Die Ökonomiegebäude aus dem 18. Jahrhundert sind aus Holz und tragen ein steiles Schilfdach; das Wohnhaus aus Stein mit Bretterdach stammt aus dem 19. Jahrhundert. Es ist alles vorhanden, was auf einem autarken Hof gebraucht wurde: Stall und Scheune, eine Dreschanlage, die von Pferden getrieben wurde, eine Schmiede, ein Garten für Hopfen und Kräuter. Vike gård ist umzäunt von einem hohen Stangenzaun, der unwillkommene Gäste fernhalten konnte – eine wohlverwahrte kleine Welt. Und draußen am Strand stehen die Fischerhütten.

Die Straße 147 führt nach SLITE, das schon zur Wikingerzeit wichtigster Hafen an der Ostküste Gotlands war. Heute hat es eine leistungsfähige Kalk- und Zementindustrie. Bevor man in den Ort kommt, öffnet sich linker Hand die BOGEVIK, an deren Ufern man auch einen Hafen aus der Wikingerzeit fand. Hier wurden Silberschätze und der sogenannte *Pilgårdsstein* gefunden, der von gotländischen Wikingern berichtet, die auf dem Dnjepr zum Schwarzen Meer gesegelt sind. Er wird in Gotlands Fornsal verwahrt.

SJU STRÖMMAR – Sieben Ströme – heißt ein Kanalsystem, das heute von der Brücke nach Slite überquert wird. Über seine Entstehung berichtet die Überlieferung, daß einst ein Großbauer auf dem Weg zum Thingplatz im Vorbeireiten beobachtete, wie durch die einzige Verbindung zwischen dem offenen Meer und der Bogevik unzählige Fische in die Bucht schwammen. Er rief Leute zusammen, die ihm halfen, Rinnen durch den Strandwall zu graben, der die Bogevik von der Ostsee trennte. Sieben Durchlässe entstanden auf diese Weise im Laufe der Zeit. Das Heben und Senken des Meeres drängte das Wasser in die Bucht hinein und sog es wieder heraus. Zahlreiche Fische strebten vor allem zur Laichzeit in das ruhige Gewässer und verhießen den Fischern reichen Fang. Rotaugen, Hechte, Barsche, Lachse, Renken, Aale und vor allem Karpfen füllten die Netze. An dem Ertrag waren anfangs nur die Großbauern beteiligt, später ging ein Teil des Fischrechtes an die Krone über, und dem Landshövding, dem Verwalter der Krone auf Gotland, stand ein Fünftel des Fanges zu.

Längst schon sind die sieben Durchlässe überbaut, und eine breite Straße führt über den Landstreifen nach Slite. Aber der Name ist geblieben, und die sieben Kanäle sind noch zu sehen.

Auf der Westseite der Bogevik gab es im 17. Jahrhundert fünf Mühlen an der Anerå, die in die Bogevik mündet. Sie wurden im Herbst, Winter und Frühjahr genutzt. Heute steht noch eine; sie ist vor etwa hundert Jahren gebaut worden und hat ein Wasserrad mit 6 Metern Durchmesser. Man hat einen Teich angelegt, um die Wasserzufuhr zu sichern. Zweimal im Jahr wird hier noch gemahlen, und wenn die Mühle in Gang ist, vibriert das ganze Haus.

Westlich von Boge dehnt sich ein weites ödes Gebiet, durchsetzt mit feuchten Gründen, Mooren und Heideland, das von großem botanischen Interesse ist. Man kann sich leicht verirren; es gibt nicht viele Wege, von Hejnum kommt man wohl am besten zurecht. Ein Eibengehölz wächst in diesem Gebiet, und auf der Mergelheide blüht Anfang Juni der Frauenschuh. HEJNUMHÄLLAR ist ein Kalkhügel, 74 Meter über dem Meer, von dem man eine weite Aussicht über das verlassene Land hat. In der Vorzeit soll an der Ostseite dieser Felsen ein Hafen gewesen sein, in dem, der Sage nach, Olaf der Heilige mit seinen Schiffen angelegt hat, um seinen Freund Ormika von Hejnum zu besuchen.

An der Straße nach Tingstäde liegen auf offenem Weidegelände die eisenzeitlichen Hausfundamente von RINGS. Man hat sie untersucht und festgestellt, daß sie durch Brand vernichtet und nie mehr aufgebaut worden sind. Schafe rufen aus dem nahen Wald, eine Lerche singt, das Leben geht weiter. Nur 150 Meter weiter nördlich liegt heute der bewirtschaftete Hof inmitten von Weide- und Ackerland.

Man kann kleine Wege nach Nordosten nutzen, um zur VÄGUMEVIK zu gelangen. Die Kirche von OTHEM ist nicht weit; deren Kalkmalereien zeigen besonders schöne Lebensbäume (siehe auch Seite 135). Am östlichen Ufer der Bucht liegt BARLÄST, einst ein wichtiger Ort für Kalkbrennerei und ein guter Verschiffungshafen. Hier wurde der erste Kalkofen schon im 17. Jahrhundert errichtet, und man brannte Kalk bis zum Beginn unseres Jahrhunderts. Es ist heute kaum mehr vorstellbar, mit welchem Aufwand, Lärm und Staub die Arbeiten vor sich gegangen sind. Mit Pferde- und Ochsenkarren mußte der Kalkstein angeliefert werden. Es waren drei Kalköfen in Betrieb, wovon einer, erst Ende letzten Jahrhunderts gebaut, von oben beschickt werden konnte. Dazu brauchte man eine hölzerne Rampe für Wagen, die den Kalk hinaufschafften. Die Energie dazu kam von zwei in einem Rad von 6 Metern Durchmesser laufenden Menschen. Man

Kalkofen von Barläst

löschte den gebrannten Kalk mit Wasser in den am Hafen stehenden Hallen, füllte ihn in Tonnen und nahm ihn bis zum Abtransport auf Lager. Verkauft und verschifft wurde auch ungelöschter Kalk.

Der Brennvorgang verbrauchte viel Holz, erst in späterer Zeit wurden die Öfen auch mit Kohle beschickt. Der Naturforscher Linné hat sich vor 250 Jahren mit der Arbeit an Kalköfen beschäftigt und dabei festgestellt, daß beim Löschen des Kalks in den gemauerten Lagerhallen am Strand die Luft im Haus mehr mit

»... umherfliegenden Kalkpartikeln gesättigt war als eine Mühle mit Mehl. Der Kalk legt sich bei den Arbeitern auf die Lippen, die davon einen Ausschlag bekommen und die

Haut verlieren ... Der ganze Platz lag voll Holz. Es gibt reichlich Wälder, doch wachsen sie locker und ungleich, so daß, wenn die Kalkbrenner über den Wald frei disponieren dürfen, Gotland auch hier einmal kahlgeschlagen sein wird, denn zu jedem Brennvorgang, der zweimal 24 Stunden dauert, braucht man 20 Klafter Holz.«

Die Hafenmole zieht sich 40 Meter weit ins Meer hinaus; außerhalb des Hafens liegen die Steine auf Grund, die die Schiffe als ›Barlast‹ mitbrachten und über Bord warfen, bevor sie im Hafen Kalk luden. Daher könnte der Name Barläst stammen. Einst gab es hier auch eine Werft; am Ufer steht eine lange schmale Holzlade: Reste einer Vorrichtung, in der man Bootsplanken mit Hilfe von Dampf biegen konnte.

Heute spürt man nichts mehr von der einstigen Geschäftigkeit. Schmale grüne Wacholder lassen die Kargheit am Ufer fast unmerklich das Aussehen eines Gartens am Wasser annehmen. Über dem Meer segeln die Möwen. Hier kann man ausruhen, baden und nichts tun. Drüben über der Bucht liegt Slite; dort wird der Kalkstein in unseren Tagen verarbeitet – aber das ist weit weg.

Will man sich den kleinen Bade- und Ferienort KYLLAJ an der auslaufenden Vallevik anschauen, muß man (als Ausländer) Straßenhinweise beachten: er liegt schon im Sperrgebiet. Aber auch der Küstenabschnitt, den man besuchen darf, lohnt den Abstecher. An sonnigen Tagen sind auf den Höhen über Kyllaj bei den trollgestaltigen Rauks Licht und Farben unbeschreiblich. Im Sommer blüht der Flieder; Steinbrech und Sonnenröschen gedeihen auf den Steinwällen, den vergangenen Küstenrändern, darüber flammt blau Gotlands *blåeld* – der Natterkopf. Legföhren kriechen über

Der Strandreiterhof von Kyllaj

den Schotter: um den Hauptstamm die benadelten Zweige dicht am Boden, an den Spitzen reichlich Zapfen.

Auf einem Kalkhügel über dem Ort steht einer der alten Strandreiterhöfe, heute ein Museum. Seine idyllische Lage unterhalb der Steinriesen der Rauks ließ das Haus in den Hügel einwachsen. Der Erbauer war wegen seiner Verdienste als Soldat im 18. Jahrhundert mit den Aufgaben eines Strandreiters betraut worden, später erwarb er großen Reichtum mit der Kalkbrennerei. Da genügte ihm sein altes Haus nicht mehr, und er ließ das neue Gehöft errichten.

Im 18./19. Jahrhundert ging es in diesem heute so stillen, nur im Sommer von Feriengästen bevölkerten Küstenland recht lebendig zu. Das Kalkbrennen entwickelte sich zu einer Industrie mit allen damals gebotenen Möglichkeiten und Einrichtungen. Überall auf den Höhen, in den kleinen Ortschaften bis zum Fårösund, kann man die Ruinen alter Kalköfen finden. Schon im Mittelalter befaßte man sich mit dem Brennen von Kalk; damals brauchte man Material für den Bau der Landkirchen. Bis zur Mitte des 17. Jahrhunderts waren die Steinbrüche im Besitz einzelner Bauern. Das unbearbeitete Gestein wurde verladen und zu den Handelsplätzen der Ostsee verschifft. Mit dem Bau großer Kalköfen Anfang des 17. Jahrhunderts legte man den Grundstein zu einer Industrie. Bürger von Visby übernahmen die Anlagen von den Bauern. Sie verlegten auch ihren Wohnsitz in die Abbaugebiete und wurden ›Kalkpatrone‹.

Entlang der Grenze eines zum Sperrgebiet gehörenden Waldes kann man zum FARDUMETRÄSK und nach Valleviken gelangen. Der drittgrößte See Gotlands liegt eingebettet zwischen Wäldern und Äckern. Schilf und Röhricht dehnen sich immer weiter aus und wachsen in die offene Wasserfläche hinein; die größte Tiefe beträgt nur eineinhalb Meter. Rotaugen, Hechte und Barsche leben dort, Graugans, Zwergtaucher und Rohrdommel kann man rufen hören, kleinere Scharen von Kranichen kehren ein, und die Rohrweihe baut ihr Nest im Röhricht. Aus der Mitte des flachen Sees wächst die Insel Storholmen. Es ist eines der wenigen

Hochmoore auf Gotland. Dort gedeihen so seltene Gewächse wie die Alpenbinse und der rundblättrige Sonnentau. Eine melancholische Einsamkeit liegt über dem Land, die alles zu umhüllen scheint; und doch gab es auch hier in vergangenen Zeiten Aktivitäten und Geschäftigkeit, man kann es sich kaum vorstellen. Kleine Steinbrüche, ein mittelalterliches Haus aus dem 13. Jahrhundert, ›Sören Norbys källare‹, stehen am Weg, ein Verteidigungsturm aus früherer Zeit weist auf die Nähe der Küste hin, und schließlich kann man auf ansteigendem Gelände die Reste von Fardume gård finden, einst Hof eines Fernhandelsbauern.

Von Visby nach Lärbro

Folgt man von Visby aus der Straße 148 nach Nordosten, trifft man – mit einigen Abzweigungen – auf mehrere mittelalterliche Höfe und erreicht die Kirchen von Bro, Tingstäde und Lärbro, Orte mit reicher Geschichte.

STORA HÄSTNÄS aus dem 13. Jahrhundert liegt gleich nordöstlich von Visby (Farbt. 19). Spitzbogige Arkaden unter der Traufe und Treppengiebel an den Schmalseiten schmücken den am besten erhaltenen mittelalterlichen Profanbau auf dem Land. Die Nähe der reichen städtischen Architektur von Visby ist zu spüren. Das Bauwerk diente als Wohnhaus und als Speicher. Der obere tonnengewölbte Raum war wahrscheinlich Vorratslager; man konnte die Waren mit Hilfe eines Aufzugs durch die große Fensteröffnung hereinnehmen. Die schmale Treppe im Inneren der Außenwand bot Schutz gegen ungebetene Gäste: hölzerne Stufen ließen sich im Notfall entfernen.

Südöstlich von Fole steht in VATLINGS ein steilgiebeliges Haus aus der Mitte des 13. Jahrhunderts, an dem man die Entwicklung eines mittelalterlichen Hofes gut ablesen kann. Der niedrige Anbau an der Rückseite ist neueren Datums, doch ursprünglich stand hier der älteste erdgeschossige Teil; dieser wurde dann erweitert und über dem Anbau ein Stockwerk aufgesetzt, die ›gute Stube‹, die mit einem stattlichen Kamin ausgerüstet ist. Darüber befindet sich der Speicher, in den Vorräte und Handelswaren mit Hilfe eines Hebebaumes hochgezogen werden konnten. Der Treppenlauf in der Wand ist, wie üblich, steil und eng; wahrscheinlich gab es noch einen Zugang von außen in das Wohngeschoß. Das Portal an der Giebelseite und die Bogenfenster geben dem Haus, das ein wenig verloren im Garten von Vatlings gård steht, Stil und erinnern an seine große Zeit, als es noch gebraucht wurde.

Auch in BRO sollte man ein wenig verweilen. Die Kirche liegt direkt am Weg und ist eine der sehenswertesten auf der Insel. Anfang des 13. Jahrhunderts wurde hier schon ein Vorgängerbau errichtet; von diesem stammen die mit Reliefs geschmückten Rundbogensteine, die an der Langhaus-Südfassade ohne Ordnung wieder eingemauert wurden. Auch der Turm gehört noch zu dem früheren Bauwerk. An seiner Westseite sieht man eine Baumwurzel ›herauswachsen‹, die mit dem zugehörigen Stamm als Maueranker gedient hat und sicher noch dient. Bro ist und war Opferkirche, Wallfahrtsziel seit Jahrhunderten. Es heißt, daß sie bei einer Opferquelle errichtet wurde – und es gibt noch eine Quelle etwa 200 Meter südlich der Kirche. Ein Schleifstein liegt daneben. Alles ist von Gräsern überwuchert. In Kirche und Friedhofsmauer sind Bildsteine eingesetzt, die am Ort gefunden wurden und

Wohn- und Speicherhaus des mittelalterlichen Hofes von Vatlings

als Baumaterial willkommen waren. Ein schönes Portal mit Treppengiebel führte sicher einst zum mittelalterlichen Pfarrhof.

Wenige Kilometer südwestlich von Bro liegt ein ausgedehntes Grabfeld, der große bronzezeitliche Steinhügel ›Bro stenkalm‹ ist von der Straße aus zu sehen; etwa 200 Meter nördlich davon stehen an einem kleinen Weg zwei aufgerichtete Steine, die im Volksmund ›Bro ojkar‹ heißen und von denen die Sage berichtet, daß hier einst zwei Ochsen zu Stein wurden, weil ihr Bauer sich nicht an sein Opfergelöbnis für die Kirche von Bro gehalten hat.

Nördlich der Kirche auf weitem Getreidefeld ragen zwei Bildsteine auf; sie stehen am ursprünglichen Platz. Die Reliefs der Vorderseite sind verwittert und verschwunden; es heißt, daß hier zwei in Wut geratene alte Weiber sich gegenseitig zu Stein verwünscht hätten und prompt auch zu Stein erstarrt seien. Menschliche Unzulänglichkeiten werden hier offenbar, machen Jahrtausende greifbar. Im Umkreis von Bro wurde seit unendlich langen Zeiten gewirkt, geopfert, gebetet und gehofft.

Über die Kirche von LOKRUME kommt man zu LAUKS GÅRD. Das Grab des Landesrichters Gervid Lauk, einst oberster Richter am höchsten Gericht in Roma, ist im Kirchhof von Lokrume zu sehen; seine Grabplatte von 1380 liegt im Chor der Kirche; dort steht an der Nordwand ein schön geschnitztes Gestühl aus dem späten 13. Jahrhundert. Um den *kastal* pfeifen im Sommer die Mauersegler, es riecht nach Wald und Feld und einem Hauch von Buchs.

Von Lauks mittelalterlichem Hof stehen noch ein Vorratshaus, das wohl wichtigste Gebäude auf einem großen Fernhandelshof, und die Fundamente des Hofkreuzes. P. A. Säve berichtet, daß sich das Hofvolk jeden Morgen am Kreuz versammelte, betete, die Sünden bekannte und sich so Kraft und Weisung für den kommenden Tag holte. Häuser aus dem 18. Jahrhundert und die Gebäude des modernen Hofes gruppieren sich locker zwischen Baumgruppen, Wiesen und Äckern.

Die Einfahrt zum Hof von RIDDARE bei Hejnum schmückt ein hohes Treppengiebeltor, das von einem reich verzierten Ringkreuz bekrönt wird. Ein Ziehbrunnen mitten auf dem Hofplatz und ein hoher Stangenzaun nach alter Art halten vergangene Zeiten

Mittelalterliche Hofeinfahrt von Riddare bei Hejnum

Folgende Doppelseite:
Mittelalterliche Einfahrt zum ehemaligen Pfarrhof von Tingstäde

wach, denn auch hier werden Äcker und Felder längst mit modernen Maschinen bearbeitet.

Nur wenige Kilometer führen an das schilfumstandene TINGSTÄDETRÄSK. Auf seinem Grund ruhen die Reste von BULVERKET, der mittelalterlichen Verteidigungsanlage (siehe Seite 49 f.). Die Gehäuse weißer dünnschaliger Schnecken kann man am Südufer finden und einzelne Versteinerungen.

Der hohe Galerieturm der Kirche von TINGSTÄDE ist weithin zu sehen. Zwei Reihen uralter Fliederbüsche, deren Duft zur Blütezeit betörend ist, säumen den Weg zum Portal. Im erweiterten Friedhof steht ein mittelalterliches Treppengiebeltor; in vergangenen Tagen war es Eingang zum Pfarrhof, der längst vom Friedhof überbaut ist. Reste sind in dem kleinen Tor zwischen Kirch- und einstigem Pfarrhof verwendet worden. Die Reliefs mit den Aposteln Petrus und Paulus werden in das 14. Jahrhundert datiert.

Tingstäde war im Mittelalter Asylkirche, in die sich ein vom Thing Verurteilter flüchten konnte. Gelang die Flucht, so hatte der Pfarrherr die Verpflichtung, sich um den Hilfesuchenden zu kümmern.

Eine seltsame Geschichte, die Sage, Tradition und wissenschaftliche Untersuchung in sich vereinigt, spielt in den Kirchspielen Lärbro und Tingstäde. Nordöstlich der Kirche liegt ein frühgeschichtliches Grabfeld, ›Backhagen‹, das im Jahre 1920, als Schienen für die Eisenbahn verlegt werden sollten, ausgegraben und wissenschaftlich untersucht wurde. Mit einem dieser Gräber, einer großen *röse,* hatte es eine besondere Bewandtnis: Eine alte Legende berichtet von einem mächtigen Gutsherrn, der auf dem Hof Taksten im Kirchspiel Lärbro residierte. Keiner durfte gegen ihn aufmucken, er war grimmig und unleidlich. Als er schließlich starb, fand er wegen seiner Bosheit keine Ruhe im Grab. Er stand wieder auf, und keine Beschwörung konnte ihn im Grab halten. Schließlich wußte man sich keinen anderen Rat, als die Leiche über die Grenze des Kirchspiels zu schaffen. Und so nahm man ihn aus der Erde, brachte ihn nach Tingstäde und grub ihn auf einem Höhenzug wieder ein. Um ganz sicher zu gehen, deckte man ihn mit einem Bärenfell zu und bannte ihn mit Trollzauber, der ihn ein Jahr für jedes Haar des Fells im Grab halten sollte. Schließlich baute man darüber einen großen Steinhügel.

Als die Archäologen das Grab öffneten, war die Spannung groß. Würde man etwas finden, was darauf hinwies, daß hier der schreckliche alte Häuptling ruhte? Die Hoffnungen wurden nicht enttäuscht. Man traf bald auf eine große Deckplatte, unter der in feinem Sand ein Menschenskelett gebettet war. Der Tote war mit voller Ausrüstung begraben worden, denn außer einem Krug aus Holz mit Bronzebeschlag lagen an seiner Seite Schwert, Messer und Riemenbeschläge. Die Grabbeigaben und die ganze Anlage sprachen dafür, daß es sich bei dem Toten um einen vornehmen Mann gehandelt haben mußte. Aber noch merkwürdiger waren die Funde von Bärenklauen. Man fand sieben Stück. Einige lagen oberhalb des Kopfes und einige unterhalb des einen Fußes. Es gab keinen Zweifel: Man hatte ein Bärenfell über den Toten gebreitet, so wie es die Sage überliefert hatte. Durch die archäologische Untersuchung wurde eine noch lebendige Tradition bekräftigt, denn Bärenfelle kommen so selten in Gräbern auf Gotland vor, daß es kein Zufall sein konnte, gerade hier in diesem Grab eines angetroffen zu haben.

Ob es sich wirklich um den bösen Taksteinar handelte, der seine Grabesruhe beim Eisenbahnbau verlor, wird man wohl nie erfahren. Aber die Sage wird sowohl in Tingstäde als auch in Lärbro weiterleben, wo sich die Erzählung mittlerweile auf den dort begrabenen Nils Taksten konzentriert hatte, dessen Grabstein mit dem Todesjahr 1274 noch in der Kirche zu finden ist.

Nordöstlich der Kirche von Tingstäde steigt ein flacher Hügel über das Ufer des Sees, fremd und abweisend öffnen sich die schon wieder überwachsenen Verteidigungsanlagen aus der Zeit um den Ersten Weltkrieg. Pläne und Umbauten dazu stammten wohl schon aus dem 18./19. Jahrhundert, als Russen das östliche Gotland überfielen und besetzten. Noch gibt es massive Bunkerbauten und breite Gräben, verrostet sind die Eisenteile, und die Panzertüren hängen offen in den Angeln.

Bald nach dem See von Tingstäde kann man am rechten Straßenrand die *halvvägsek* finden – eine bejahrte Eiche, die seit uralten Zeiten den halben Weg zwischen Visby und Farösund bezeichnet. Heute ist die Entfernung mit dem Auto schnell zurückgelegt und die Eiche nur ein Baum von vielen.

Immer wieder begegnet man an Straßenrändern und Kreuzungen alten Meilensteinen, die die Entfernung von oder nach Visby anzeigen, die ersten aus dem Jahre 1689. Ende des 18. Jahrhunderts wurden Gotlands Wegeverbindungen verbessert, und man versuchte, die Straßen sicherer zu machen. Das klingt so einfach; alten Berichten zufolge war das jedoch eine Aktion, die alle Kräfte erforderte. Die Bauern mußten

Die Kirche von Lärbro

Drache in der Kirche von Lärbro

den schweren Dienst leisten und sich mit Brechstangen, Äxten und Sägen durch die Wälder arbeiten. P. A. Säve berichtet, daß der Landvermesser geladene Pistolen bei sich tragen und der Landshövding mit bewaffnetem Gefolge reisen mußte. Aus dieser Zeit stammen die meisten Meilensteine; etwa 276 stehen heute noch an den Straßen, »... gemessen mit der Schnur, so daß alle Meilen (ca. 10688 m) gleich lang werden, und bei der Meile sollen besondere Steine und Kennzeichen aufgestellt werden, dem reisenden Mann zum Nutzen« (schwedisches Wegegesetz von 1649).

Der gut erhaltene mittelalterliche *kastal* aus dem 12. Jahrhundert am Rande des Friedhofes ist älter als die Kirche von LÄRBRO, er war Verteidigungsanlage und diente dem Schutz der Menschen auf den verstreuten Höfen. Auffallend ist der oktogonale Kirchturm, der um 1350 errichtet wurde. Der zweischiffige Kircheninnenraum gehört zu den schönsten auf Gotland. An der Nordwand zieht ein schwungvoll gemalter Drache den Blick auf sich, sein Kopf tritt plastisch aus der Wand und trägt eine Gewölbekonsole.

Will man noch einen Abstecher in die Frühzeit Gotlands machen, so kann man die Ausgrabungen von DOMARLUNDEN, östlich von Lärbro, aufsuchen. Schiffssetzungen ganz unterschiedlicher Art sind hier zu sehen: aus Granitblöcken gebaut die einen, andere erhalten ihre Form durch aufgestellte Kalkplatten. Untersuchungen datieren sie in die jüngere Bronzezeit. Eine große *röse* von 3 Metern Höhe und kleinere runde Hügel liegen auf dem westlichen Teil des Ausgrabungsgebietes. Funde gaben Hinweise auf eine Datierung dieses Grabfeldes in die römische Eisenzeit. Die LAJKARHAJD dehnt sich um die alten Grabstätten. Auf dem flachen Feld soll Olof der Heilige gegen die Nordguten gekämpft haben, um dem Christentum Eingang auf der Insel zu verschaffen.

Nicht weit von Domarlunden liegen die Felsplatten von HÄGVIDE mit bronzezeitlichen Ritzzeichnungen von Schiffen, Fußsohlen, Äxten und einer Vielzahl von runden Vertiefungen.

Lebensbaum in der Kirche von Othem

Die Ufer im nordöstlichen Gotland sind geprägt von Klintküsten, Sand- und Kiesstränden, unterbrochen von Mündungsgebieten und feuchtem Schwemmland kleinerer Flüsse, die oftmals Moore im Inneren des Landes entwässern. Helle Sandstrände verlocken zum Baden; SNÄCKGÄRDSBADEN nördlich von Visby ist Ferienzentrum mit großen Hotels.

Schon ein paar Kilometer weiter ist man wieder allein auf den langgezogenen Stränden. Die hohen Klippen treten zurück und lassen Raum für einen breiten Strand mit Kalksteinwällen, niederen Föhren und ein paar Wiesen. Hier wachsen die schlichten Blumen Gotlands: der gelbe Wiesenbocksbart und Wiesenalant mit dem orangefarbenen Auge im hellgelben Blütenblätterkranz, Mohn und Margerite, Kornblume, Skabiose, Glockenblume und Natterkopf. In weichen Wellen bewegt sich das Perlgras unter dem Wind. Das goldene Licht des späten Sommers leuchtet zurück aus den ausgeblühten strohigen Blütenkörben der Grind-Flockenblume. An manchen Stellen ist das Wollgras zu finden, dessen weiße Haarbüschel zwischen den Binsen leuchten. Früher hat man die ›Wiesen- oder Graswolle‹ in Matratzen und Kissen gestopft; daher hat das Wollgras auch einen Beinamen: *fattigmans örngott,* das Kopfkissen des armen Mannes.

Bei SKANSUDDE treten Quellen aus den Felsen und versumpfen die Ufer. Das flache, schilfbestandene Strandmoor darf zur Brutzeit der Seevögel nicht betreten werden.

SJÄLSÖ FISKELÄGE hatte in vergangenen Tagen große Bedeutung vor allem für den Seehundfang. Die einstige Meeresbucht – Kronviken – ist zugewachsen;

ein breiter Schilfgürtel umgibt den See. Im Sommer ist die Verbindung zum Meer nur noch ein schmales Rinnsal.

Der Strand nach Norden zu wird steinig. Man kann allein sein und die kleinen Töne des sonnenwarmen Ufers hören: knisternd aufspringende Samenkapseln, das Summen der Bienen und Hummeln, Rauschen in den Kiefern, Piepen und Zirpen und das ewige Atemholen des Meeres.

Die Grotten von LUMMELUNDA zählen zu den besonderen Sehenswürdigkeiten Gotlands. Sie wurden vor Jahrmillionen gebildet durch Quellen und ein ganzes System unterirdischer Bäche, die das Martebomyr, ein früheres Moorgebiet weiter im Inneren der Insel, entwässerten. Erst im Jahre 1954 fand man einen Zugang zu den Höhlen und entdeckte unzählige Fossilien im Silurkalk. 24 Meter fällt das Flüßchen Lummelundaå nach seinem Austritt aus den Kalkklippen bis zum Meer. Mönche betrieben hier schon im Mittelalter Wassermühlen und legten Fischteiche für Barsche, Forellen und Karpfen an. Eines der letzten Mühlenräder, das größte Skandinaviens, kann in Lummelunda bestaunt werden.

Weitläufig ist der verwilderte Park, der sich vom Herrenhaus bis hinunter zum Meer erstreckt. Im Halbschatten von hohen Laubbäumen, Ulmen, Eschen und Ahorn rieseln immer noch Bäche, dämmern Fischteiche, und man kann vielleicht noch die Reste eines Hochofens, der einst zum Schmelzen von Eisenerz gedient hat, oder den Standort eines Schmiedehammers entdecken. Im 17./18. Jahrhundert herrschte an diesem Ort rege Tätigkeit; die Wasserkraft machte es möglich: Papier wurde hergestellt, ein Sägewerk und ein Eisenhammer betrieben. Nahe an der Mündung haben die Baumriesen starke Wurzeln. Das Wasser glitzert im Halbdunkel und fließt rasch ab ins Meer. Draußen, schon in Sonne und blauem Wind, nisten Schwäne am Ufer.

Über die Straße 149 sind ohne Schwierigkeiten die Kirchen von LUMMELUNDA, MARTEBO und STENKYRKA zu erreichen. In Lummelunda wurde im 13. Jahrhundert der Durchgang vom Langhaus zum Turm erweitert und der neue Bogen mit reicher ornamentaler Malerei versehen. Darunter steht ein Taufstein in Kelchform aus etwa der gleichen Zeit.

Die Kirche von Martebo ist besonders sehenswert wegen ihres reichen Figurenschmuckes in den Kapitellzonen der drei gotischen Portale (siehe Abb. Seite 113, 122). Neben dem Haupteingang an der Südseite steht die Steinskulptur des Heiligen Dionysos, des Patrons der Kirche, in einer Mauernische.

Der Gutasaga nach gab es in Stenkyrka die erste Kirche im nördlichen Dreithing. Lickair der Kluge »baute die erste Kirche auf seinem Hof, auf dem Platz, der nun Stenkyrka genannt wird« (siehe auch Seite 85). Im Jahre 1255 wurde der jetzige Bau geweiht, der schöne Galerieturm stammt aus etwas späterer Zeit. Der ausgewogene Innenraum nimmt den Besucher gefangen, die reichen mittelalterlichen Malereien tun ein übriges. Auf dem Friedhof liegt die älteste datierbare Grabplatte Gotlands vom Jahre 1200. Eine schöne Friedhofspforte steht an einem Seitenweg.

Die Kirche von Stenkyrka, Westfassade

Innenraum der Kirche von Stenkyrka

Auf kleinen Stichstraßen kann man wieder zur Küste gelangen. Hohe Strandwälle liegen vor den im Wald versteckten Kalksteinwänden, Wacholder wächst darüber. Schafe weiden im Wald, man kann ihnen überall begegnen.

Die Wälder im Norden Gotlands sind karg, und an den Küsten wachsen die Föhren nicht mehr in die Höhe, sie kriechen mit dem ›Rücken‹ zum Wind über den Boden. Der Nadelwald zieht sich über Kalkklippen und vereinzelte Feuchtgebiete, die in den Sommermonaten austrocknen, einsam sind und still. Biegsame Perlgräser schaukeln zwischen ausgeblichenem grauen Geäst und abgebrochenen Strünken, die von den Bäumen im Sturz hochgerissen wurden, wilde Waldrosen streuen Licht in die einsamen Wälder.

Im Sommer ist der Boden ausgedörrt; die dünne Humusschicht wird zwischen der Sonnenstrahlung und der aufgespeicherten Wärme darunterliegender Kalkfelsen und Gerölle wie von zwei Seiten geröstet. Die von der Trockenheit auseinandergerissenen, braun gewordenen Moose und Flechten knistern und brechen, wenn man darauftritt; nach einem Regen schwellen sie wieder zu grünen Polstern, sehen verwandelt aus, als wären es andere Pflanzen.

Bis zum Strand wachsen Kiefern mit reichem grünen Unterbewuchs, rostrot liegt angeschwemmter Tang vor bizarren Felsen und grünen Mergelbänken. An regnerischen Tagen hört man es unter den Steinen rieseln, ganz leise fallen Tropfen aus Gräsern und blanken Wurzeln. Draußen schwimmen Seevögel, Enten mit Jungen, schwätzen in hellen Tönen und tiefem

Taufe in der Kirche von Stenkyrka, Meister Majestatis

kurzem ›Gebrumm‹; auf einzelnen Graniten stehen Möwen, putzen sich, schnarren mit nach oben gerecktem Hals.

Die Bucht von LICKERSHAMN liegt nördlich von diesem Strandabschnitt. Über der Steilküste erhebt sich ›die Jungfrau‹ – *jungfrun* – Gotlands größter Rauk; er erreicht eine Höhe von 26 Metern über dem Meer. Der schmale Strand ist übersät mit zerschellten Felsstücken, die immer wieder Versteinerungen freigeben; man kann besonders schöne Knopfkorallen finden.

Der Name ›Jungfrau‹ für diesen Rauk ist so alt wie die Sage, die in Gotlands große Zeit zurückgreift:

»In Lickershamn wohnte zu der Zeit, als das Christentum auf der Insel Fuß faßte, ein angesehener Mann mit Namen Lickair der Kluge. Er war vermögend und einflußreich. Sein größter Schatz jedoch war seine wunderschöne Tochter.

Eines Tages, als er von einem Heerzug gegen einen mächtigen Häuptling zurückkam, führte er dessen jungen Sohn als Sklaven mit sich. Der junge Mann wurde hart behandelt und wohnte bei den Knechten. Dennoch trug er sein Haupt hoch, und man sah, daß er nicht zum Dienen geboren war.

Öllegard, des Lickair Tochter, sah ihn, sprach ihn, und die beiden verliebten sich ineinander. Das blieb auch dem Vater nicht verborgen. Auf keinen Fall wollte er zusehen und es zulassen, daß die jungen Leute sich immer besser verstanden. Auch war der junge Häuptlingssohn Christ, und Öllegard fühlte sich immer schon zu diesem neuen, dem Lickair verhaßten Glauben hingezogen. Sie hatte ihn bei ihrer Schwester kennengelernt, die mit Botair von Ackebäck, einem überzeugten Christen, verheiratet war.

In Lickair reifte ein Plan, den er schnellstens auszuführen gedachte. Er veranstaltete ein Fest am von ihm befestigten Hafen unterhalb des Jungfraufelsens. Auf dem schmalen Strandstreifen hatte sich viel Volk versammelt, alle schauten sie zur Spitze des Rauks – dort stand Lickairs Tochter. Da

Der Rauk jungfru über der Bucht von Lickershamn

sprach der Vater zu dem Sohn des geschlagenen Häuptlings: ›Siehst du die Klippe? Dort oben steht meine Tochter. Ich habe schon bemerkt, daß du dich mit Freiergedanken trägst. Nun will ich dich prüfen, denn ich will meine Tochter keinem Unwürdigen geben. Du siehst den Felsen, er ist steil und unzugänglich, aber um die geliebte Braut zu erobern, dürfte dir nichts unmöglich sein. Wenn du ohne jemandes Hilfe hinaufsteigst und sie herunterholst, soll sie dein sein, andernfalls bist du des Todes.‹

Durch die Menge ging ein Gemurmel. Alle wußten, daß die Klippe unmöglich zu besteigen war. Aber der Junge gab nicht auf. Unter Ausnutzung der allerkleinsten Griffe gelang ihm der Aufstieg. Dann stand er oben neben Öllegard. Ein kurzes Aufatmen ging durch die Menge. Doch das Schwerste stand noch bevor: der Abstieg. Aber auch vor dieser Aufgabe schreckte der Häuptlingssohn nicht zurück. Er wählte den Abstieg zur Seeseite. Die Spannung unter den Leuten stieg mit jeder Sekunde. Er wollte einen Absatz erreichen, von dem aus er ins Meer springen und schwimmend das Land erreichen konnte, mit Öllegard in seinen

Armen. Gleich war diese Stelle erreicht und die größte Gefahr würde überwunden sein.

Da – ein Pfeil von Lickairs Bogen flog sirrend durch die Luft und traf den Kletterer an der Stirn. Ohne Halt stürzten die beiden in die Tiefe – ein herzzerreißender Schrei, und die Meereswogen schlossen sich über ihnen. Vergebens suchte man Öllegard zu retten – im Tod konnte sie niemand von ihrem Geliebten trennen.

Von diesem Tage an verfinsterte sich Lickairs Angesicht, kein Lächeln kam mehr über seine Lippen.«

Die Sage erzählt, daß Lickair in seinen alten Tagen zum Christentum übergetreten ist und einer der eifrigsten Verfechter der neuen Lehre wurde.

Das Küstengebiet von Lickershamn und IREVIK ist reich an frühgeschichtlichen Funden. Die Höhlen der felsigen Hänge an der Mündung der Ire waren schon vor viertausend Jahren bewohnt, man fand steinzeitlichen Kulturschutt im Tal des Flüßchens. Fischerhütten ducken sich an spärlich bewachsene Felshänge; einst war der Lachsfang bedeutend in diesem Gebiet. Die Bucht ist weit, zum Baden wie geschaffen, breitkronige Föhren stehen am Sandstrand. Auch der Eisvogel nistet hier; grün, blau, selten und scheu.

Weiter nördlich zieht sich das Naturschutzgebiet von HALL-HANGVAR die Küste entlang. In den unberührten Moorgebieten des Waldes hinter den Strandwällen kommen die Orchideen hervor: das fleischfarbene Knabenkraut, Sumpfknabenkraut, die Pyramiden-Orchidee und Sumpf-Weichwurz. Das weiße und das rote Waldvögelein sind zu finden. Hier wispern die Gräser im Wind, die gezackten Schilfblätter sägen und reiben hart aneinander. An Wegrändern sind es kleine Disteln, die man sich näher betrachten möchte; hoch aufgerichtet stehen Königskerzen; dunkelgelb, purpurorange, hell- und dunkelblau leuchten Hornklee, Glockenblumen und Kerzenveronika zwischen Blättern und Gräsern.

Vom HÄFTINGSKLINT, einem hohen Steilhang, geht der Blick weit über Küste und Meer. Von oben kann man durch das klare Wasser die Ausdehnung des Landsockels gut erkennen. Erst außerhalb der Kante wird das Wasser tief, durch Strömungen gefährlich für Schwimmer.

Schmale Waldwege führen zum VERKMYR; das Moor ist bis auf wenige offene Stellen ganz mit *ag* bestanden. In früheren Zeiten wurde das Schilfgras für Hausdeckungen gemäht, und das Vieh hatte auch damit zufrieden zu sein.

Bei der Kirche von HANGVAR führt der Weg durch offenen Wald; manchmal wachsen die Föhren weit auseinander über den hoch anstehenden Kalkplatten. Mit einem Hauch von Pracht überziehen Weidenröschen magere Waldränder. Die Kirche von HALL mit ihrer Friedhofsmauer und den Torbauten stammt aus dem Mittelalter. Vor wenigen Jahren ist dem Kirchturm ein neues Holzdach ›angeschneidert‹ worden. Es ist ein Vergnügen, den Handwerkern zuzuschauen: Es scheint, sie verstehen ihre Arbeit noch ebenso gut wie ihre Vorgänger.

Bis HALLSHUK, dem ausgesetzten, hoch über dem Meer liegenden Kap am westlichen Ende der Kappelshamnsvik, sind es nur noch wenige Kilometer. Dort steht das Leuchtfeuer; weithin sichtbar, ist es Hilfe und Warnung zugleich. Ganz in der Nähe liegt eines der gotländischen Labyrinthe zwischen windgepeitschten Wacholdern. Von diesem erhöhten Platz sieht man noch einmal, wie weit sich die Kante des Landsockels in das Meer hinauszieht. Kein Schiff dürfte sich in die

Nähe wagen, wenn die See unruhig ist und der Sturm von Norden kommt. Dann brechen sich die Wellen am Rand der Untiefe; weißgischtend rollen sie an den Strand unterhalb der roten Fischerhütten. HALLS FISKELÄGE hat einfache Hütten; einfache Molen und Aufschüttungen schützen den Hafen vor dem frei über das Meer anrollenden Seegang. Die Schotterküste nach Süden ist wieder waldbegrenzt, und Strandwälle begleiten in Stufen das Ufer. Alles ist in Bewegung, überrascht und bezaubert stets von neuem und läßt vergessen, daß es irgendwo über dem Meer ›wichtige‹ Dinge zu tun gibt.

Die KAPPELSHAMNSVIK schneidet tief in das Land ein; in vorgeschichtlicher Zeit, als Gotland vor allem aus Inseln und Landbrücken bestand und mehr einem Archipel als festem Land glich, trennte ein Sund den nördlichsten Teil vom Hauptland der Insel. An den Ufern der Bucht wurde vom 17. bis ins 19. Jahrhundert in großem Stil Kalkstein gebrochen und gebrannt. Nur in Storungs wird heute noch gearbeitet und Zement hergestellt. Kalkiges Gestein und Kalkmehl machen die Ufer der Kappelshamnsvik weiß, der Wind trägt den Staub über Heide und Waldränder. Steinreste und Abraumhügel liegen um aufgelassene alte Öfen und ehemalige Wirkungsstätten. Der Kalkbruch von BLÄSE ist heute Museum für die Steinindustrie auf Gotland.

Heide, Äcker und Weiden umgeben die Kirche von FLERINGE, eine Steinmauer mit mittelalterlichem Torbau schützt den Friedhof (Abb. Seite 87). Ganz in der Nähe liegt Groddegården, ein Hof, in dem schon vor rund zweihundert Jahren Reisende auf langen Wegen Gastlichkeit und Hilfe erfahren konnten. Seine Besitzer haben sich Ende des 18. Jahrhunderts als Spielleute und Musikanten einen Namen gemacht. Es wird erzählt, sie seien so musikbesessen gewesen, daß sie manches Mal ihre Arbeit liegenließen – auch wenn sie auf dem Acker beim Pflügen waren –, um eine Melodie einzufangen und sie festzuhalten. Ihre Kompositionen leben noch heute, werden gesungen oder auf volkstümlichen Instrumenten gespielt.

Kiefernwald, unterbrochen von Heidelichtungen, begleitet den Weg nach RUTE; zwei mittelalterliche Torhäuschen sind in der Friedhofsmauer noch erhalten. Bei Restaurierungsarbeiten hat man unter dem Kirchenboden mittelalterliche Grabsteine gefunden; einer trägt eine Runeninschrift, die Kenntnis davon gibt, daß der Stein für den in Finnland verstorbenen Bruder des Stifters gemacht wurde. In Rute fand man auch ein mannshohes Gedenkkreuz; eine Nachbildung steht heute wieder am Wegrand. Selbst wenn es nicht das im Museum in Visby verwahrte Original ist, so hat es doch seine Symbolkraft nicht verloren.

Die gotische Kirche von BUNGE (Anfang 14. Jahrhundert) und die Kirche von Lärbro sind die größten im Norden Gotlands. Bunge hat offensichtlichen Verteidigungscharakter. Der massive Turm gehörte zur Vorgängerkirche und stammt aus dem frühen 13. Jahrhundert; er sieht aus wie ein *kastal* und diente wohl auch den gleichen Zwecken, war Schutz für die Menschen, die ringsum im Lande lebten. Der Kirchhof ist von einer Mauer umgeben, die im Westen teilweise noch ihr mittelalterliches Aussehen hat: Sie ist mehr als mannshoch und mit Schießscharten versehen. Vier *stigluckor* schmücken die Eingänge (siehe auch Seite 134).

Das kulturhistorische MUSEUM VON BUNGE sollte man in jedem Fall aufsuchen. In einem Laubhain, der von einem gotländischen Stangenzaun umgeben ist, findet man Höfe und Gebäude aus dem 17. und 18. Jahrhundert und unzählige Einrichtungen und Gegenstände, die dazugehören. So erfreut ein Kräutergarten mit Blumen und Gewürzpflanzen; man sieht Mühlen, Kalköfen, Kohlenmeiler, eine Schmiede, eine Seilerei sowie alte Strandbuden und Seezeichen. Großartig sind die Bildsteine, die wieder unter freiem Himmel stehen; der Stein von Hammars in Lärbro, der eine Opferszene zeigt, verdient besondere Aufmerksamkeit (siehe auch Seite 63).

FÅRÖSUND hat einen der größten Häfen Gotlands. Fährschiffe stellen die Verbindung zur Fårö her, an Landestegen sind Segel- und Motorboote vertäut, und vor Fischerbuden liegen Boote am flachen Strand. Über dem Meer sieht man die waldigen Ufer und hellen Strände der Fårö.

Ein Blick in die einsamen Wälder, die uns auf den letzten Strecken begleiteten, möchte Erinnerung an ein Land sein, in dem Sagen lebendig sind und Seen wie verwunschen liegen. Gotland kann sich ganz aus sommerfreundlichen Tagen zurückziehen, wenn der Wind aus Norden kommt; doch auch dann hängen in von Schnee überpuderten Gehölzen letzte rote Hagebutten an wilden Rosen. Bilder, die ein verzaubertes Land schenken kann, sollte man behalten, aber man sollte nicht versuchen, im Trullträsk, dem See der Trolle, zu fischen:

Bei LUNDERHAGE liegt ein merkwürdiger, schilfumwachsener See, der seinen Namen *Trullträsk* von

Bildstein Hammars I in Lärbo, 700-800, Bunge-Museum

vielen seltsamen Erscheinungen bekommen hat, die dort oft wahrgenommen wurden. Der See ist voll von Fischen, aber man kann sie nicht fangen:

Eines Tages, so wird erzählt, beschlossen die Männer von Lunderhage, dort trotzdem Fische zu fangen, und sie legten ein Netz aus, das so breit war wie der ganze See. Aber das half nichts: Als sie es herauszogen, befand sich nicht ein einziger Fisch darin, statt dessen hingen in den Maschen Mengen von großen gelben und weißen Gräten; um sie aus dem Netz zu lösen, mußte man es schließlich auseinanderschneiden. Dann sammelte man das seltsame Zeug, lud es auf einen Wagen und fuhr nach Hause zum Hof. Als die Männer dort ankamen, gingen sie ins Haus, um sich nach dem anstrengenden Fischfang etwas auszuruhen. Doch als sie nach kurzer Zeit wieder herauskamen, waren alle Gräten spurlos verschwunden. Der Troll hatte den Fang wieder geholt.

Nur ein Sund trennt die große Insel von der kleinen, der FÅRÖ im Norden. Es ist nicht nur der Meeresarm, der die beiden Inseln trennt; auch Sprache, Sitten und Gebräuche unterscheiden sich. Die Bauern und Fischer der Fårö lebten ihr eigenes Leben und hielten sich, so gut es ging, unabhängig von der großen Insel, *storlandet*. Sie hatten kein leichtes Leben. Die kleinen Felder sind steinig, ›Klappersteinäcker‹; endlose Steinwälle begrenzen sie und ziehen sich weit über das Land. Hölzerne Windmühlen stehen auf Feldern und Weiden. Scheunen und vor allem die Schafställe sind immer noch mit Ag gedeckt, sie heißen *lambgift*. Die Heideflächen werden von Schafen abgeweidet, kahlgefressen. Von den Schafen kommt auch der Name der Insel: *får* = Schaf, *ö* = Insel. Zwischen den Steinmauern blühen die wilden Blumen des Sommers: Mohn und Margeriten, Flockenblumen und Wegwarte.

Die Kirche von FÅRÖ ist das nördlichste Gotteshaus Gotlands. Durch Umbauten hat sie ihr ursprüngliches Aussehen weitgehend verloren. An der Südwand des Langhauses hängt eine auf Holz gemalte Votivtafel, die fünfzehn Männer auf einer Eisscholle zeigt, vor sich vier tote Seehunde; bewaffnet sind sie mit Harpunen und anderem Jagdgerät. Im Jahre 1603 löste sich durch einen ungünstigen Landwind eine Scholle und trieb in die offene See hinaus. Nach vierzehn Tagen Fahrt in Eiseskälte, gebeutelt von Schneestürmen, trieb die Scholle in Nyköpings skärgård an das schwedische Festland. Die Bauern konnten gerettet werden; sie hatten sich von dem rohen Fleisch erlegter Seehunde ernährt.

1618 wurde das Gemälde *»Stora Kuta-tavlan«* – *kut* = Seehund – gestiftet als Dank für die wunderbare Errettung. Die kleine *kuta-tavla* erinnert an ein ähnliches Geschehen im Jahre 1767, das nach drei Tagen glücklich beendet werden konnte.

Eine später als gotländische Sportart erhalten gebliebene Fortbewegungsart wurde von Fårö-Bauern und anderen Küstenbewohnern zur Seehundjagd genutzt. *stångstikel* – das Stangenspringen – ging so vor sich: Mit Hilfe einer vier bis fünf Ellen – knapp 3 Meter – langen Stange, die auf den Boden gesetzt wurde, konnte man im Lauf springend vorschnellen. Dadurch waren die Jäger auf dem Eis beweglicher, rascher, und konnten auch von einer Scholle zur anderen gelangen.

Die Fårö ist ein karges, einsames Inselland. Es gibt ausgedehnte Raukküsten im Westen, sandige Buchten, Moore und Seen, Heide und Föhrenwälder, Einzelhöfe, Windmühlen und aggedeckte Schafunterstellen. Das Meer ist nahe – überall. Man hört sein Rauschen, auch in den stillen Sonnen-Sand-Tälern von ULLA

HAU, einem Flugsandfeld im Nordteil der Fårö. Der Sand ist heute festgehalten von unzähligen Kiefernwurzeln und Strandhafer. Nur an manchen Stellen wandert er noch. Föhren sind bis zur Hälfte des Stammes eingeschüttet, in langen Zungen gleitet der Sand zu Tal; vom Sturm mitgerissen, schneidet er wie mit tausend Nadeln durch die Luft.

Ameisenlöwen bauen ihre trichterförmigen Fallen, am Grunde wartet die Larve mit den Zangen auf Beute. Und der Ziegenmelker, der die Wärme liebt, hat sein Sommerquartier im Wald über dem Sand.

Südlich warm können die breiten Sandstrände sein, die manche Küstenstreifen säumen. Ihre Melodie ist das leise plätschernde Meer und das trockene Aneinanderstreifen des Strandhafers. Und das Lachen fröhlicher Menschen. Dort läßt sich vergessen, daß Riffe und Untiefen vor den Küsten aller Inseln liegen, die zu Gotland gehören, und manches Schiff in Nacht und Nebel aufgelaufen und gesunken ist.

Im Norden bei SKÄR hat das SALVOREV geradezu verrufene Unterwassergründe. Vor Zeiten, als die Not besonders in den Wintermonaten groß war, mag manches Mal ein mit Getreide oder anderen Nahrungsmitteln gestrandetes Schiff Hilfe gebracht haben. Auch Wrackplünderungen werden vorgekommen sein. Visby und das Gesetz waren weit. Im Gutalag steht verzeichnet, wieviel man bei der Auffindung eines Wracks behalten durfte:

»Ein Achtel bei der Auffindung von Strandgut an Land; ein Drittel, wenn es noch auf dem Meer schwimmt und man ein Schiff und Ruder einsetzen muß oder wenn es auf dem Meeresboden liegt und man einen Bootshaken braucht; die Hälfte, wenn man es außer Sehweite vom Land findet.«

Das war weit weniger, als wenn man sich selbst bediente.

Ein recht eigenartiges Gebet ist überliefert:

»Gott segne unsere Äcker und Wiesen,
unsere Knechte und Mägde,
gib Fische in das Netz und Seehunde an den Strand.
Gott, laß ein großes Schiff in der Nacht auf
Skär stranden.«

Driften und Unwetter haben heute ihre Schrecken weitgehend verloren, aber das Salvorev verändert noch immer in Wind und Meeresströmung seine Form und Lage. Kies und Sand stauen sich auf und bilden Inseln, die es vordem nicht gab. Manche werden so alt, daß Gras und Bäume gedeihen. Rollt aber die Dünung im Sturm heran und türmt sich zu Wellenbergen, versinken sie wieder wie ein Spuk.

Weit spannt sich der Bogen der EKEVIK im Norden der Fårö. Föhrenwald säumt den steinigen flachen Strand. Die Nordwinde dringen ungehindert in die Bucht und treiben den Sand der Wanderdünen von Ulla Hau nach Süden. Einer Sage zufolge wird der Jüngste Tag anbrechen, wenn die Sanddünen die Küste am Sudersand erreicht haben.

Kälte und Einsamkeit kriechen unter den Herbststürmen und der grauen Winterstille vom Meer herauf über die Inseln. Die sonnenfreundlichen, sommerfarbenen Buchten liegen hinter Dunstschleiern. Auf das dichte Fell der Schafe fällt der Schnee. Sie suchen den Schutz der Bäume und Geländemulden; denn über das Land heult der Wind.

Im Nordwesten der Fårö steigen Rauks aus den Wellen über die Höhen, die Steinschwellen überflutet das Wasser (Farbt. 22). Ungehindert durch Nebelwol-

ken fliegen krächzend Krähen. Das Dunkel kommt aus den niederen Küstenwäldern, und die Natur ist streng und unerbittlich.

Die Welt der Menschen scheint hier zu Ende. Hier ist nichts, was nicht immer schon gewesen: Wasser und Sand, Sturm und Rauks. Und das Licht. Die Nacht. Endlose, immer gewesene Zeit.

Weit im Norden hinter dem Horizont graut noch einmal eine Insel aus dem Meer: GOTSKA SANDÖN. Kein Hafen, keine Menschen; Wald über den Höhen, Wald über dem Sand, toter Wald im Sand. Und das Meer. Wie zu Anbeginn.

Anhang

Tabelle der Landkirchen

Akebäck – Etelhem

S	Stabkirche	
C	Chor	
L	Langhaus	
T	Turm	
M	Kalkmalerei	
P	Malerei des ›Passionsmeisters‹ oder seiner Werkstatt	
G	Glasfenster	
Taufen	F. = Fuß, K. = Kelch	
Hegv.	Meister Hegvald und seine Werkstatt	2. H. 12. Jh.
Maj.	Meister Majestatis u. s. W.	2. H. 12. Jh.
Byz.	Meister Byzantios u. s. W.	2. H. 12. Jh.
S.-Byz.	Meister Semi-Byzantios u. s. W.	2. H. 12. Jh.
Sigr.	Meister Sigraf u. s. W.	um 1200
Calc.	Meister Calcarius u. s. W.	1. H. 13. Jh.
Par.	Paradiestyp bzw. Muschelkuppa	M. 13. Jh.
Kelch	Kelchtyp	2. H. 13. Jh.
Triumphkreuze	Datierung	
SCH	Scheibenkreuz	
KOP	Kopie	

Die Reihenfolge entspricht dem schwedischen Alphabet.

Tabelle der Landkirchen

Fardhem – Hejdeby

S	Stabkirche	
C	Chor	
L	Langhaus	
T	Turm	
M	Kalkmalerei	
P	Malerei des ›Passionsmeisters‹ oder seiner Werkstatt	
G	Glasfenster	
Taufen	F. = Fuß, K. = Kelch	
Hegv.	Meister Hegvald und seine Werkstatt	2. H. 12. Jh.
Maj.	Meister Majestatis u. s. W.	2. H. 12. Jh.
Byz.	Meister Byzantios u. s. W.	2. H. 12. Jh.
S.-Byz.	Meister Semi-Byzantios u. s. W.	2. H. 12. Jh.
Sigr.	Meister Sigraf u. s. W.	um 1200
Calc.	Meister Calcarius u. s. W.	1. H. 13. Jh.
Par.	Paradiestyp bzw. Muschelkuppa	M. 13. Jh.
Kelch	Kelchtyp	2. H. 13. Jh.
Triumphkreuze	Datierung	
SCH	Scheibenkreuz	
KOP	Kopie	

Die Reihenfolge entspricht dem schwedischen Alphabet.

	1100 · 1200 · 1300 · 1400 · 1500	Anzahl K-Schiffe	Taufe	Triumph-kreuz Datierung
1 AKEBÄCK	C+L · M · T	1	Par.	
2 ALA	C+L · T · C · M · P	1	Kelch	
3 ALSKOG	S · ? · C · L · T · C · P	2	S.-Byz.	um 1200
4 ALVA	C · L · T · M	1	F. E. 12. 1673	SCH M. 13.
5 ANGA	S · ? · C+L · M · T · P	2	Kelch	15.
6 ARDRE	C+L · T · C+L · G	1	Kelch	SCH M. 13.
7 ATLINGBO	S · C+L · C · L+T	1	Byz.	
8 BARA ÖK.	C+L+T	2		
9 BARLINGBO	C+L+T · C+L · G · T · M	1	2. H. 12.	SCH um 1240
10 BJÖRKE	C+L · C · L · M · C	2	1. H. 13.	1024
11 BOGE	C+L · C · L+T · M	2	13.	
12 BRO	C+L+T · C · L · M · P	1	Sigr.	um 1200
13 BUNGE	C+L · T · C+L · G · M · M	2	Kelch	
14 BURS	C · L · T · C · G	1	1683	SCH 2. H. 13.
15 BUTTLE	C+L · T · C · P	1	M. 13.	E. 12.
16 BÄL	C+L · C · L+T · M · P	1	Kelch	SCH 2. H. 13.
17 DALHEM	C+L · C+L · G · T · M	3	Par.	
18 EKE	S · C+L+T · C+L · M · T · P	1	Sigr.	
19 EKEBY	C+L+T · C+L · T · P	1	Maj.	E. 12.
20 EKSTA	C · L+T · C	1	1642	
21 ELINGHEM ÖK.	C+L	1	Kelch	
22 ENDRE	C+L · C · G · L · T · P	2	Hegv.	um 1200
23 ESKELHEM	S · C+L · T+L · M · C · P	1 ·	Byz.	SCH um 1250
24 ETELHEM	C+L · T · C+L · G · M · P	2	Hegv.	SCH E. 14.

Edda, Bd. I und II, übertragen von F. Genzmer, Jena 1912
Gotlands Lagen, Visby 1970
Jansson, S. B. F. und Wessen, E., *Gotlands runinskrifter,* Stockholm 1962
Kern, H., *Labyrinthe,* München 1982
Lindquist, S., *Die Bildsteine Gotlands,* Stockholm 1941
Lithberg, N., *Die Steinzeit Gotlands,* Stockholm 1916
Nerman, B., *Die Vendelzeit Gotlands I und II,* Stockholm 1964 u. 1975
Nihlén, J., *Gotlands stenåldersboplatser,* Stockholm 1927
Nylén, E., *Gotländska fornminnen,* Visby 1968
–, *Färg i forntiden,* in: Gotländsk Arkiv 1960
–, *Zur Problematik der Wohnstätten und Siedlungen auf Gotland in vorgeschichtlicher Zeit und im frühen Mittelalter,* in: Acta Visbyensia III, Göteborg 1969
–, *Bildsteine auf Gotland,* Neumünster 1981
–, *Die jüngere vorrömische Eisenzeit Gotlands,* Uppsala 1955
Ochsner, F., *Gotlands kristnande,* Visby 1973
Pieper, J., *Das Labyrinthische,* Braunschweig/Wiesbaden 1987
Schuhmann, W., *Steine und Mineralien,* München 1972
Stenberger, M., *Die Schatzfunde Gotlands der Wikingerzeit I,* Uppsala 1958
–, *Die Schatzfunde Gotlands der Wikingerzeit II,* Lund 1947
Trotzig, G., *Gegensätze zwischen Heidentum und Christentum im archäologischen Material des 11. Jahrhunderts auf Gotland,* in: Acta Visbyensia III, Göteborg 1969

Die Landkirchen

Baeßler, H.-F., *Gotische Portalformen an gotländischen Landkirchen,* in: DETAIL, Zeitschr. für Architektur und Baudetail 1985/3, München 1985
Brunius, C. G., *Gotlands konsthistoria I-III,* Lund 1864-66
Deus, W. H., *Scheibenkreuze,* Soest 1967
Fåhraeus, F., *Dopfuntarna, deras tillhör och placering på Gotland under medeltiden,* Stockholm 1974
Henze, A., *Westfälische Kunstgeschichte,* 1957
Lagerlöf, E., *Gotländsk stenskulptur från gotiken,* Stockholm 1975
Lagerlöf, E. und Svahnström, G., *Gotlands kyrkor,* Stockholm 1973
Lindblom, A., *Köln och Gotland,* in: Fornvännen 1916
Lindblom, A. und Svahnström, G., *Gotländska stenmästare,* Malmö 1959
Lindholm, D., *Stabkirchen,* Stuttgart 1968
Lundberg, E., *Byggnadskonsten i Sverige under medeltiden,* Stockholm 1940
Press, B., *Bro kyrka,* Visby 1960

Reuterswärd, O., *Paradisets källa och de gotländska paradisfuntarna,* Borås 1967
Roosval, J., *Die Kirchen Gotlands,* Stockholm 1911
–, *Den gotländske ciceronen,* Stockholm 1926/1950
–, *Westfälisch-gotländische Beziehungen in der Architektur,* Lübeck 1928
–, *Die Steinmeister Gotlands,* Stockholm 1918
Söderberg, B.G., *Gotländska kalkmålningar 1200-1400,* Uppsala 1971
–, *De gotländska passionsmålningarna och deras stilfränder,* Lund 1942
–, *Kejsar Henrik i vågskålen och Nicolaus på skeppet,* in: Gotl. Arkiv 1963
Stenström, T., *Problem rörande Gotlands medeltida dopfuntar,* Umeå 1975
Sveriges kyrkor, *Kunsthistorisches Inventarisationswerk, Gotland Bd. I-VI,* Stockholm 1914-
Thümmler, H., *Vorstufen der zweischiffigen Hallenkirchen Gotlands,* in: Acta Visbyensia III, Göteborg 1969
Tuulse, A., *Romansk konst i Norden,* Stockholm 1967
–, *Gotland och Estlands byggnadsskulptur,* in: Gotl. Arkiv 1945
–, *Träkyrkor och stensakristia,* in: Fornvännen 1951
–, *Der Kirchturm in Skandinavien als Symbol und Wehrbau,* in: Acta Visbyensia III, Göteborg 1969
af Ugglas, C.R., *Gotlands medeltida träskulptur till och med höggotikens inbott,* Stockholm 1915
Utas, J. A:son, *Om gotländska valv,* Examensaufsatz bei Chalmers Technische Hochschule, Göteborg 1971

Visby

Falck, W., *Die Bauentwicklung Visbys im 12. und 13. Jahrhundert,* Ostseekolloquium Lübeck 1981, Bonn 1983
Fritzell, G., *Nya synpunkter på Visby stads äldsta historia,* in: Visby stadsbiblioteks årsskrift 1959, Visby 1959
–, *Visby i världshandelscentrum,* Stockholm 1972
Janse, O. und Svahnström, G., *Visby stadsmur,* Stockholm 1972
Ochsner, F., *Petrus de Dacia,* Visby 1969
Säve, P. A., *Gotland och Visby i taflor,* Neuauflage von 1858, Visby 1975
Svahnström, G., *Visby domkyrka,* Stockholm 1978
–, *Visby under tusen år,* Stockholm 1984
Tidmark, N., *St. Nikolai och Sta. Katarina predikarekyrkor i Visby,* Visby 1942
Verkehrsverein von Gotland (Hrsg.), *Visby und seine Denkmäler,* Visby 1964
Yrving, H., *Visby, hansestad på Gotland,* Stockholm 1986

Zeittafel zur Geschichte Gotlands

400 Mio. Jahre	Silur (Gotlandium)
7000-2000	Steinzeit
6500–5000	Ancyluszeit
5500-2000	Litorinazeit
2000-500	Bronzezeit
500-0	Vorrömische Eisenzeit
0-500 n. Chr.	Römische Eisenzeit
400-600	Nordische Völkerwanderungszeit
550-800	Vendelzeit
800-1050	Wikingerzeit
1029	Christianisierung
1100-1360	Bau der Landkirchen
1250-1288	Bau der Stadtmauer von Visby
1361	Landung des Dänenkönigs Waldemar Atterdag
1398-1408	Gotland unter dem Protektorat des Deutschen Ritterordens
1408	Gotland wird dänisch (Margareta von Dänemark, Erich von Pommern)
1411	Bau der Burg Visborg
1437-1449	Gotland unter Erich von Pommern
1449-1524	Gotland dänisch
1524	Vorübergehende Eroberung der Insel durch Gustav Wasa
1525	Zerstörung Visbys durch Lübecker Truppen
1531	Einführung der Reformation
1645	Friede von Brömsebro, Gotland schwedisch
1676-1679	Dänische Besetzung
1679	Zerstörung der Burg Visborg
19. Jh.	Großflächige Entwässerung der Moore

Museen auf der Insel Gotland

ALBATROSS-MUSEUM
bei Östergarn
Erinnerungsstücke von dem deutschen Minenkreuzer ›Albatross‹, der 1915 bei einem Seegefecht mit russischen Schiffen vor der Küste versenkt wurde.

BLÄSE KALKBRUCHMUSEUM
an der Kappelshamnsvik
Arbeits- und Wohnverhältnisse der Steinbrucharbeiter in der ersten Hälfte unseres Jahrhunderts.

BOTTARVE GÅRDSMUSEUM
bei Vamlingbo
Gut erhaltener südgutnischer Bauernhof aus dem 19. Jahrhundert.

BUNGE-MUSEUM
Gotländische Bauernkultur vom frühen 17. bis zum Anfang dieses Jahrhunderts.

GANNARVE, LANDWIRTSCHAFTSMUSEUM
Vorwiegend Geräte für den Einsatz von Pferden und die Verwendung von Dampfmaschinen in der Landwirtschaft.

GRODDE GÅRDSMUSEUM
bei Fleringe
Gut erhaltener Hof aus dem 18. Jahrhundert; er war Zentrum der Musikanten und Spielleute der nördlichen Insel.

KATTLUNDS GÅRDSMUSEUM
bei Grötlingbo
Mittelalterlicher Fernhandels-Bauernhof mit Wohnhaus und Ökonomiegebäuden.

KOVIKS FISCHEREIMUSEUM
Die frühere Lebensweise und die Werkzeuge gotländischer Fischer.

KRUSMYNTAGÅRDEN
Kräutergarten zwischen Visby und Lummelunda.
Etwa 200 Gewürz- und Heilkräuter sind angepflanzt; auch ein Blindengarten mit stark duftenden Pflanzen ist angegliedert.

KYLLAJ, STRANDRIDAREGÅRDEN
Strandreiterhof aus dem 18. Jahrhundert, zwischen Rauks über dem Hafen gelegen.

LJUGARN, STRANDRIDAREGÅRDEN
Strandreiterhof, errichtet Anfang des 18. Jahrhunderts; Zollmuseum.

GROTTEN VON LUMMELUNDA
Außer den berühmten Tropfsteinhöhlen ist hier das größte Mühlrad Nordeuropas zu sehen, das zu einem ausgedehnten Industriebetrieb des 18. und 19. Jahrhunderts gehörte.

Nr.	Kirche	1100 – 1200 – 1300 – 1400 – 1500	Anzahl K-Schiffe	Taufe	Triumphkreuz Datierung
73	RUTE	C+L, C+L, T, M, P	2	Par.	SCH 1250
74	SANDA	C+L, T, M, L, M, C, P, M	2	Byz.	SCH 1250
75	SILTE	S, C+L, C, L, G, T, M, P, M	1	Sigr.	
76	SJONHEM	C+L, T, C+L, G, M	1	Hegv.	
77	SPROGE	S, C+L, T	(2) 1	17.	A. 14.
78	STENKUMLA	C+L, T, C, M, L+T, M, P	2	1700	E. 12.
79	STENKYRKA	S, C+L+T, C+L, M, T, M, M	2	Maj.	A. 14.
80	STÅNGA	S, ?, C, L+T, L+T	2	Hegv.	SCH M. 13.
81	SUNDRE	C+L, T, M, P, M	1	Kelch	SCH 15.
82	TINGSTÄDE	C, L, C+T, M, M, T	2	Maj.	14.
83	TOFTA	C+L, T, T, M, C+L, M	2	S.-Byz.	
84	TRÄKUMLA	S, C, L+T, G, P	1	Byz.	M. 15.
85	VALL	C+L, T, G	2	Maj.	
86	VALLSTENA	C, L+T, M, C, L, P	2	Par.	
87	VAMLINGBO	C+L, T, C+L, M, T, M	3	Byz.	
88	VIKLAU	C, L, T	1	Hegv. 1737	E. 12.
89	VÄNGE	C+L, T, C+L, M	1	Hegv.	E. 12.
90	VÄSKINDE	C+L, C, M, L+T, M, P, M	1	Maj.	2. V. 13.
91	VÄSTERGARN	C+L, C	1	1592	
92	VÄSTERHEJDE	C+L, T	1	1681	
93	VÄTE	S, C+L, C, M, L, M, P, M	3	Byz.	1200
94	ÖJA	C+L, C, M, L, T, M, P, M	3	17.	SCH 2. H. 13.
95	ÖSTERGARN	C+L	1	A. 17.	

Tabelle der Landkirchen

Hejnum – Rone

S	Stabkirche	
C	Chor	
L	Langhaus	
T	Turm	
M	Kalkmalerei	
P	Malerei des ›Passionsmeisters‹ oder seiner Werkstatt	
G	Glasfenster	
Taufen	F. = Fuß, K. = Kelch	
Hegv.	Meister Hegvald und seine Werkstatt	2. H. 12. Jh.
Maj.	Meister Majestatis u. s. W.	2. H. 12. Jh.
Byz.	Meister Byzantios u. s. W.	2. H. 12. Jh.
S.-Byz.	Meister Semi-Byzantios u. s. W.	2. H. 12. Jh.
Sigr.	Meister Sigraf u. s. W.	um 1200
Calc.	Meister Calcarius u. s. W.	1. H. 13. Jh.
Par.	Paradiestyp bzw. Muschelkuppa	M. 13. Jh.
Kelch	Kelchtyp	2. H. 13. Jh.
Triumphkreuze	Datierung	
SCH	Scheibenkreuz	
KOP	Kopie	

Die Reihenfolge entspricht dem schwedischen Alphabet.

Nr.	Kirche	1100 – 1200 – 1300 – 1400 – 1500	Anzahl K-Schiffe	Taufe	Triumphkreuz Datierung
25	FARDHEM	S · C+L · T · M	1	F. S.-Byz. K. 17. Jh.	KOP
26	FIDE	C+L · T · M · P	1	1738	SCH M. 13.
27	FLERINGE	C+L · T · P · M	2	1. H. 17.	
28	FOLE	C+L · T · C · L	2	Calc.	M. 13.
29	FOLLINGBO	C+L+T · C	1	2. H. 13.	
30	FRÖJEL	C · L · T · C · M	1	F. Byz. K. 14.	SCH 1300
31	FÅRÖ	C+L+T · Neubau 1858	1	14. Jh.	
32	GAMMELGARN	S ? · C+L · C+L · P	2	F. M. 13. K. 14.	
33	GANN ÖK.	C+L · T	2		
34	GANTHEM	C+L · L · T · M · M	2	Hegv.	1200
35	GARDE	S ? · C+L · T · M · C	1	Byz.	1200
36	GERUM	C+L · L+T · M · P	2	Maj.	E. 12.
37	GOTHEM	C+L · C · L · T · M · T · M	2	1741	
38	GRÖTLINGB	S ? · C+L · T · C+L · G · M	3	Sigr. A. 18.	M. 13.
39	GULDRUPE	S . · C+L · T · C	1	Byz.	
40	GUNFJAUNS K.	L	1		
41	HABLINGBO	S · C+L · T · C+L · M	2	17. Jh.	
42	HALL	C+L · T · M	2	Par.	
43	HALLA	C · L · T · C · M · P · M	1	Hegv.	SCH M. 14.
44	HAMRA	C+L+T · C+L · P	2	S.-Byz.	SCH M. 14.
45	HANGVAR	C+L · T	2	Par.	
46	HAVDHEM	S ? · C · L · M · T	1	1685	15.
47	HEJDE	S ? · C · L+T · M · C · M · G	1	Byz.	A. 16.
48	HEJDEBY	C · L · M · T · M · P	1	Par.	A. 13.

Tabelle der Landkirchen

Rute – Östergarn

S	Stabkirche	
C	Chor	
L	Langhaus	
T	Turm	
M	Kalkmalerei	
P	Malerei des ›Passionsmeisters‹ oder seiner Werkstatt	
G	Glasfenster	
Taufen	F. = Fuß, K. = Kelch	
Hegv.	Meister Hegvald und seine Werkstatt	2. H. 12. Jh.
Maj.	Meister Majestatis u. s. W.	2. H. 12. Jh.
Byz.	Meister Byzantios u. s. W.	2. H. 12. Jh.
S.-Byz.	Meister Semi-Byzantios u. s. W.	2. H. 12. Jh.
Sigr.	Meister Sigraf u. s. W.	um 1200
Calc.	Meister Calcarius u. s. W.	1. H. 13. Jh.
Par.	Paradiestyp bzw. Muschelkuppa	M. 13. Jh.
Kelch	Kelchtyp	2. H. 13. Jh.
Triumphkreuze	Datierung	
SCH	Scheibenkreuz	
KOP	Kopie	

Die Reihenfolge entspricht dem schwedischen Alphabet.

	1100 · 1200 · 1300 · 1400 · 1500	Anzahl K-Schiffe	Taufe	Triumphkreuz Datierung
49 HEJNUM	C+L · T · C+L · M · P	1	Kelch 17.	SCH A. 13.
50 HELLVI	C+L · T · C+L	2	E. 17.	
51 HEMSE	S · C+L · T · M · M · P	1	F. Byz. K. 14.	E. 12.
52 HOGRÄN	C+L · T · C+L	1	Byz.	12.
53 HÖRSNE	S · ? · C+L+T · C · L · G	2	1730	M. 15.
54 KLINTE	C+L · T · C+L · G · M · T	1	1667	SCH M. 15.
55 KRÄKLINGBO	S · ? · C · L · M · C+L · M	1	1670	E. 13.
56 KÄLLUNGE	S · ? · C · L+T · M · M · C · P	L 1 C 3	Byz.	
57 LAU	C+L · M · C · G · M	3	Sigr.	SCH M. 13.
58 LEVIDE	C · L · T · M · P	3	1662	
59 LINDE	C · L · T · M · M	2	F. 12. F. Hegv.	KOP 12.
60 LOJSTA	C+L+T · M · G · T · M · P	1	12.	KOP 12.
61 LOKRUME	C+L · T · C · L · M · T · M	1	Maj.	SCH 13.
62 LUMMELUNDA	C · L+T · M · C · M · P	1	Kelch	
63 LYE	C · L · T · M · C · G · P · M	1	Kelch	E. 15.
64 LÄRBRO	S · ? · C+L+T · C · L · M · T	2	E. 17.	
65 MARTEBO	C+L+T · C+L · M	1	Par.	
66 MÄSTERBY	C+L · M · T · G · P · M	1	Byz.	
67 NORRLANDA	C+L · T · C · L · P	1	F. Maj. 1735	
68 NÄR	C+L · T · C+L	2	Hegv.	SCH 2. H. 12.
69 NÄS	C+L+T	1		KOP A. 14.
70 OTHEM	C+L · T · C+L · M · M · M	2	Sigr.	
71 ROMA	C+L · C+L	3	Par.	
72 RONE	C+L · T · C+L · M · T · P	2		SCH E. 14.

Traditionelle Veranstaltungen

MITTELALTERWOCHE IN VISBY

Alljährlich Anfang August verwandelt sich Visby in eine mittelalterliche Stadt. Die Einwohner kleiden sich in Kostüme der Zeit, und auf den Straßen herrscht buntes Leben. An das historische Ereignis des Jahres 1361 erinnert der Einzug des Dänenkönigs Waldemar Atterdag; die Jungfrau, die das Land verriet, wird vor den Richter geführt und verurteilt. Schauspiele und Turniere im mittelalterlichen Milieu der Kirchenruinen, Musikveranstaltungen und Stadtrundgänge runden das reichhaltige Programm dieser Woche ab.

VISBY RUINENSPIEL

Seit 1929 wird im Juli/August in der Ruine der Dominikanerkirche St. Nikolai von Visby ein Festspiel veranstaltet. Dem Musikschauspiel liegt der Briefwechsel aus der Zeit der Mystik zwischen dem Dominikanerabt Petrus de Dacia und der Begine Christina von Stommelen zugrunde.

STÅNGASPIELE

›Gotlands Olympiade‹, der Wettbewerb in den traditionellen gotländischen Sportarten, findet alljährlich Anfang Juli in Stånga statt.

NORRLANDA FORNSTUGA
Heimatmuseum, vollständig eingerichteter kleiner Bauernhof vom Ausgang des 18. Jahrhunderts.

PETES GÅRDSMUSEUM
zwischen Klintehamn und Burgsvik
Gutnisches Bauerngut aus dem 19. Jahrhundert in schöner Lage am Meer.

VILLA VILLEKULLA
in Kneippbyn
Das Haus von Pippi Langstrumpf mit umfangreichem Freizeitpark.

VISBY, BILMUSEUM
Automuseum an der Straße nach Bro mit über 50 Ausstellungsstücken.

VISBY, GOTLANDS FORNSAL
Museum, in dem alle Epochen der Geschichte Gotlands durch Fundstücke und Rekonstruktionen eindrucksvoll dokumentiert sind.

VISBY, GOTLANDS KUNSTMUSEUM
Gotländische Kunst der letzten 120 Jahre.

VISBY, NATURUM
Dokumentation zu den wichtigsten Landschaftsformen der Insel, Fauna und Flora und spezielle Informationen über Fossilien.

WINDKRAFTWERK BEI NÄS
an der Bucht von Burgsvik
Kraftwerksstation mit Informations- und Ausstellungsräumen.

Literaturverzeichnis

Allgemeine Literatur

Acta Visbyensia, *Berichte der Visby-Symposien,* Visby
Dollinger, Ph., *Die Hanse,* Stuttgart 1981
Gorski, M., *Gotland, eine Insel in der Ostsee,* Neumünster 1979
Från Gutabygd, *Jahresschrift der Gotländischen Hembygdsvereinigung,* Visby seit 1979
v. Gadolin, A., *Schweden,* München 1973
Gotlänska studier, herausgegeben von der St. Knuts Gilde in Visby seit 1972
Gotländskt Arkiv, herausgegeben von der gotländischen Fornvännerföreningen seit 1929
Halfar, W., *Gotland,* Würzburg 1966
Hamberg, J., *Gotland en landskapsguide,* Visby 1970
Historia krig Gotland, Stockholm 1963
Jakobson, H., *Gotland – landet annorlunda,* Visby 1972
Kollberg, K., *Gotland. Turista med barn,* Malmö 1986
Kulturhistorisk lexikon för nordisk medeltid
Lagerlöf, S., *Nils Holgerssons wunderbare Reise,* München 1948
Lagerlöf, S., *Meistererzählungen, München 1974*
Lemke, U., *Gotland. Insel der Götterschiffe,* Stuttgart 1970 u. 1986
Liljeroth, E., *Gotland,* Malmö 1959
Lindblom, A., *Sveriges konsthistoria I,* Stockholm 1944
Linné, C. v., *Gotländska resa 1741,* Stockholm 1969
Nilson, S. u. K. L., *Gotland – bilder från en ö,* Stockholm 1979
Oxenstierna, E. Graf v., *Die Nordgermanen,* Stuttgart 1957
Pagel, K., *Die Hanse,* Braunschweig 1963
Pernler, S. E., *Gotlands medeltida kirkoliv,* Visby 1977
Petersens, L. af und Edquist, D., *Gotland – Märcheninsel der Ostsee,* Schweden 1960
Sjöberg, Å. G. (Hrsg.), *Historia kring Gotland,* Stockholm 1963
Söderberg, B. G., *Streifzüge durch die Geschichte Gotlands,* Visby 1975
Strelow, H., *Cronica Guthilandorum,* Kopenhagen 1633
Yrving, H., *Gotlands medeltid,* Visby 1978
Zimmerling, D., *Die Hanse,* München 1976

Vor- und frühgeschichtliche Zeit

Almgren, O., *Die ältere Eisenzeit Gotlands I, II,* Stockholm 1914 u. 1923
Arkeologi på Gotland, Visby 1979
Cagner, E. (Hrsg.), *Die Wikinger,* Essen 1974

Reiseinformation

Anreise

Flugverbindung besteht täglich von Stockholm und von Malmö nach Visby, während der Sommermonate 1 x wöchentlich auch direkt von Hamburg.

Per *Schiff und Auto* erreicht man das schwedische Festland mit der TT-Linie Travemünde–Trelleborg oder mit der Fähre Puttgarden–Rødby, Helsingør–Helsingborg. Von Oskarshamn und Nynäshamn verkehren täglich moderne Autofähren zum Hafen von Visby (Fahrzeit 4–5 Stunden).

Auskünfte und Prospektmaterial

SCHWEDISCHES
TOURISTIK-AMT
Burchardstraße 22
2000 Hamburg 1
Telefon 040/330185
oder 330599
Telefax 040/321595
oder 323731

SCHWEDISCHE
TOURISTIK-INFORMATION
Wiesenstraße 9
CH-8034 Zürich
Telefon 01-3834130
Telefax 01-3834632

REPRÄSENTANZ FÜR
ÖSTERREICH
ÖAMTC-Reisen
Schubertring 1-3
A-1010 Wien
Telefon 0222-71199
Telefax 0222-711991473

GOTLANDS TURISTFÖRENING
Färjeleden 3
Box 2081
S-62102 Visby
Telefon 0498-47065
Telefax 0498-78940
Telex 4140

1361 – und die Zeit danach

Eimer, B., *Gotland unter dem deutschen Orden und die Komturei Schweden zu Årsta,* Innsbruck 1966
Hellgren, E., *Länsherrar på Gotland under danska tiden,* 1948
Moberg, I., *Gotland um das Jahr 1700,* Stockholm 1938
Press, B., *Prinsessan Eugenie och Fridhem,* Visby 1975
Thordeman, B., *Korsbetningen,* Stockholm 1964

Land und Landschaft

Andersson, B., *Gotländska stenbyggningar,* Visby 1975
Andersson, K.G. (Hrsg.), *Sägner från Gotland Bd. I, II,* Visby
Baeßler, R., *Landschaften mit der Feder zeichnen,* Ravensburg 1985
Berg, B., *Stora Karlsö,* Stockholm 1962
Bergman, C.J., *Gotländska skildringar och minnen,* Neuauflage von 1882, Visby 1976
Felix, J. und Hisek, K., *Vögel an Küsten und Meeren,* München 1976
Frisk-Bånge, T., *Gotlandsänget,* Visby 1977
Fröberg, E., *Stormslagen kust,* Visby 1962
Jakobsson, T., *Blommande Gotland,* Stockholm 1984
Larsson, G., *Låga stränder,* Visby 1964
Lindquist, E., *Sägner från Sudret II,* Visby 1983
Ljugarn och dess strandridare, Visby 1977
Nihlén, J., *Gotländska sagor,* Stockholm 1929, Neuauflage 1975
Nordin, I., *Kom rosor och salivia …,* Karlstad 1981
Olsson, I., *Gotländsk natur och historia speglade i ortnamnen,* Visby 1979
Pernler, S.-E., *Sta. Maria kloster i Roma,* Visby 1988
Säve, P.A., *Havets och fiskarens sagor,* Visby 1940
Setterlind, B., *Dikter från Gotland,* Visby 1974
Stora Karlsö 1880-1980, Karlstad 1980
Svahnström, G., *Häuser und Höfe der handeltreibenden Bevölkerung auf Gotland während des Mittelalters,* in: Acta Visbyensia V, Visby 1976
–, *Kattlunds. En sydgotländsk bondgård,* Stockholm 1954
Swartling, J. und Svahnström, G., *Roma, kloster och kungsgård,* Stockholm 1964
Ursing, B., *Svenska växter,* Stockholm 1961

Glossar schwedischer Ausdrücke

ag	Schilfgras (cladium mariscus)
alvret	Steppe
å	Bach, Flüßchen
berg	Berg
blåeld	wörtlich: Blaufeuer, Natterkopf (echinum vulgare)
by	Dorf, Gemeinde
domaregård	Hof des Richters
domarring	Richterring
farmannar	Fernhandelsbauern
fisk	Fisch
fiskeläge	Platz mit Fischerhütten
fornborg	frühgeschichtliche Verteidigungsanlage
fornminne	geschichtliche Sehenswürdigkeit
får	Schaf
gata	Straße
gärdesgård	gotländischer Stangenzaun
gränd	Gasse
Gutalag	Gesetz der Guten (Gotländer)
Gutasaga	Sage der Guten
gård	Hof
hamn	Hafen
hav	Meer
hed	Heide
hemslöjd	Kunsthandwerk, Volkskunst
hus	Haus
huvud	Kopf
kämpgrav	Bezeichnung für das eisenzeitliche Haus
kastal	Wehrturm
klint	Felswand
kut	Seehund
kvarn	Mühle
kyrka, k:a	Kirche
lambgift	Schafstall
lamm	Schaf
lammskinn	Schaffell
lammunge	Lamm
löväng	Laubwiese

mur	Mauer
myr	Moor
ö	Insel
präst	Priester, Pfarrer
rauk	Rauk, Härtling (Felsformation)
rev	Riff
rökt fisk	geräucherter Fisch
röse	Grabhügel
säl	Seehund
sjö	See
skärgård	Inselgebiet vor der Ostküste Schwedens
skog	Wald
Sleipnir	das achtbeinige Pferd Odins
slott	Wehranlage, Schloß
snicken, snäcken	Wikingerboote
sten	Stein
stiglucka	Friedhofstor
strandäng	Strandwiese
stuga	Häuschen, Hütte
till salu	zu verkaufen
torg	Markt
torn	Turm
träsk	flacher See
trojeborg	Trojeburg, Labyrinth
väg	Weg, Landstraße
vik	Bucht

Register

* *Standort einer Landkirche*

Abbildungsnachweis

Gunda Amberg, Gröbenzell Farbt. 14. Antikvarisk-Topografiska Arkivet, Stockholm 61. Ruth und Hans-Friedrich Baessler, Freising Farbt. 5; Seite 114, 276, 285, 293, 311. Raymond Hejdström, Klintehamn Farbt. 2, 3, 4, 6 (Gotlands Fornsal), 7, 8, 10, 13, 15, 16, 17 (Gotlands Fornsal), 18, 19, 20, 22, 23; Seite 131, 166, 224, 246. Tommy Jacobsson (Naturfotograferna/N), Östervbruk Seite 196, 233, 234, 239, 265, 287, 322/323. Uwe Lemke, Bromma Seite 31, 77, 95, 102, 107, 109, 110 (mit frdl. Genehmigung des Verlages Urachhaus, Stuttgart), 127, 136/137, 156, 164/165. Naturfotograferna/N (Håkansson), Österybruk 250/251. timmermann foto-presse (J. M. Voss), Erlangen Farbt. 1, 9. Klas Winter, Meschede Umschlagabb., Farbt. 11, 12, 21; Seite 35, 55, 57, 68, 87, 100, 105, 112, 113, 115, 122, 125, 129, 139, 150/151, 159, 178, 188, 190, 194, 198/199, 202, 204, 206, 226/227, 241, 253, 260/261, 263, 270, 271, 274, 281, 291, 296/297, 299, 305, 306/307, 308, 317.

Die gezeichneten Illustrationen und Vignetten stammen von den Autoren, ebenso die Schemazeichnungen Seite 90/91 und das Verzeichnis der Landkirchen auf den Falttafeln Seite 326ff.

Den Stadtplan von Visby, die Pläne der Karlsinseln und von Torsburgen sowie den farbigen Ausfaltplan von Gotland zeichnete Gerhard Mauz, München.